SPIRITUALITÀ E TEOLOGIA

Simposio in occasione del 50° anniversario
dell'Istituto di Spiritualità della Pontificia
Università Gregoriana (1958-2008)

A cura di
MIHÁLY SZENTMÁRTONI
e FABRIZIO PIERI

Cover: Serena Aureli

Progetto grafico e impaginazione: Servizi Grafici Editoriali Srl - Roma

p. 154 e p. 159: particolare dalle opere di Mark Rupnik

© 2010 Gregorian & Biblical Press
Piazza della Pilotta 35, 00187 - Roma
books@biblicum.com - www.gbpress.net

ISBN 978-88-7839-**153**-6

Saluto del Magnifico Rettore

Come Rettore della Pontificia Università Gregoriana, rivolgo un cordiale saluto a tutti Voi partecipanti, a questo Simposio commemorativo del Cinquantesimo anniversario di fondazione del nostro Istituto di Spiritualità.

Ovviamente, l'avvenimento tocca l'intera Università, perciò tutti ci sentiamo coinvolti e partecipi della gioia di questo solenne evento. Vorrei sottolineare quattro aspetti che caratterizzano l'Istituto di Spiritualità.

1. Il primo è che l'Istituto di Spiritualità è un'istituzione *accademica*. Esso nacque nel contesto del processo di diversificazione e caratterizzazione della Teologia, quando le varie discipline teologiche andavano scoprendo la propria relativa autonomia basata sulla specifica metodologia e sul proprio circoscritto campo di ricerca. Come progressivamente trovarono la loro propria autonomia la Teologia biblica, la Teologia morale, la Teologia fondamentale, così, cinquant'anni fa, anche la Teologia spirituale.
All'inizio la sfida fu quella di poter offrire agli studenti una specializzazione in Teologia Spirituale, fino a giungere al livello di un Dottorato di ricerca. Prova della correttezza di questa intuizione sono le 446 tesi dottorali difese nell'Istituto durante i trascorsi cinquant'anni e le innumerevoli tesine di licenza. Oltre le tesi di dottorato, la ricerca e le pubblicazioni dei professori stessi hanno arricchito il campo della Teologia spirituale.

2. Il secondo aspetto da ricordare è che l'Istituto di Spiritualità costituisce una'istituzione *formativa*, all'interno dell'Università. Anche se esso è un'istituzione accademica, tuttavia, in coerenza con l'impostazione generale di tutto il progetto dell'Università Gregoriana, fin dall'inizio ha voluto offrire una formazione non solo intellettuale agli studenti, ma integrale, in vista proprio del loro futuro impegno di direttori spirituali e formatori nei centri di formazione della Chiesa sparsi in tutto il mondo. Per tale scopo sono stati introdotti diversi corsi più tipici del campo della pastorale e della psicologia, nonché esercitazioni pratiche, come la dinamica di gruppo. Per molti anni ha fatto parte della formazione un pellegrinaggio

in Terra Santa, caratterizzato dall'esperienza di un ritiro spirituale di trenta giorni. Vertice dello sviluppo di questa prospettiva formativa è stata la nascita nel 1996 del Centro Interdisciplinare per la formazione dei Formatori al Sacerdozio, voluto dalla Congregazione per l'Educazione Cattolica e gestito congiuntamente dall'Istituto di Spiritualità e dall'Istituto di Psicologia.

3. Un terzo aspetto mette in evidenza il fatto che l'Istituto di Spiritualità è una istituzione *dinamica*. Caratteristica stessa della spiritualità è la sua realtà viva, dinamica. Lo studio della spiritualità non si sofferma soltanto sul passato, ma scruta con attenzione la situazione attuale, pensando contemporaneamente anche al futuro. Perciò non deve sorprendere che l'Istituto di Spiritualità con una certa frequenza negli anni abbia cambiato il suo Programma introducendo nuovi corsi e sopprimendone altri.

L'attenzione adesso è rivolta particolarmente al fenomeno associativo che si esprime in vari movimenti, ecclesiali e non, espressione, i primi, di una diversità di carismi e di conseguenza di diverse spiritualità, che arricchiscono la vita della Chiesa; manifestazione, i secondi, della vitalità dello spirito umano, che comunque sollecita l'Istituto ad una riflessione approfondita. Alla luce di questa nuova realtà si delinea il compito di trovare e delineare le colonne portanti della spiritualità cristiana e cattolica.

4. Certamente non va tralasciato un quarto aspetto, quello di essere, l'Istituto di Spiritualità, caratterizzato da un chiaro stampo di spiritualità *ignaziana*. Anche se non è una scuola di spiritualità ignaziana, esso è profondamente impregnato da tale spiritualità sia per la presenza di un elevato numero di professori gesuiti, sia per l'indirizzo di spiritualità ignaziana offerto agli studenti interessati a tale orientamento. In questo senso l'Istituto di Spiritualità si trova perfettamente in sintonia con la *Dichiarazione d'Intenti* della Pontificia Università Gregoriana che così si esprime: "Come Università affidata alla Compagnia di Gesù e quindi animata dallo spirito ignaziano, è caratterizzata dalla sua disponibilità al servizio della Santa Sede. La sua pedagogia, che trae ispirazione dagli Esercizi Spirituali di Sant'Ignazio, fondata sulla relazione personale e professionale tra docente e studente, insiste più sull'assimilazione del sapere che sulla molteplicità delle conoscenze". In tal modo, l'Istituto di Spiritualità svolge la sua specifica e precipua funzione di centro da dove si irradia la spiritualità ignaziana a beneficio di tutta l'Università.

Saluto del Magnifico Rettore

Mentre ci congratuliamo con gli studenti e professori dell'Istituto nell'occasione di questo suo giubileo di cinquant'anni di attività, ricordiamo con gratitudine anche tutti i professori emeriti e rivolgiamo un pensiero grato e alla memoria dei professori defunti.

Non mi rimane altro che augurare all'Istituto di Spiritualità ancora molti anni di proficuo lavoro e in modo più immediato due giornate ricche di approfondimenti e di scambi.

Gianfranco Ghirlanda S.J.

I

Saluto del Preside

Egregi Ospiti, Cari Amici,

Il Padre Rettore, generosamente, ha menzionato quattro caratteristiche dell'Istituto di Spiritualità. Mi accontento di un numero più modesto: tre!

1. Tre tempi

Questo Simposio si articola in tre tempi: passato, presente e futuro.

La prima parte delle nostre indagini si rivolge al *passato* cercando di delineare i motivi della nascita dell'Istituto di Spiritualità come istituzione accademica autonoma. Erano i segni dei loro tempi che ispirarono quella generazione di professori che ha dato vita all'Istituto. Naturalmente, loro non erano un gruppo isolato; nello stesso tempo nascevano altri Istituti di Spiritualità. Il passato ci può ispirare per riscoprire i valori permanenti.

La seconda parte del nostro Simposio si rivolge al *presente*. Intendiamo vedere quali siano le sfide che un Istituto di Spiritualità debba affrontare. L'eredità di molti noti teologi serve da ispirazione. Saranno esaminate le idee di alcuni autori gesuiti, soprattutto quelle dei fratelli Rahner, Karl e Hugo.

La terza parte del Simposio intende ascoltare le sfide del *futuro*. Questa parte si può sintetizzare in due domande: "Dove va la spiritualità?" e "Si può insegnare la spiritualità?".

2. Tre categorie di protagonisti

Un'altra chiave di lettura del Simposio potrebbe essere quella compiuta attraverso i Suoi protagonisti e, di nuovo, possiamo individuare altre tre categorie di persone:

1. Vi sono qui con noi alcuni Relatori *professori emeriti* dell'Istituto, essi rappresentano la tradizione. Addirittura siamo lieti di poter salutare tra noi uno dei Padri fondatori dell'Istituto, il Cardinale Tomás Spidlik!

2. Vi sono qui con noi alcuni Relatori *professori attuali* del nostro Istituto, insieme ad altri Relatori professori attivi nelle altre Istituzioni. Loro rappresentano la continuità dell'Istituto.

3. Infine, vi sono con noi alcuni Relatori, *professori giovani*, che sono la garanzia del futuro dell'Istituto.

3. Tre momenti dell'evento

Il nostro Simposio è un evento pervaso da tre significati specifici. Primo, *Il Simposio è un evento solenne, festivo*: 50 anni della sua esistenza! Per noi è un momento di ringraziamento. Ringraziamo il Buon Dio, che ci ha conservato durante tutti questi anni, che non sono sempre stati facili per l'Istituto. Ringraziamo la Pontificia Università Gregoriana che, nonostante gli alti e i bassi della propria vita e della vita dell'Istituto, ci ha sostenuto ed apprezzato. Grazie a tutti i professori, defunti e viventi, che hanno creduto in questo Istituto ed hanno dedicato la loro energia e la loro creatività per portar avanti tale impegno.

Per mostrare il volto celebrativo del Simposio, si sono realizzate alcune iniziative, e più precisamente, tre: abbiamo compilato un opuscolo intitolato *In servizio della ricerca*, che contiene l'elenco di tutti i dottorati difesi in questi ultimi cinquant'anni, riportando il nome del dottorando, il titolo dell' argomento e il nome del direttore.

Abbiamo, inoltre, stampato un piccolo *Depliant pubblicitario* in 4 lingue, per far meglio conoscere le offerte dell'Istituto agli eventuali interessati. Terzo, abbiamo compilato un *Indirizzario degli ex-studenti* per poter incominciare la costituzione di una Associazione degli ex-studenti.

Secondo, *il Simposio è un evento scientifico*. Il programma include argomenti di attualità per la Teologia spirituale che gli autori, altamente qualificati, affrontano con rigore scientifico e passione di ricercatori. Sembra che ci siano attualmente tre grandi sfide per la Spiritualità: definire la sua natura, trovare il suo collocamento accademico tra le discipline teologiche, e rispondere alla domanda, come si può trasmettere oggi l'esperienza religiosa, che costituisce l'oggetto formale dello studio della teologia spirituale.

Terzo, *il Simposio è un evento sociale*. Ci troviamo qui da diverse provenienze non soltanto geografiche, ma anche culturali e scientifiche. Abbiamo pensato di lasciare un ampio spazio per gli incontri personali e informali. A questo scopo servirà l'evento che abbiamo intitolato "Voce degli studenti attuali e passati", nonché la tavola rotonda.

Saluto del Preside

Siete, poi, tutti ospiti dell'Istituto di Spiritualità, che Vi offre, con grande gioia e molto piacere, in omaggio l'opuscolo Depliant, il rinfresco durante gli intervalli e uno snack alla fine dei lavori, giovedì a mezzogiorno.

Auguro un buon lavoro ed una proficua presenza a Tutti i Partecipanti al Simposio "Spiritualità e Teologia", in occasione del Cinquantesimo anniversario dell'Istituto di Spiritualità!

Mihály Szentmártoni S.J.

L'ISTITUTO DI SPIRITUALITÀ NELLA PONTIFICIA UNIVERSITÀ GREGORIANA: il suo contributo alla "Teologia Spirituale" *

MANUEL RUIZ JURADO S.J.

1. Dalla sua nascita ai nostri giorni

L'Istituto di Spiritualità esiste all'interno dell'Università Gregoriana perché si è ritenuto che la sua presenza fosse necessaria ed è stato così espressamente richiesto. Prima di costituire un'entità autonoma ha avuto una propria "preistoria" come *dottorato specifico* della Facoltà di Teologia. Ed è poi arrivato alla sua configurazione attuale attraverso vari passi successivi. Furono gli stessi Vescovi e Superiori religiosi, che constatarono come un dottorato in una determinata materia di teologia non potesse costituire una preparazione sufficiente e idonea per esercitare, con la necessaria competenza, il ruolo di direttore spirituale, di guida o di animazione spirituale di un seminario o di una casa di formazione[1].

Coloro che aspiravano a questo dottorato dovevano compiere oltre agli studi di licenza nella Facoltà di Teologia, altri due anni di formazione, con una speciale concentrazione nelle materie corrispondenti alla Teologia Spirituale, quali la storia, la pratica della spiritualità e della direzione spirituale, ed infine la presentazione del lavoro finale della Tesi. Si delineò così *un Terzo Ciclo della Facoltà* di *Teologia*, che si concludeva con il raggiungimento del dottorato in Teologia ed il diploma in Spiritualità. Ecco così come si è costituito l'iter con cui si è arrivati al decreto, che riconobbe "Istituto di Spiritualità della Pontificia Università Gregoriana", dato dalla Congregazione per i Seminari ed Università, in data 30 maggio 1958[2].

Da 1950 a 1959 possiamo vedere nel "Liber annualis" di ogni anno che, tra le discipline speciali, o corsi peculiari della Facoltà di Teologia, si trovano

---

* Questo contributo è stato pubblicato in "Gregorianum" 90/2 (2009), n. 358-370.
1. Ancora oggi nel *Programma degli studi* di questo Anno Accademico 2008-2009 si dice che l'Istituto "Prepara ai compiti di professore, scrittore direttore e animatore spirituale ed a altri ministeri in rispondenza alle esigenze spirituali del mondo attuale", p.5.
2. Il "Liber annualis" della PUG (Roma 1960), nel discorso inaugurale dell'Anno Accademico 1959-60, fa riferimento all'Istituto come già fondato, ed esistente con i suoi propri e specifici programmi di "Institutum Theologiae Spiritualis" (p.402), di cui è "Praeses" il P. Gervais Dumeige (p.35).

alcune tipiche della Spiritualità, per esempio: la *"Introductio" in theologiam mysticam* del P. C.W. Truhlar, o le *"Quaestiones asceticae di Exercitiis spiritualibus"* del P. I. Iparraguirre. Ma generalmente quello che si trovava nella formazione teologica ordinaria della Facoltà era un corso di *"Teologia ascetica"*. Benché possiamo notare che già il P. di Guibert, morto nel 1942, dal 1922 insegnava il suo corso fondamentale dal titolo "Theologia Spiritualis".

Costantemente appare in ogni anno, per i corsi V e VI di Teologia la sezione: *"4. Sectio Theologiae Asceticae"*. E questa sezione si vede incrementata con un buon numero di nuovi professori negli anni 1957-1959. In questa possiamo già ritrovare i professori: Luis Mendizábal, Cruchon, Liuima, ecc. che faranno parte del Corpo docente dell'Istituto di Spiritualità, dai suoi propri inizi.

Si passò poi, negli anni successivi, a completare l'organizzazione autonoma dell'Istituto, dotando la preparazione alla Tesi dottorale di un vero e proprio biennio specifico di licenza in Teologia Spirituale. Si rivelò, così, necessaria la diversificazione delle varie materie teologiche, e nel nostro caso, quello cioè della Teologia Spirituale, la questione implicò un cambiamento del metodo ed anche dell'oggetto formale specifico della disciplina. Perché si correva il rischio che lo studente, che si fosse occupato solo delle materie di teologia dogmatica o morale, nel biennio di licenza, senza tenere in conto l'oggetto specifico della teologia spirituale, sarebbe risultato privo di una conoscenza specifica della materia propria della Teologia Spirituale.

Alla luce di questa importante considerazione e, secondo la mente di Benedetto XV[3], ed in continuità con le Costituzioni Apostoliche "Deus scientiarum Dominus"[4] e "Sapientia christiana" (1977), nei nuovi "Statuti e Norme" del 1985, della Pontificia Università Gregoriana appare, all'interno dell' "Istituto di Spiritualità", il ciclo di licenza in Spiritualità, organizzato e presentato come uno specifico secondo Ciclo della Facoltà di Teologia[5]. Così già nel Programma dell'Anno Accademico 1969-70, per

---

3. Nella lettera del 10 novembre 1919 al P. Ottavio Marchetti, si congratula per la introdzione alla Gregoriana della cattedra di teologia ascetica-mistica, AAS 12 (1920) 29-31.
4. Negli AAS 23 (1931) 271 e 281 si parla espressamente della ascetica come discipliana ausiliare e si colloca la Teologia mistica tra i corsi propri o le discipline speciali.
5. Nelle "Ordinazioni" secondo l'art.10 della Costituzione Apostolica "Sapientia christiana" (25-4-1979), e l'"Apendix" II, n.26, si considerano gli "Studia spiritualitatis" come sezione specialistica della Facoltà di Teologia nella quale è possibile conseguire i titoli tipici di questa Facoltà.
Dall'Anno Accademico 1969-70 nell' "Instituto di Spiritualità" della Università Gregoriana è in funzione un vero e proprio biennio di licenza caratterizzato da due anni di studi specifici per ottenere una licenza in "Teologia Spirituale" prima di poter intraprendere il percorso del dottorato nella stessa disciplina: v. "Ordo anni accademici 1969-1970", PUG, Romae 1969, pp.27-28 e 120 123; "Liber annualis" , PUG, Romae 1970, pp.20, 89-91 e 221-223.

Manuel Ruiz Jurado S.J.

essere ammessi all'"Istituto di Spiritualità" si richiedeva, come per qualunque altra licenza in Teologia, di avere concluso il primo Ciclo e possedere, di conseguenza, una formazione filosofico-teologica specifica e necessaria nella formazione sacerdotale[6]. E, dall'Anno Accademico 1985-86, si richiedeva anche che lo studente, per essere ammesso al biennio di licenza, dovesse avere ottenuto, almeno, un voto non inferiore a 8 negli studi di baccalaureato in Teologia.

Per ottenere la licenza nell'Istituto si doveva svolgere, poi, lo studio e l'esercizio dell'investigazione scientifica nelle materie proprie della Teologia Spirituale, per un biennio, e presentare un lavoro di licenza. Per il dottorato, lo studio doveva proseguire per almeno altri due anni con il fine e lo scopo per lo studente di comporre e, poi, difendere la Tesi dottorale su un argomento specifico della Spiritualità.

Le esigenze si andranno, poi successivamente, ampliando, perché dall'anno 1978-79, si richiederà di avere ottenuto la qualificazione "cum laude" nella licenza per coloro che aspiravano al dottorato. Alcuni anni più tardi, precisamente dall'anno 2000, si passerà a richiedere una votazione più alta, non inferiore a 8,5 di media, negli studi di licenza. Ed ultimamente, si è pervenuti alla deliberazione di richiedere un voto non inferiore a 9 negli studi di licenza per essere ammessi a quelli del dottorato[7].

Negli ultimi anni, inoltre, si è andata configurando la possibilità di ottenere la licenza in Spiritualità con due finalità specifiche, oltre alla licenza in "Teologia spirituale" in generale. La prima possibilità è quella offerta a coloro che desiderano specializzarsi nella spiritualità ignaziana; e l'altra è rappresentata da coloro che desiderano prepararsi per essere Formatori nei Seminari[8].

Nel nostro "Istituto di Spiritualità" si sono formati in questi anni molti dei Suoi attuali professori. Durante i primi 50 anni della Sua vita sono stati rilasciati quasi 1.700 titoli di licenza, con una media di quasi 35 persone per anno. Quelli che hanno ricevuto il titolo di dottore sono ad oggi 446 unità, calcolando una media approssimata di 8 tesi dottorali difese ogni anno. Possiamo, poi, anche ricordare che anche, se le cifre statistiche siano sempre in evoluzione, possiamo riscontrare che più di 50 vescovi abbiano studiato nelle nostre aule dell'"Istituto di Spiritualità". Il numero degli Abati, Assistenti generali, provinciali, Maestri e Maestre di noviziato della

---

6. V. "Ordo Anni Academici 1969-1970", PUG, Romae 1969, pp.27-28 e 120-123; "Liber annualis 1970", PUG, Romae 1970, pp.20, 89-91 e 221-223.
7. V. *Istituto di Spiritualità. Programma degli studi 2008-2009*, p.6.
8. Id., pp.8-9, nn.3-4.

Simposio **Spiritualità e Teologia**

Compagnia di Gesù e di altri Ordini o Congregazioni religiose sono nel suo insieme già molto numerosi. Si può dire che i frutti che si auspicavano con la fondazione dell'Istituto di Spiritualità si siano già realizzati, almeno in buona parte. È questa davvero una magnifica occasione per ringraziare il Signore perché il frutto odierno si deve esclusivamente a Lui.

2. Apporto dell'Istituto alla Teologia Spirituale come scienza

Tenterò di ricordare alcuni dei contributi più rilevanti che l'Istituto di Spiritualità della Gregoriana ha fornito alla "Teologia spirituale" con il suo lavoro e la sua riflessione scientifica.

- Il **P. Joseph di Guibert** incominciò ad insegnare alla Gregoriana nell'anno 1922. Trattò nel suo *"Quaestiones selectae"* di *"Teologia spirituale"*, i principali temi per abbracciare sia quelli che si riferivano più strettamente all'ascetica, sia quelli che toccavano specificamente la mistica. Di Guibert, uomo di sintesi e di profondo senso pratico, non dava tanta importanza alle classificazioni e discussioni tra gli autori, quanto al buon senso e alla possibilità di poter condurre le dottrine alla pratica della perfezione della vita cristiana. È significativo il titolo del suo "enchyridion", edito dalla PUG (Roma, 1931): *Documenta ecclesiastica Christianae perfectionis studium spectantia*. A lui interessava che la sua disciplina si riferisse e concernesse la perfezione della vita cristiana, sulla base tratta dalle fonti della Teologia: la Sacra Scrittura, i documenti del Magistero della Chiesa, gli scritti dei Padri e dei Teologi considerati e riconosciuti come normativi per la materia. Ma riteneva, allo stesso tempo di dover riconoscere anche, seppur dentro i suoi limiti, l'importanza del riconoscimento del contributo degli Istituti religiosi, la canonizzazione dei Santi e gli esempi concreti di uomini spirituali, i quali potevano considerarsi fonte per poter ottenere una dottrina della vita di perfezione cristiana. Si rendeva conto, inoltre, che il metodo della Teologia Spirituale differiva, ed in parte coincideva con quello delle altre materie teologiche.

Sotto il titolo "Teologia Spirituale"[9] includeva il trattamento dell'ascetica e della mistica, cosciente delle diverse interpretazioni, che si sono date

---

9. Joseph de Guibert, *Theologia spiritualis ascetica et mystica*, 2 ed. recognita, PUG, Romae 1939, pp.11-12. Il trattato uscì all'inizio in due volumi: I. (PUG, Romae 1926) y II (PUG; Roma 1932): A Toulouse 1946, uscì con il titolo *Leçons de théologie spirituelle*, con una 2ª ed. nel1955. In Spagnolo, *Lecciones de teología espiritual*, Razón y fe, Madrid 1953. In Inglese, *The Theology of the Spiritual Life*, Sheed and Ward, London 1954.

a questi termini; perché i due ambiti appartengono all'esperienza della vita spirituale cristiana. Per vita spirituale cristiana, intende, così, la vita di grazia che pretende di svilupparsi intensa e pienamente, non semplicemente come vita dello Spirito in senso ampio, con l'apporto della intelligenza e della volontà umane. Ancorato nella pratica, riconosce la diversità delle scuole spirituali e studia con particolare attenzione la spiritualità ignaziana, con un decisivo influsso negli studi posteriori su questa materia[10].

I suoi trattati abbracciano le principali questioni spirituali del suo tempo: natura e metodo della Teologia Spirituale, l'azione e guida dello Spirito per mezzo delle sue ispirazioni e mozioni, la cooperazione dell'uomo all'azione dello Spirito Santo; l'abnegazione cristiana, il discorso ed i suoi diversi metodi e gradi, il discernimento di spiriti, la vita attiva e la contemplativa.

Sebbene morì, quasi in prossimità della fondazione del nostro "Istituto di Spiritualità", non ha cessato di segnarlo con il suo influsso e buon senso e con le sue pubblicazioni riguardanti le questioni della vita spirituale, che continuarono ad essere edite come guida per gli studenti e successivamente tradotte in varie lingue.

- Il P. **Ludwig Hertling**, un altro dei nostri antenati, era uno storico della Chiesa e particolarmente della Chiesa dei primi secoli; ma ha dato un contributo importante nel suo insegnamento della Teologia Spirituale, benché la continuasse a chiamare "Teologia ascetica". Hertling cominciò il suo insegnamento ad Innsbruck, e già prima di iniziare il suo insegnamento alla Gregoriana (1936-37) [11], aveva pubblicato due opere interessanti per la Teologia Spirituale: *Lehrbuch des aszetischen Theologie* (Rauch, Innsbruck 1930), e *Das geistliche Leben* (Fahne Mariens, Wien 1933).

Ma ciò che ha interessato specialmente la critica ed il metodo della Teologia Spirituale è stato il suo *Theologia ascetica*, "cursus brevior" come lo sottotitolò (PUG Roma 1939 e 1944), risultato delle sue riflessioni ed insegnamenti nell'Università Gregoriana.

Il P. Hertling mira, senza dichiararlo, al riconoscimento di un "locus theologicus" nuovo: la santità solennemente riconosciuta dalla Chiesa. La

---

10. La sua opera più importante in questa materia si pubblicò postuma, *La spiritualité de la Compagnie de Jésus*, IHSI, Roma 1953. La traduzione italiana, *La spiritualità della Compagnia di Gesù*, Città Nuova, Roma 1992.
11. Insegnò anche alla Pontificia Università Lateranense.

Teologia Spirituale, in quanto scienza teologica, ha come fonti la Scrittura, la Tradizione, il Magistero, e - aggiunge Hertling - il "consensus Patrum et Theologorum". Il criterio della Chiesa per la canonizzazione, le virtù eroiche dei servi di Dio, entra nella dottrina del Magistero, così come il criterio per l'approvazione della vita religiosa come idoneo alla santità. Secondo Hertling, il riconoscimento ufficiale di un santo può servire da fonte per la Teologia Spirituale, che tenta di riconoscere e proporre i mezzi più utili ed efficaci per ottenere il fine ultimo dell'uomo, come scienza della perfezione cristiana[12].

Sono già idee trattate dal P. de Guibert; ma qui si pongono alla base di un trattato di "Teologia ascetica", centrando più specificamente l'attenzione in questa fonte particolare della Teologia Spirituale. Il suo piccolo manuale fece epoca per la chiarezza delle sue idee e la novità della sua messa a fuoco. Il P. Hertling non fece parte del gruppo di professori, che diedero inizio al "Istituto di Spiritualità" della PUG. Ma il suo manuale lasciò un decisiva impronta. Continuò insegnando nella PUG come professore nella facoltà di Storia della Chiesa fino all'Anno Accademico 1961-62.

Molto più attentamente discuteranno la differenza di metodo ed oggetto formale di ognuna delle discipline teologiche: dogmatica, morale e spirituale, le dispense e i libri di:

- **P. Carlos Vladimir Truhlar**, poeta e teologo[13]. Egli sarà professore dal 1950 al 1974 nella PUG ed uno dei membri dell'Istituto di Spiritualità, fin dalla sua fondazione nel 1958.

Già dall'anno 1950-51 troviamo, tra le discipline speciali e corsi propri della Facoltà di Teologia, affidati al P. Truhlar la "Introductio" in theologiam mysticam e nel programma del V e VI anno di Teologia c'è una "Sectio, n. 4, Theologiae Asceticae", che rimarrà presente ed operante anche negli anni successivi. In questa sezione insegnerà varie questioni di "Teologia spirituale sistematica" anche lo stesso P. Truhlar. Teniamo in considerazione che, nell'anno V di Teologia, gli studenti si preparano a difendere la tesi dottorale nelle proprie rispettive materie, compresa la Spiritualità.

---

12. L'oggetto della Teologia morale, secondo Hertling, si differenzia da quello della Teologia spirituale; perché si occupa degli atti umani in quanto leciti o illeciti, e non in quanto utili ed efficaci per conseguire il fine ultimo.
13. V. *Diccionario histórico de la Compañía de Jesús*, IHSI- Comillas,Roma-Madrid 2001, voce "Truhlar, Karel Vladimir", nel vol.4, 3843-3844.

Manuel Ruiz Jurado S.J.

Dall'Anno Accademico 1957-58 si nota che questa sezione si incrementa nel numero di professori. Saranno questi quelli che daranno l'inizio all'*Istituto di spiritualità*. Così appaiono nel "Libro annualis" (1959-60) i Padri Achával, Asensio, Bernini, Cruchon, Iparraguirre, Ledrus, Liuima, Mendizábal, Mollat, Molinari, Muñoz Vega, Schmidt e Truhlar, come professori dell'Istituto di Spiritualità ed il P. Gervais Dumeige come "Praeses" dell'Istituto appena creato.

I PP. Luis Mendizábal e Vladimir Truhlar saranno, per svariati anni, le colonne fondamentali del nuovo "Istituto" nella sua parte teologica, mentre Dumeige insegnerà la parte storica. Le materie complementari ed ausiliari saranno affidate ad altri.

Già nel 1956, Truhlar, come i suoi predecessori in Teologia Spirituale prima che fosse sorto l'Istituto, si preoccupa di discutere e basare nella facoltà di Teologia la differenza tra Teologia dogmatica, Teologia morale, pastorale e la Teologia spirituale. Truhlar vedeva una più stretta relazione tra la Teologia morale e quella spirituale, perché entrambe considerano la vita cristiana pratica. Ma attribuiva alla Teologia morale il compito di trattare le norme del bene morale soprannaturale; mentre alla Teologia spirituale, di trattare le norme del progresso spirituale, secondo le fonti della Teologia.

La pastorale si sarebbe occupata, invece, delle norme per comunicare la dottrina sulla vita soprannaturale.

Truhlar distingueva tra il precetto generale, che coinvolge tutti e la perfezione ("plenitudo caritatis"), alla quale ogni persona deve tendere secondo la sua condizione, e manteneva la differenza tra l'ascetica e la mistica. La prima si riferisce alla vita cristiana spirituale ordinaria; e la seconda, alla stessa vita guidata però dalla luce della contemplazione infusa[14].

Truhlar fa così entrare in modo forte ed intenso nelle sue riflessioni la realtà concreta nella quale si realizza la vita spirituale. L'impegno radicale, totale della vita che suppone il Vangelo, deve concretizzarsi nella persona umana, piena di debolezze, a volte di malattie; attraverso un'evoluzione che include lo sviluppo e la crocifissione delle capacità umane, la trasformazione del mondo e la fuga dal mondo, la prudenza e la semplicità. Ciò lo conduce a comporre il suo libro più conosciuto, *Antinomias de la vida espiritual*, (Gregoriana, Padova 1967). In questo introduce altre antinomie: come azione e contemplazione, coscienza del proprio valore ed umiltà, obbedienza e iniziativa personale, infanzia spirituale e maturità

---

14. V. C. V. Truhlar, *Structura theologica vitae spiitualis*, vol.3 recognita, PUG, Romae 1966, pp.1-6.

psicologica, prudenza davanti alle apparizioni o altri fenomeni straordinari ed apertura alle comunicazioni divine.

Sempre attento, comunque, a quello che è per i professori dell'Università Gregoriana l'oggetto della "Teologia Spirituale" e cioè il contenuto della rivelazione divina nella vita spirituale. Questa riflessione teologica sulle antinomie della vita spirituale crsitiana è, secondo la mia opinione, uno degli apporti più preziosi di Truhlar al contenuto della "Teologia spirituale". L'influsso della psicologia umana e quello degli spiriti maligni è stato più studiato da altri.

Così Truhlar include nella sua "Teologia Spirituale" lo studio della perfezione cristiana, l'ascetica e la mistica. Mantiene la differenza tra ascetica e mistica, assunta già nella "Deus scientiarum Dominus" (1931). La differenza della "Teologia spirituale" con la "Storia della spiritualità", consiste per lui nel fatto che la teologia riflette sull'esperienza della vita spirituale alla luce della rivelazione divina, della fede, e non solamente della ragione[15].

Truhlar finì il suo insegnamento nella PUG nel 1974. Ritornò in Slovenia e morì nel 1977.

- **Il P. Luis Mendizábal** cominciò ad insegnare nell'Università Gregoriana nell'Anno Accademico 1957-58 e fece parte della prima squadra dei professori del nostro "Istituto di Spiritualità." Il suo insegnamento principale verteva sulla natura della perfezione cristiana, e sulla direzione spirituale. Ebbe un grande consenso tra gli Studenti e le sue riflessioni sono state divulgate per il mondo con le varie edizioni dei suoi libri o delle "dispense". Mendizábal si caratterizza per il suo sforzo di fondarsi solidamente ed abbondantemente sugli insegnamenti del Nuovo Testamento ed, in generale, della Parola di Dio, sulle riflessioni sulla natura della perfezione cristiana, sulla vocazione generale alla santità e su quella speciale allo stato di vita secondo i consigli evangelici.

Per lui la distinzione tra santità fondamentale, o formale (quella della grazia santificante comunicata all'uomo), e la santità morale (maturità nello sviluppo della carità con la cooperazione umana) è fondamentale[16]. La preghiera e la docilità alla volontà di Dio sono essenziali nella struttura della santità morale. Come, in generale gli altri professori dell'Istituto,

---

15. Id., p.7.
16. Aloysius M. Mendizábal, *De natura perfectionis christianae*, PUG, Romae 1966, pp.22-35. Già nel 1965 (PUG, Roma) erano state pubblicate le "Praelectiones" con il titolo *Theologia spiritualis*.

propende a pensare, attraverso fondate argomentazioni, che la contemplazione "stricte detta infusa" non è necessaria per la perfezione cristiana[17]. Sicuramente il suo apporto più personale, a parte il riferimento costante alla Sacra Scrittura per fondare la sua dottrina sulla natura della perfezione cristiana, è rappresentato dal suo aver molto approfondito il tema della direzione spirituale: la direzione umana è motivata nell'economia spirituale del Nuovo Testamento, ha una natura teologica. Si conta su di lei per il discernimento spirituale, come aiuto nelle circostanze critiche e come medicina delle malattie spirituali. Il suo libro sulla direzione spirituale non solo è stato tradotto, ma anche riedito per la buona accoglienza ricevuta[18].
Il P. Mendizábal lasciò un'orma nell'Istituto. Cessò di essere incaricato del corso sulla "Direzione spirituale" dell'"Istituto di Spiritualità" della PUG, nell'Anno Accademico 1976-77; nonostante questo operò successivamente in Spagna per ulteriori anni.

- Il P. **Charles André Bernard** cominciò il suo insegnamento nell'"Istituto di Spiritualità" pochi anni dopo la sua fondazione, nell'Anno Accademico 1962-63. Proveniva dagli studi superiori di filosofia prima di presentare la sua tesi dottorale in teologia, e, di conseguenza, era interessato in particolare alla riflessione profonda di questa materia. Insegnerà nell'"Istituto di Spiritualità" fino all'Anno accademico 1997-98, e sarà "Presiede" durante due mandati (1987-1993). Dall'Anno 1998-99 continuò il suo insegnamento in altri dipartimenti dell'Università fino alla sua morte, avvenuta nel febbraio del 2001.
È forse P. Bernard, non solo la persona che più ha pubblicato sulla materia della spiritualità tra i professori dell'Istituto, ma anche colui che ha offerto riflessioni ampie sulla natura e sul metodo della "Teologia Spirituale"[19]. Questa disciplina tenta di capire a fondo la vita spirituale alla luce della fede, perciò si tratta di una disciplina teologica; ma il suo oggetto è l'esperienza spirituale, l'adesione vitale (realtà soggettiva) che l'uomo presta al disegno divino della salvezza (realtà oggettiva). In un certo senso, coincide con von Balthasar per il quale "La spiritualità ê l'aspetto soggetivo della dogmatica"[20]. Per questo motivo egli afferma che la Teologia Spirituale non possa studiarsi col metodo deduttivo, che darebbe solamente

---

17. Id., pp. 276-278.
18. L. M. Mendizábal, *Dirección espiritual. Teoría y práctica* , BAC, Madrid 1978 y 1982.
19. Charles André Bernard, *Teologia spirituale*, ed. Paoline, Cinisello Balsamo 1982, 1983, 1989.
20. "Spiritualität", Geist un Leben 31 (1958) 341.

conto dell'elemento comune a tutti (il disegno rivelato sulla vita cristiana), ma deve anche completarsi con il metodo, in un certo modo induttivo (quello che Bernard chiama "fenomenológico"), per rendere conto della diversità dei gradi e stili di adesione, e anche della diversità dei propositi personali nelle varie vocazioni e nelle scuole diverse di spiritualità, presenti nella Chiesa.

La spiritualità è anche per lui fonte dottrinale. Introduce, più decisamente che altri, l'esperienza cristiana come "locus theologicus", come elemento specifico per giungere ad un'intelligenza più profonda della vita cristiana. La spiritualità era per lui, l'orizzonte verso il quale guarda tutta la teologia[21]. Io penso che avesse il forte desiderio di incorporare nelle sue riflessioni, in un modo più esplicito con tutte le relative ed imprescindibili conseguenze, l'insegnamento contenuto nella Costituzione dottrinale "*Dei Verbum*", al n. 8: "Questa Tradizione di origine apostolica... continua a crescere nella comprensione delle cose e delle parole trasmesse, sia per la contemplazione e lo studio dei credenti che le meditano nel loro cuore (cf. Lc 2,19 e 51) sia per con l'intelligenza data da una più profonda esperienza delle cose spirituali, sia per la predicazione di coloro i quali con la successione episcopale hanno ricevuto un carisma sicuro di verità. Così, la Chiesa nel corso dei secoli tende incessantemente alla pienezza della verità divina finché in essa vengano a compimento le parole di Dio".

La vita spirituale è così, pertanto, "fonte" per la Teologia Spirituale. L'oggetto della Teologia Spirituale è per Bernard, la spiritualità che si manifesta in modo diverso: secondo la diversità delle culture, delle persone e delle scuole, secondo le disposizioni degli individui, gli ambienti, il processo dei cambiamenti operati con il tempo e l'età delle persone, gli atteggiamenti e le grazie ricevute da ognuno. La sua "Teologia spirituale" incorpora, pertanto più che gli altri trattati di "Teologia spirituale", i contributi della psicologia, della sociologia e dei carismi. Tutto certamente dopo essere stato vagliato alla luce della fede.

Fu di aiuto per questo la successiva attenzione che fu prestata nelle sue riflessioni personali all'affettività ed al simbolismo, come elementi strutturali dell'esperienza spirituale anche nel cristianesimo[22]. Gli ultimi anni della

---

21. Si confrontino le affermazioni delle pp. 66-68 nella sua *Teologia spirituale*, Paoline 1989, e quelle molto più chiare ed esplicite de "La spiritualità come fonte dottrinale", in *La spiritualità come teologia*, Paoline, Cinisello Balsamo 1993, 336-351.
22. La *Teologia simbolica*, fu pubblicata nel 1981 e 1984 a Roma, e pone in rilievo la importanza del linguaggio simbolico all'intermo del messaggio rivelato e della vita spirituale. La *Teologia affettiva* risale al 1985. La sua *Teologia spirituale* apparve nella PUG, a Roma nel 1982 e nel 1983; una successiva terza edizione, ampliata e revisionata nel 1988, ha visto molte traduzioni in varie lingue.

sua vita li dedicò allo studio dei diversi tipi di mistica più rilevanti nella Chiesa[23]. Ciò gli ha permesso di stabilire una classificazione nuova, provvisoria tra la mistica dell'interiorità, quella della trasformazione in Cristo, e la mistica dell'azione apostolica. Si basa così sugli interessi o il punto centrale dominante del mistico, che risultano in correlazione con la sua cultura, vocazione personale e l'epoca.

Gli interessi principali della sua riflessione teologica si riflettono, poi, nei titoli dei Simposi internazionali, organizzati da lui stesso nell'"Istituto": *L'antropologia dei maestri spirituali* (1989)[24]; *La Spiritualità come teologia* (1991)[25]; ed *Il Cuore di Cristo luce e forza* (1993)[26].

Per Bernard, il fondamento teologico è sempre unico e lo stesso (il contenuto della fede, oggetto della dogmatica); l'esperienza è varia (oggetto della teologia spirituale, benché questo non escluda, al contrario supponga sempre la regola comune della fede); anche l'oggetto della Teologia morale è l'esperienza della vita ma in quanto regolata eticamente da norme ricevute alla luce della fede; ma la spiritualità ha come oggetto proprio e specifico quello di scoprire le strutture e le leggi del progresso spirituale ed offrire le regole pratiche, piuttosto che norme obbligatorie, per lo sviluppo progressivo della vita cristiana.

A modo di sintesi

25 anni fa (nel 1983), nel libretto edito quale frutto delle nozze di argento dell'Istituto, si affermava come la funzione propria dell'Istituto si stava delineando sempre più chiaramente nell'ambito delle Università e degli Atenei di ispirazione cristiana, e che contemporaneamente che la Teologia Spirituale si stava situando decisamente come una disciplina specifica nel campo delle Scienze Sacre[27]. I partecipanti a quella celebrazione manifestarono nuovamente punti di vista diversi. In alcuni si osservava incertezza su dove collocare la "Teologia spirituale". Ne citerò alcuni.

---

23. *Le Dieu des mystiques*: *1. Les voies del'intériorité*, Cerf, Paris 1994; *II.La conformation au Christ*, Cerf, Paris 1998; *III. Mystique et action*, Cerf, Paris 2000. Esiste la traduzione italiana nelle Edizioni San Paolo, Cinisello Balsamo 1996, 2000 e 2004.
24. Pubblicato dalle Paoline nel 1991.
25. Pubblicato dalla stessa Editrice Paoline nel 1993, dove il suo contributo particolare porta il titolo "La spiritualità come fonte dottrinale", pp.336-351.
26. Pubblicato dall' Editrice AdP, Roma 1995.
27. V. *La spiritualità. Ispirazione. Ricerca. Formazione*, Borla, Roma 1884, p.5.

Il carmelitano P. *Jesus Castellano* la descrisse come mistagogía pastorale al servizio della Chiesa, popolo di Dio, alla luce del concetto "rivelazione". Il P. *Paolo Molinari* leavedeva come scienze divine da approcciarsi con uno spirito di fede viva e di carità teologale. Il P. *A. Queralt* attribuiva al dogma la "comunicabilità" della fede cristiana, come aspetto proprio; alla morale, la "regolamentazione" etica; ed alla spiritualità, la "conscienzializzazione" psicologica. Il francescano, *P. A.G Matanic*, ammetteva il metodo induttivo per la "Teologia spirituale", segnalandone come oggetto la spiritualità vitale, osservata non solo come scienza umana, ma come esercizio della fede.

Oggi, dopo aver studiato l'evoluzione dell'Istituto e il suo contributo alla "Teologia Spirituale", penso che possano distinguersi in questa alcune linee fondamentali comuni e varie accentuazioni, che sono arrivate fino ai nostri giorni.

Comune è la considerazione dello studio della Spiritualità come disciplina teologica specifica con un suo metodo proprio. La "Teologia Spirituale" studia la vita spirituale cristiana, l'esperienza della vita secondo lo Spirito, della quale tratta san Paolo in tutto il suo possibile sviluppo progressivo, cercando di scoprire la sua struttura e le sue leggi. Non solo con il metodo deduttivo della Teologia dogmatica, bensì completandolo con l'induttivo, orientato a questo bisogno specifico, e prestando attenzione all'esperienza, sottoposta all'esame del disegno oggettivo della salvezza, che si manifesta nella dottrina della fede oggettiva della Chiesa.

Tra i suoi apporti notevoli dobbiamo sottolineare la profonda riflessione elaborata sulla natura e sui metodi propri della "Teologia Spirituale"; lo studio portato a compimento sulla centralità della volontà di Dio, e sulle antinomie incluse nel messaggio evangelico della santità; l'attenzione dedicata al particolare discernimento della vocazione specifica ed individuale e del vissuto dei carismi nella Chiesa; all'importanza della direzione spirituale. Speciale menzione meritano anche l'apporto teologico e biblico rivolti al metodo degli *Esercizi Spirituali* di sant'Ignazio, l'inclusione del discernimento di spiriti nell'insieme teologico del discernimento spirituale, richiesto per la Teologia del Nuovo Testamento, e l'individuazione più chiara della spiritualità specifica della Compagnia di Gesù, come delle caratteristiche proprie della spiritualità apostolica nella Chiesa.

Manuel Ruiz Jurado S.J.

Chiedo perdono per le omissioni nelle quali possa essere incorso in questo mio contributo. Spero, invece, che le osservazioni realizzate in questa breve relazione siano servite per illuminare alcuni aspetti non conosciuti di questi 50 anni di storia del nostro caro "Istituto di Spiritualità" e per aiutare Tutti noi a ringraziare il Signore, nostro Dio, ed autore di ogni bene, per i molti beni che ha voluto realizzare in Esso.

LA NASCITA DEI DIVERSI ISTITUTI DI SPIRITUALITÀ
Dai contesti storici alle prospettive attuali
BRUNO SECONDIN OCARM

Vorrei partire da alcune annotazioni fenomenologiche e muovermi senza un impianto rigido, scientificamente pesante e forse noiosamente letale. Non intendo fare il resoconto delle date e delle tipologie dei vari istituti di spiritualità, antichi o nuovi che siano. Vorrei muovermi con un metodo da rabdomante: *rabdomante di scintille disperse*, che bisogna rintracciare e riportare alla luce. Intuendo dove stanno, con cenni e fremiti, perché non cessino di insegnarci i sentieri della vita e della verità.

Per cominciare
Quanti sono oggi gli "Istituti di Spiritualità"? Non è facile dirlo, prima di tutto perché la parola "spiritualità" conosce usi e abusi in piena libertà, se non anche in piena follia. Perché anche il termine *istituto* conosce la stessa sorte: si applica a cose tanto diverse che poco hanno in comune. E poi anche perché negli ultimi anni si sono moltiplicati, grazie al fatto che la spiritualità è diventata un *trend* evidente nel mondo accademico, e non solo nell'ambito delle Chiese.

Per restare nell'ambito accademico, ogni anno arriva notizia di nuove iniziative in questo campo. Alcune di alto profilo teologico e scientifico, altre più funzionali alla formazione cristiana, altre che si protendono verso settori finora marginali (letteratura, arte, antropologia, agiografia, management). Anche se potrebbe sembrare assurdo, perfino nel mondo economico e artistico si riscontra un vivo interesse per la *spiritualità*. Forse non sempre per merito degli istituti ecclesiastici che la coltivano come specializzazione accademica.

Anzi spesso malgrado loro, ben oltre i loro linguaggi e le loro contribuzioni: perché la crisi postmoderna chiede con insistenza di ridare un'anima a questa società in paranoia centrifuga e insieme a rischio di una implosione regressiva. Le forme più naïf di sensibilizzazione religiosa e di religiosità dell'esperienza – anche le più strambe e irrazionali – spesso sono raccolte sotto l'etichetta di "spiritualità" o più genericamente di "ricerca di senso"[1]

---

1. Esempio interessante, ma che lascia un po' perplessi, è il volume curato da: P.H. VAN NESS, *Spirituality and Secular Quest*, London 1996. Un esempio meno paludato, ma significativo: *Luci di Immortalità. Religioni storiche, movimenti, New Age*, a cura di G. CINGOLANI e O. URPIS, Milano 2000, dove si trova di tutto, dalle cose più serie a quelle più strane.

Segno di una domanda che andrebbe meglio interpretata e correttamente detta, ma che trova poca attenzione e sintonia nelle nostre aule accademiche, mentre ci si aspetterebbe di trovare tra noi interlocutori sapienti e interpreti originali. Perché noi a volte sembriamo rimasti in altra epoca e abitare pianeti extraterrestri: nei linguaggi e nella *Weltanschauung*, nella antropologia e nelle priorità esistenziali, perfino nella relazione fra insistente domanda di senso, nostro ascolto e discernimento sapienziale e risposta "performativa" che offriamo.

Questo lo dico non solo pensando alla spiritualità, ma anche a tutto il sistema teologico. Esso è in crisi di credibilità e di efficacia, di persuasione e pertinenza, a motivo della sua complessità non facilmente afferrabile, della sua chiusura "sacrale" in un linguaggio e in problemi per lo più estranei alle urgenze del presente. A volte fra i teologici per professione gira la persuasione di avere qualcosa da dire sempre e comunque, anche senza avere previamente capito bene la domanda e la recettività della coscienza dell'interlocutore. In certe facoltà teologiche sembra che ci si eserciti in un sonnambulismo non notturno, ma addirittura diurno, sotto il sole, senza renderci conto della realtà in cui i contemporanei vivono e tribolano.

E se vi è urgente bisogno di un sapere orientatore in mezzo alla ambiguità, complessità e frammentarietà del presente, in questa "società liquida", come la chiama il sociologo Z. Bauman[2]. Spetterebbe proprio alla spiritualità farsi avanti, gestire la regia, trasversalmente chiamare a reagire da interlocutori sapienti: perché essa unisce (o dovrebbe esercitarsi a farlo) empiria e teoria, esperienza e dottrina, vissuto e fondamenti. Non per questo la spiritualità ha vita facile nell'areopago teologico. Perché non è scomparsa una certa diffidenza e forse perfino *estraneità*, fra la disciplina teologica che si definisce *spiritualità* o *teologia spirituale* e le altre classiche discipline teologiche, le quali si sentono di molto superiori e la guardano dall'alto in basso, come fosse poco scientifica e piuttosto vischiosa e vaga. Il divorzio tra teologia e spiritualità che risale a molti secoli fa – e tanto stigmatizzato, per esempio, da Balthasar, e non solo da lui[3] – non si è ancora

---

2. Cf. Z. BAUMAN, *Modernità liquida*, Roma-Brai 2006.
3. Cf. H.U. VON BALTHASAR, "Theologie und Spiritualität", in *Gregorianum* 50 (1969), 571-586; F. VANDENBROUCKE, "Le divorce entre théologie et mystique. Ses origines", in *Nouvelle Revue Théologique* 82 (1950) 372-389; S. SCHNEIDERS, "Theology and Spirituality. Strangers, Rivals or Partners?", in *Horizons* 13 (1986), n. 2, 253-274; C. STERCAL, "Il divorzio tra teologia e mistica. Rilettura di una tesi storiografica", in *Annali di Scienze Religiose* 5 (1999) 403-415; A. STAGLIANÒ, *Teologia e spiritualità. Pensiero critico ed esperienza cristiana*, Roma 2006, 23-42: "Divorzio o difficile rapporto?".

ricomposto, nonostante sforzi, buone intenzioni e reciproco (apparente) rispetto[4].

Una parola con mille significati
In verità per molti il termine *spiritualità* evoca ancora qualcosa di immateriale, di vitalistico ed emotivo, di nebuloso, o al massimo di *esperienziale* – ma mettendoci dentro linguaggi simbolici e poetici, silenzi e metafore, e perfino isterismi e patologie – dico *esperienziale*, e perciò sfugge alle esigenze di una razionalità critica moderna. Teologia biblica, dogmatica, morale, liturgica, pastorale, e filosofia e storia delle religioni, come anche ora psicologia e antropologia, e anche agiografia e storia del cristianesimo, mal sopportano la sua presenza alla pari: e quindi anche la autonomia di uno specifico "istituto" può subire dei contraccolpi poco simpatici. O perfino degli "scippi" autorizzati, quando professori con competenze ben determinate (es. dogmatica, morale, pastorale, antropologia teologica, liturgia) pensano di poter invadere questo campo, per diritti di contiguità, e parlar di quello che presumono sia facile da possedere.

Non per questo si deve smettere di dar vita e forma a nuovi istituti: essi nascono a volte come dipartimento/specializzazione interno alla facoltà di teologia (è il caso più frequente e consolidato) o insieme con l'etica (come a Praga), o di filosofia (come all'Ateneo Sant'Anselmo) o di scienze dell'educazione o di lettere (appunto come letteratura religiosa); altre volte come un ente ibrido trasversale fra varie facoltà (come si è tentato all'Institut Catholique de Paris). Si sono moltiplicati anche i casi di fondazione di un *centro studi* o di una sezione nell'Istituto che punta più alla formazione detta "spirituale" del cristiano (vale a dire una ricaduta esistenziale) o all'accompagnamento spirituale (*coaching, counseling*), come succede al *Teresianum* e alla Gregoriana. Nascono istituti o si creano sezioni all'interno di facoltà o dipartimenti, anche per il desiderio di alcuni carismi di darsi una *dignità accademica*, per meglio coltivare la propria tradizione e condividerla in contesto meno chiuso (molti istituti religiosi lo fanno; esempio emblematico è il *Teresianum*[5]). Fra gli ultimi istituti di spiritualità di cui si conosce la nascita, citerei la seconda specializzazione a

---

4. Augusto Guerra forse per questo ha parlato provocatoriamente di "scienza non identificata": A. GUERRA, "Teologia espiritual, una ciencia no identificada", in *Teología espiritual: reflexión cristiana sobre la praxis*, Madrid 1980, 9-88.
5. Nel sito specifico del *Teresianum* si può trovare un lungo elenco di istituti di "ispirazione" carmelitana: distinti come *affiliati, aggregati, associati*. Come distinguerne la natura accademica? A cui si deve aggiungere anche un istituto di "espiritualidad a distancia" (Burgos).

Padova, nell'ambito della giovane facoltà teologica del Triveneto, e l'istituto di spiritualità a Malta (inaugurato il 4 ottobre 2008), incorporato nella locale facoltà di teologia. Ma forse potrebbe esserci qualche altro nato ancor più di recente. E comunque non interessa conoscere tutti: è certo che si stanno moltiplicando, e ciò esigerebbe una "identità" più definita e specifica. Il moltiplicarsi numerico non necessariamente è prova di vera qualità scientifica.

Non vorrei essere capito male, ma per me vale la pena ricordare che i nuovi e numerosi istituti - di cui la mappatura mi è impossibile, data la fluidità delle identità e delle nomenclature - potrebbero essere distinti da alcune istituzioni classiche, alle quali appartiene sia la nobiltà del tempo di fondazione (assai lontano, appunto una cinquantina d'anni, come per il nostro e altri qui a Roma), sia una consolidata tradizione accademica basata su figure magistrali di docenti famosi, sia le centinaia di *doctores* che in quei luoghi (precipuamente "romani") vi hanno conseguito scienza e professionalità[6]. Non si tratta di svalutare la qualità e la progettualità dei nuovi protagonisti, ma certamente in tempi non sospetti qui a Roma hanno dato vigore e fama solida alcuni istituti di spiritualità, rimanendo a lungo gli unici a credere nella scientificità accademica di questo ambito ed elaborando trattati e ricerche di alta qualità[7]. Possiamo così distinguere due generazioni nettamente: gli Istituti "classici" (tipicamente romani) e altri di più recente fondazione, con impostazione accademica molto diversa, e spesso con diramazioni formative e pastorali dirette in loco.

Ab initio non fuit sic

Per capire dove stiamo oggi con la *Spiritualità* credo che valga la pena brevemente ripercorrere e anche focalizzare l'iter ecclesiale e culturale che ha innescato dapprima un nuovo interesse per l'esperienza mistica, poi la nascita di un "insegnamento" o cattedra di "teologia spirituale" – nella

---

6. Un calcolo fatto nell'Istituto di Spiritualità della Gregoriana, in occasione del 50° anniversario della sua fondazione, dà 446 tesi di dottorato difese in questo periodo. Non è certamente poco.
7. Sia lecito citare come esempio di impegno costante e fecondo nella produzione di saggi di spiritualità scientifica il *Teresianum* di Roma: da lì è venuto il primo *Dizionario Enciclopedico di Spiritualità*, a cura di E. Ancilli, in 2 volumi, Roma 1975-1976 (aumentato a 3 volumi nel 1990). Altro contributo eccezionale frutto di una specifico Congresso: *La teologia spirituale. Atti del Congresso Internazionale ocd*, Roma 2001. Anche l'Istituto di Spiritualità della Gregoriana ha prodotto saggi di valore negli anni, sia come contributo personale (per tutti vale citare C.A. Bernard) che come lavoro di équipe (penso ai convegni organizzati da C.A. Bernard negli anni '80 e pubblicati dalle Edizioni Paoline).

molteplicità delle sue terminologie, tema nel quale non voglio entrare[8] – e poi anche il proliferare di iniziative, progetti editoriali e istituzioni, e infine, negli ultimi decenni, alcune decine di *istituti* di spiritualità in tutto il mondo. La radice del risveglio degli studi relativi alla vita spirituale va ritrovata in una duplice causa: una di importazione americana e una tipicamente europea. Quella americana è passata alla storia con il nome di "americanismo": e sarebbe la diatriba sorta intorno alla proposta di una vita cristiana che privilegiasse le virtù attive e la guida dello Spirito Santo[9]. Modello e paradigma di questa proposta, che potrebbe anche essere vista come una specie di "inculturazione" o "americanizzazione del cattolicesimo", era la autobiografia del fondatore dei Paulisti p. Isaac Thomas Hecker (specie nella traduzione francese), senza dubbio caratterizzata dalla mistica dell'azione, anche se p. Hecker conosceva bene la tradizione classica della mistica. Alcuni ne vedevano una nuova scuola teologica, tendente all'eresia, e la sintesi dei critici europei (specie francesi) coincide con le deviazioni denunciate da Leone XIII in *Testem benevolentiae*, la lettera al card. Gibson (22.1.1899; cf. AAS 31 (1940), 474-478; altra bibl. DM 87). Altri segnali in parte autonomi e in parte di reazione a favore di una pietà fondata sul dogma, la vita liturgica e la vita interiore, vengono da autori come Guéranger, Maynard, Chautard, e altri ancora, che a cavallo della fine '800 e inizio '900 hanno fatto scuola[10].

Proprio in questo contesto di polemica e sospetto fra fautori della vita attiva e fautori di un solido fondamento interiore, si inserisce un secondo elemento, contemporaneo, questa volta tipicamente europeo: si tratta della *querelle* sulla mistica, sulla sua natura o necessità nei riguardi della perfezione e della santità[11]. Questa diatriba crea un movimento di riflessio-

---

8. L'articolo di A. GUERRA, *Teologia espiritual*, offre molte indicazioni, anche A. STAGLIANÒ, *Teologia e spiritualità*, 42-122 segue da vicino l'evoluzione terminologica e contenutistica. Vedi anche A. G. MATANIC, *La spiritualità come scienza. Introduzione metodologica allo studio della vita spirituale cristiana*, Cinisello B. 1990.
9. Cf. D. de PIERREFEU, " Americanisme", in *Dictionnaire de Spiritualité* (*DS*) I, Paris 1933, 475-488; E. PACHO, "Americanismo", in *Dizionario Enciclopedico di Spiritualità*, v. 1, Roma 1990, 109-112; T. McAVOY, "L'Americanisme: mythe et realité", in *Concilium* 3 (1967), n. 27, 103-114. Sul principale personaggio: F.V. HOLDEN, "Hecker (Isaac-Thomas)", in *DS* 7, Paris 1969, 126-131; ID., *The Yankee Paul*, Milwaukee 1958.
10. Su questi autori vedi: J. HOURLIER, "Gueranger (Prosper)", in *DS* 6, Paris 1967, 1097-1106; M. GODEFROY, "Chautard (Jean-Baptiste)", in *DS* 2, Paris 1953, 818-820; A. DUVAL, "Meynard (André-Marie)", in *DS* 10, Paris 1979, 1154-1155.
11. Una informazione completa su tutta la questione: M. BELDA-J. SESÉ, *La "cuestion mistica": Estudio histórico-teológico de una controversia*, Pamplona 1998; C. GARCIA, *Corrientes nuevas de Teología spiritual*, Madrid 1971; ID. *Teología espiritual contemporánea. Corrientes y perspectivas*, Burgos 2002, 15- 61.

ne e di studi, che in certo senso vuole anche esorcizzare i fantasmi sgradevoli messi in giro da alcuni studi medico-positivistici dei decenni finali del secolo XIX, e che presentavano i mistici come dei caratteriali, isterici, epilettici, ecc.

Il *movimento mistico* – è ormai abituale chiamarlo così – può essere focalizzato, nelle fasi di partenza, attorno a due grandi maestri. Il primo è il sacerdote Auguste Saudreau (+1946), autore di varie opere, soprattutto di *Les degrés de la vie spiritelle. Méthode pour diriger les âmes suivent leur progrès dans les vertues* (1896) e di un *Manuel de Spiritualité* (1916) e l'altro è il gesuita Augustin-François Poulain (+1919) celebre autore, fra l'altro, de *Des graces d'oraison. Traité de théologie mystique* (1901).

Saudreau sosteneva che tutta la vita spirituale si sviluppa come un processo unitario (*épanouissement graduel*), dai gradi più bassi fino ai vertici contemplativi mistici. Seguendo la dottrina dei grandi mistici, la mistica è pertanto essenziale alla santità/perfezione, contrariamente a quello che negli ultimi secoli si sosteneva, cioè che era una cosa eccezionale. Separare la teologia ascetica dalla mistica è eredità della scolastica decadente, diranno i domenicani che sostengono questa posizione.

Per il gesuita *Poulain*, più propenso al metodo positivo-induttivo, il problema andava posto in termini disgiuntivi. Non esiste un'unica forma di contemplazione ma due: una più attiva e una totalmente passiva. Ora quella passiva è rarissima e straordinaria, mentre più frequente è quella attiva e ordinaria: fra ascetica e mistica la separazione è abissale. Pertanto non è necessario lo stato mistico per arrivare alla perfezione.

Attorno a questi campioni, si sono aggregati, da una parte e dall'altra, altri specialisti: per Saudreau possiamo citare Arintero, Garrigou-Lagrage, Gardeil, Colosio; per Poulain vari gesuiti e anche non gesuiti (come Farges, sulpiziano). In seguito entrarono nella diatriba anche dei carmelitani e dei francescani. Ma dalla *querelle* – che nel tempo si esaurì per mancanza di interesse e di contendenti – nacque progressivamente una rivisitazione delle grandi figure storiche e delle correnti spirituali, rilette in chiave meno apologetica e riassuntiva, per rintracciare piuttosto la loro collocazione negli specifici contesti culturali ed ecclesiali[12].

Fu questa allora l'occasione di rielaborare – o anche di elaborare per la prima volta in maniera sistematica – un *corpus* organico di teologia sulla vera natura degli stati mistici, sul rapporto tra vocazione alla santità e la

---

12. Una informazione sintetica di tutto questo travaglio: C. GARCIA, *Teologia espiritual*, 63-221.

pienezza vissuta di perfezione, attraverso un itinerario ricco di variazioni e creatività. Ne derivò globalmente anche una ricerca feconda sulla natura e il metodo proprio della teologia spirituale, sulla terminologia più adatta a questo ambito scientifico (perfezione cristiana, teologia asceticamistica, teologia spirituale, spiritualità, vita cristiana in pienezza, ecc.). E siccome tutto questo discorso riguardava allora soprattutto il mondo dei chierici e dei religiosi, fu facile vedere l'utilità di dare ai candidati al sacerdozio una iniziazione specifica, attraverso la cattedra di "teologia ascetica e mistica", come la chiama Benedetto XV nel manifestare la sua soddisfazione per l'iniziativa della Gregoriana di inserire tale insegnamento nel curricolo teologico (1919). Ma già una prima cattedra era stata istituita all'*Angelicum* nel 1917.

Ma anche nelle direttive per i seminari[13] cominciava ad apparire l'invito esplicito a completare lo studio della morale con quello della "teologia Ascetica e Mistica, indispensabile per la direzione delle anime", come si dice nell'*Ordinamento dei Seminari* d'Italia del 1920, e che viene ripetuto poco dopo per i seminari di Germania. Sarà Pio XI che consoliderà la funzione e la tipologia della nuova disciplina imponendola come parte obbligatoria del curricolo di studi della facoltà di teologia (*Deus scientiarum Dominus*, 1931). Ma soprattutto a questo papa si deve tutta una serie di interventi a rafforzamento di questa complementarietà fra studio e santità di vita: lo ha fatto in occasione del VI centenario della canonizzazione di S. Tommaso (1923), per la canonizzazione di Teresa di Lisieux (1925) e soprattutto con la proclamazione di Giovanni della Croce come dottore della Chiesa (1926), additato nei suoi scritti come codice e scuola di santità per tutti i fedeli.

Ecco questo accenno finale lo si può capire meglio nel contesto, intorno agli anni '20 di un grande fervore di iniziative culturali che fermentano il vissuto cristiano da varie prospettive, e portano un notevole influsso, pur se in verità con troppa lentezza, anche negli studi che hanno riferimento alla spiritualità. Sarebbe il caso di citare per esempio le nuove riviste che in questo periodo si fondano: *La vie spirituelle* (1919), *Revue d'Ascétique et Mystique* (1920), *Vida sobrenatural* (1921); *Manresa* (1924), *Zeitschrift für Aszese und Mystik* (1923; dal 1928 *Geist und Leben*), *Vita Cristiana* (Firenze

---

13. Una informazione essenziale in G. RAMBALDI, "Sollecitazioni del magistero per lo studio della teologia spirituale", in *Seminarium* 26(1974), n. 1,19-40. Tutto il fascicolo è dedicato al tema: "De theologia spirituali docenda". Un valutazione ampia nell'articolo: G. MOIOLI, "A proposito di Teologia Spirituale e del suo insegnamento", in *La Scuola Cattolica* 102 (1974) 624-634.

1929), per non parlare dei congressi e delle settimane di studio che si diffondono. E poi proprio in quegli anni si pianifica il grande lavoro del *Dictionnaire de Spiritualité Ascétique et Mystique*, che comincia ad apparire nel 1932; è del 1921 invece il primo dei quattro volumi della classica storia: *La Spiritualité chrétienne* del sulpiziano Pierre Pourrat[14]. È del 1923-24 la apparizione del più classico fra i trattati di teologia, quello del sulpiziano Adolphe Tanquerey: *Précis de thèologie ascétique et mystique*, (2 vol., 1923-1924)[15]. Senza dire che dentro i vari istituti religiosi proprio in quei decenni prendono forma e slancio centri di studio interno per il recupero della propria memoria, nella quale la spiritualità certamente aveva un ruolo del tutto particolare[16].

Ma intanto nella chiesa in generale vi sono state altre fibrillazioni e seminagioni. Penso ai noti *movimenti* che hanno qualificato la cultura teologica del secolo, fino alle soglie del Concilio: si tratta del movimento biblico, liturgico, patristico-monastico, ecumenico, sociale, e di altre tendenze culturali o sensibilità ecclesiali che caratterizzano quei decenni. Non hanno molto di simile con gli attuali "movimenti ecclesiali": perché non erano ispirati da un leader carismatico, né pretendevano di ritagliarsi un proprio protagonismo nella Chiesa, ma intendevano piuttosto fermentarla per intero, a partire da una nuova coscienza del valore della Bibbia, della liturgia, della teologia patristica o monastica, ecc. I frutti sostanziosi di tutti questi fermenti sono stati assimilati nella spiritualità solo dopo il Concilio, mentre sarebbe stato più logico che essa se ne fosse fatta interprete ben prima, e riuscisse a ristrutturare creativamente il suo stesso paradigma scientifico, contribuendo così a consolidare il meglio e a depurare le variazioni dalle cose momentanee[17]. Il nodo che non si scioglieva stava nel metodo deduttivo ed essenzialista, che pochi varchi lasciava alla fenomenologia iridescente di quei decenni vivaci[18].

---

14. P. POURRAT, *La spiritualité chrétienne*, 1-4, Paris 1921-1928. Su questo autore vedi: I. NOYE, "Pourrat (Pierre)", in *DS* 12, Paris 1986, 2036-2037.
15. Su di lui: I. NOYE, "Tanquerey (Adolphe)", in *DS* 15, Paris 1990, 25-27.
16. Notizie utili si possono ricavare dalla voce di più autori: "Storiografia", in *Dizionario degli Istituti di Perfezione* (*DIP*), 9, Roma 1997, 325-405.
17. Rimandiamo allo studio di C. GARCIA, *Teologia espiritual*, 223-287. Anche noi abbiamo tentato una interpretazione, inclusa la nuova stagione, di questi fenomeni: B. SECONDIN, *I nuovi protagonisti. Comunità, gruppi, movimenti nella Chiesa*, Cinisello B. 1991e ID., *Spiritualità in dialogo. Nuovi scenari dell'esperienza spirituale*, Milano 1997, 7-52.
18. Per una ricognizione molto informata e dettagliata, vedere i numerosi contributi delle prime due parti del volume: *La teologia spirituale. Atti del Congresso Internazionale OCD*, Roma 2001, 23-302; O. STEGGINK, "Lo studio della spiritualità e della mistica: metodo deduttivo, metodo induttivo e interdisciplinarità" in *La spiritualità come teologia*, 296-310.

Si pensi per esempio anche alla "spiritualità dell'incarnazione" degli anni Trenta/Quaranta, alla proposta del ruolo socio-politico del credente sponsorizzata dall'*Umanesimo integrale* di J. Maritain (1936), alle varie (seppur frammentate) teologie del valori terrestri, dell'impegno storico, sponsorizzate soprattutto dall'Azione Cattolica[19]. A cui va aggiunta anche una evoluzione nella coscienza "ecclesiale" e nella sua identità dentro la storia – ad es. la comunione, popolo in cammino, presenza critica, parabola evangelica di fraternità in un mondo ingiusto e violento, ecc. - che ha portato a distaccarsi progressivamente dal metodo puramente deduttivo, per esplorare percorsi più storico-positivi, e pratico-dinamici, a partire dal primato assiologico dell'esperienza e dei processi di trasformazione delle strutture di coscienza[20].

Gli istituti allo *status nascenti*

Siamo verso la fine degli anni '50 quando sorgono a Roma i primi *Istituti di Spiritualità*: ognuno di essi rivendica (a suo modo) una primogenitura di tempo, che io lascio perdere: comunque sono quelli dell'*Angelicum*, del *Teresianum* e della *Gregoriana*, i primi tre, preceduti dai corsi dell'Istituto monastico di Sant'Anselmo, e a cui si aggiunge poi anche quello dell'*Antonianum* (con attenzione alla tradizione francescana) e più avanti quello dei Salesiani, con taglio più pedagogico[21].

Il contesto teologico e spirituale della loro nascita va notato: anche in questo caso sono gli anni in cui si fondano numerose riviste di spiritualità, si pubblicano anche dei trattati in parte sensibili ai nuovi linguaggi, si diffonde una nuova coscienza sulla urgenza di una spiritualità meno vecchia e meno devota. Molti istituti religiosi si organizzano per recuperare il loro patrimonio con criteri scientifici e nuove prospettive. Il debito pagato dagli Istituti allora alle proprie specifiche "scuole di spiritualità" andrebbe studiato, e riconosciuto nei suoi pregi e nei suoi limiti (una sintesi organica alla voce: AA.VV., *Scuole di Spiritualità*, DIP 8, 1988, 1198-1220). Anche da questo contesto prendono stile e senso i nuovi istituti nel suddividere i

---

19. Cf. la sintesi del dibattito: B. BESRET, *Deux chapitre d'histoire du vocabulaire religieux contemporain en France: Incarnation et Eschatologie 1935-1955*, Paris 1964; G. COLOMBO, "Escatologismo e incarnazionismo", in *La Scuola Cattolica* 87 (1959) 344-376; 401-424; e il nostro capitolo sulla "spiritualità dell'incarnazione" nel libro: B. SECONDIN, *Spiritualità in dialogo*, 133-151.
20. Cf. J.M. GARCIA, "La teologia spirituale oggi. Verso una descrizione del suo statuto epistemologico" in *La teologia spirituale. Atti*, 205-238.
21. Nei rispettivi *websites* di internet le notizie specifiche di ognuno. Utile vedere anche come nel 1974 stavano le cose: S. d. S. FAMILIA, "Per lo studio della Teologia spirituale, (Istituti di specializzazione e saggio di bibliografia generale)", in *Seminarium* 26 (1974) 266-291.

temi dei corsi. Era logico che vi convergessero pure le nuove spinte teologiche ed ecclesiologiche, come anche le nuove domande culturali in atto in prossimità del Concilio Vaticano II. Ma come massi erratici, sparsi qua e là. Certamente oggi è fuori interesse questa tematica delle "scuole di spiritualità", perché le spiritualità oggi si diversificano piuttosto in base ai contesti e alle culture, alle urgenze sociali e alle fisionomie ecclesiali[22].

Certamente questi *Istituti* non erano sordi o estranei alle nuove sensibilità emergenti, ma globalmente ho l'impressione, rileggendo programmi e documenti di quell'epoca attorno al Concilio, che in tali Istituti ci si muoveva ancora nella prospettiva di un insegnamento che doveva più che altro completare, nell'ambito interiore personale, l'insegnamento delle altre discipline. Diceva nel 1962 uno schema conciliare sui seminari: "Gli alunni siano formati con diligenza alla teologia spirituale con la quale vengano aiutati efficacemente nella propria santificazione e nella direzione delle anime"[23]. La stessa idea del 1920!

Dipendeva dal fatto che in quegli anni frequentavano i corsi degli istituti di spiritualità praticamente solo preti e religiosi, e ciò non poteva che sostenere e richiedere una offerta di corsi a loro più adeguata e consona. E anche se si cominciava ad allargare le tematiche ad altri ambiti – ricordo i corsi di K. V. Truhlar in questo molto originali e pionieristici – linguaggi e prospettive rimanevano quelli classici ed essenzialistici, cioè la presentazione delle grandi verità dogmatiche e morali in chiave di vita interiore e di adesione conformativa, per una preziosa miniatura interiore, al margine della storia e delle sue turbolenze. La stessa rilettura del grande patrimonio storico di dottrina e santità, in prevalenza veniva fatta con metodi di accumulo informativo e schematizzazioni da *enchiridion*, e non si sottoponevano i grandi campioni del passato ad una rilettura dinamica che segnalasse processi complessi di ripensamenti e di rielaborazione, perché tutto doveva compattarsi in un monumento monolitico. Ne erano prova gli stessi corsi di *storia della spiritualità*: erano profili storici dettagliati e statici, ben lontani dalla nostra storiografica più processuale e attenta alle dinamiche culturali connesse e alle riletture contestuali[24].

---

22. Sul tema vedi la pluriforme voce: "Scuole di Spiritualità", in *DIP* 8, Roma 1988, 1198-1220; A.G. MATANIC, "Il problema delle spiritualità specifiche", in B. CALATI-B. SECONDIN-T. ZECCA, *Spiritualità: fisionomia e compiti*, Roma 1981, 149-155; ID., "Pro e contro le spiritualità specifiche (con speciale riguardo alle famiglie religiose", nel libro: *La spiritualità come scienza. Introduzione metodologica della vita spirituale cristiana*, Cinisello B. 1990, 55-67.
23. Citato da G. RAMBALDI, "Sollecitazioni del magistero", 33.
24. Informazioni generali, pur con il taglio specifico sulla vita religiosa, nella voce: *Storiografia*, in *DIP* 8, 325-405.

Faticoso adeguamento

Per questo i temi incandescenti trattati nel periodo del Concilio sembravano appartenere ad altri pianeti, salvo che per alcuni professori più disponibili a contestualizzarsi, e si continuava ad elaborare una teologia spirituale distillata e celestiale, individualistica e meticolosa, dettagliata nelle descrizioni degli stati mistici e sfuggente nella relazione con la nuova antropologia, la nuova dinamica culturale, la nuova ecclesiologia, e via dicendo. Un esempio eclatante è il manuale di Albino (Marchetti) del Bambino Gesù[25], pubblicato nel 1966, ma dove non si riconosce l'impulso conciliare nonostante si estenda per 772 pagine.

Certamente c'erano stati sulle cattedre dei professori di grande valore, che hanno come gettato le basi e le fondamenta di garanzia per tutti questi istituti, anche prima che prendessero tale forma: ne cito uno per ciascuno: basti pensare a Anselm Stolz per l'Anselmianum, a Joseph De Guibert per la Gregoriana, a Réginald Garrigou-Lagrange per l'Angelicum, a Iacobus Heenrickx per l'Antonianum, a Gabriele di S. Maria Maddalena per il Teresianum. E c'erano state nei decenni antecedenti il Concilio delle proposte stimolanti per una reimpostazione metodologica di tutto il discorso della spiritualità, cioè a partire dal vissuto e dalle sue varianti, delle quali le nuove storie della spiritualità – prima fra tutte quella classica del Pourrat, senza dimenticare l'originalità di un Bremond[26] – avevano reso nota la ricchezza, e stimolato anche nuovi criteri interpretativi. Tanto più che verso questo metodo spingevano anche gli studi collaterali di tanti studiosi della mistica, per esempio di Friedrich von Hügel (†1925), William James (†1910), per citarne due soli. Un primo tentativo di proposta sistematica (anche se limitato all'ambito della mistica) basata sul metodo induttivo sarà del benedettino austriaco Alois Mager (†1946)[27].

Ma intanto si rimaneva però – in linea globale parlando – ancorati al metodo deduttivo (a partire dalla dogmatica in genere, o dalla morale) almeno fino agli anni Sessanta. Chiarificatrice può essere questa costatazione che scriveva nel 1971, K. V. Truhlar: "Fino a dieci anni fa, la teologia spirituale era ancora per molti la disciplina che, basandosi sulla rivelazione

---

25. A. d. Bambino Gesù, *Compendio di teologia spirituale*, Torino 1966.
26. Di Henri Bremond rimane classica l'opera in 12 volumi: *Histoire littéraire du sentiment religieux en France depuis la fin de guerres de religion jusqu'à nos jours*, 12 vv., Paris 1920-1936. Ora in nuova edizione in 5 volumi, ma con l'aggiunta di vari studi e la bibliografia, Grenoble (Ed. Millon) 2006.
27. A. Mager, *Mystik als seelische Wirklichkeit*, Graz-Salzburg 1946. Cf. U. Engelmann, "Mager (Aloïs-Auguste)" in *DS* 10, Paris 1980, 71-73.

di Cristo e usando i mezzi di ricerca offerti dalla scienza teologica, rifletteva sul come approfondire la vita interiore del cristiano. In seguito però, quale fattore essenziale e centrale di questo approfondimento, si cominciò a considerare sempre di più un unico aspetto: l'elemento esperienziale, umano e cristiano, della propria esistenza, cioè la crescente scoperta e sviluppo dell'autocoscienza quale fondo del proprio essere: l'esperienza dell'assoluto, di Dio, di Cristo all'interno di questo essere"[28].

Per cui possiamo concludere che la nascita di *Istituti di Spiritualità* – fra cui quello del *Teresianum* sarà insignito pure del titolo di *pontificio* (1964) – non significa che la loro programmazione, la loro visione teologica globale, la loro contestualizzazione, ne abbia risentito in maniera creativa e esplorativa. È stato un processo più di giustapposizione che di creatività. Si sono dilatati i corsi e i percorsi, moltiplicando, secondo esigenze di organigramma, le materie e anche i docenti, ma per aggiunte successive, a mio parere non rielaborando a fondo temi e obiettivi. E anche la presenza di nuovi temi trattati non direi che abbia coinciso con un intreccio sinergico e riformulatore con gli altri corsi esistenti. Non sempre si è riusciti ad evitare un puro accostamento di antico e nuovo, di sprazzi profetici e noiose ripetizioni obsolete. Ognuno contribuiva con il suo apporto, ma col risultato che più che un organismo armonioso e duttile, negli istituti avevamo (e forse ancora qualche cosa rimane…) l'accostamento delle competenze e la somma delle offerte individuali, spesso sovrapposte e anche contrapposte. Non per questo intendo svalutare il lavoro dei docenti e la funzione degli Istituti che conosco, e di cui ho avuto il piacere di essere collaboratore. Ma solo manifestare un timore e un disagio, che indica anche il mio amore esigente.

Si potrebbe aggiungere che la stessa terminologia ancora negli anni '90 a volte appariva confusa ed equivoca. Cito solo un esempio, ma macro: l'enciclica *Veritatis Splendor* (6 agosto 1993), torna a parlare di "ascetica e mistica", che descrive "le leggi del progresso spirituale", e colloca ruolo e natura di questa all'interno della teologia morale, come "una dimensione spirituale interna"[29].

---

28. K.V. TRUHLAR, *Concetti fondamentali della teologia spirituale*, Brescia 1971, 19.
29. GIOVANNI PAOLO II, *Veritatis Splendor. I fondamenti dell'insegnamento morale della Chiesa*, Lettera enciclica, Città del Vaticano 1993, 111.

Istituti con una nuova identità

In effetti, rotto progressivamente l'incantesimo fascinoso di grandi principi guida (per lo più dogmatici) da cui dedurre percorsi nella prassi, vengono messi all'opera nuovi criteri ermeneutici della stessa storia della spiritualità e dell'esperienza cristiana – non solo la mistica quindi, né solo i trattati dottrinali scritti, ma anche le autoanalisi (*autobiografie*), la religiosità popolare e i tanti volti dell'esperire umano, il contesto ecclesiale, le utopie sociali, le angosce collettive e le forme letterarie, come anche gli apporti delle nuove scienze antropologiche[30]. Michel de Certeau è un nome da non tralasciare[31].

E così la spiritualità si è andata delineando a partire dagli anni '70 e con più decisione dagli anni '80 come "stile" o "forma" di assunzione nelle strutture di coscienza e insieme processo di *trasformazione* delle stesse strutture di coscienza, delle molteplici esigenze e direttrici del dialogo fra Dio e l'uomo. Si tratta di una presa di coscienza e di una progressiva interiorizzazione della comunicazione divina a tutti i livelli e dimensioni dell'esistenza umana[32]. Se si confrontano le dispense di C. A. Bernard, il nostro grande maestro più recente, con l'ultima edizione del suo trattato di *Teologia spirituale* e la nota trilogia sulla mistica, si può in qualche modo riscontrare questo maturare di un approccio meno metafisico[33]. Anche se p. Bernard è rimasto nel fondo sempre un po' filosofo, e tomista, come era la sua matrice di origine.

Quindi la guida per interpretare la spiritualità nelle sue evoluzioni più recenti non dovrebbero essere più la lista dei contenuti e dei titoli dei corsi, ma il riscontro della capacità di intercettare il fatto del processo o i processi di trasformazione, nelle molteplici direzioni: le forme rituali e ascetiche, come anche la costellazione dei valori, l'interrelazione e integrazione nel contesto socio-culturale, ma anche la *sovra-trasformazione* (Ruusbroec parla di "*overforming Gods*"), che noi tradizionalmente chiamiamo "unione tra-

---

30. Cf. C. Garcia, *Teología espiritual*, 337-372.
31. Citiamo soprattutto di M. de Certeau: *L'Ecriture de l'Histoire*, Paris 1975 e *La Fable Mystique*, v. 1: XVIe –XVIIe Siècle, Paris 1982. Fra gli studi: F. Dosse, *Michel de Certeau: Le marcheur blessé*, Paris 2002; S. Morra, *Pas sans toi. Testo parola e memoria verso una dinamica della esperienza ecclesiale negli scritti di Michel de Certeau*, Roma 2004; M. Quirico, *La differenza della fede. Singolarità e storicità della forma cristiana nella ricerca di Michel de Certeau*, Cantalupa (TO) 2005.
32. Cf. K. Waaijman, "Cambiamenti nell'impostazione dei trattati di Spiritualità", in *La spiritualità come teologia*, a cura di C.A. Bernard, Cinisello B. 1993, 311-335.
33. C.A. Bernard, *Compendio di Teologia spirituale*, Roma 1989; quarta ed. Cinisello B. 2002. Sulla mistica la trilogia: *Il Dio dei mistici*, 3. vv., Cinisello B. 1996, 2000, 2004; ad essi si deve aggiungere l'opera postuma: *Teologia mistica*, Cinisello B. 2005.

sformante". Un titolo di un libro di Bruno Forte recita: *La teologia come compagnia, memoria, profezia*[34]. È proprio questa la direzione che io vedo tipica della teologia spirituale, nei fatti e nelle nuove propaggini. Molto giustamente M.D. Chenu aveva scritto fin dal 1937: "Una teologia degna di questo nome è una spiritualità che ha trovato strumenti razionali adeguati alla sua esperienza"[35]. In fondo questa zoccolo duro e vivo della prassi garantisce autenticità ed esige tematizzazione[36].

La nuova direzione della spiritualità verso lo studio di questo processo di trasformazione e pienezza, e quindi a partire da una piattaforma molto ampia del concetto e della fenomenologia dell'esperienza, dà la spiegazione dell'attuale proliferare di istituti para-accademici attenti più alla moda e ai *trends* che alla scienza. Ma anche al sorgere di centri di studio nominati di "spiritualità" dove la preoccupazione è dedicata anche e con evidenza al soccorso psico-terapeutico e alla formazione permanente. Da qui la difficoltà a distinguere i confini fra stile e metodo scientifico e altri stili, specie in nazioni e culture molto distanti dai nostri modelli classici. Ciò spiega la frequente associazione fra spiritualità e formazione, spiritualità e salute, spiritualità e medicina, spiritualità e accompagnamento, spiritualità e comunicazione, ecc. Chi più ne ha più ne metta[37].

Per la capacità di abitare il nuovo, ma con rigore scientifico e sistematicità di programmi, potrei citare l'esempio dell'impianto di programmi e delle ricerche del Titus Brandsma Instituut di Nimega e in parte anche nell'Institut für Spiritualität di Münster[38]. Negli ultimi tempi sono apparsi in Italia due ponderosi volumi che si configurano come veri e propri trattati di spiritualità: e vengono proprio da Nimega e da Münster, dando prova di tematizzazione sistematica del nuovo metodo e della centralità

---

34. B. Forte, *La teologia come compagnia, memoria, profezia. Introduzione al senso e al metodo della teologia come scienza*, Cinisello B. 1980.
35. M.-D. Chenu, *Le Saulchoir. Una scuola di teologia*, Casale M. 1982, 99 (ed. orig. 1937).
36. Cf. J. L Illanes, "Interpretación teológica de la historia y espiritualidad", in *Scripta Tehologica*, 33 (2001), 623-648; B. Secondin, "Nozione di spiritualità e alcune recenti collane di storia della spiritualità", in *Ricerche Teologiche*, 1 (1990) 187-205.
37. Una ricerca su internet può facilmente confermare questa confusione.
38. Vedi su internet il sito: per quello di Nimega: *http://www.titusbrandsmainstituut.nl/eng_index.htm* e per quello di Münster: *http://www.pth-muenster.de/view.php?nid=3*. I due istituti lavorano in contatto stretto fra loro. Espressione del metodo della spiritualità seguito al Titus Brandsma Instituut di Nimega può essere considerato il libro di K. Waaijman. *Spiritualiteit. Vormen, grondlagen, methoden*, Gent 2001 (it. Brescia 2007); da completare con la raccolta di. AA. Vv., *Seeing the Seeker, Explorations in the Discipline of Spirituality*, edita da H. Blommestijn, C. Caspers, R. Hofman, F. Mertens, P.Nissen e H. Welzen, Leuven 2008. Per Münster il libro di riferimento è: AA.Vv., *Grundkurs Spiritualität*, Stuttgart 2000 (it. Brescia 2006).

delle "forme" (*shape*). Possiamo discutere la validità e la pertinenza di questo impianto, e di più della stessa impostazione generale circa lo studio accademico della spiritualità fatto con una tale ampiezza di temi e risorse: c'è il rischio di una diluizione troppo ampia dell'identità a favore di una dispersione babelica e confusionaria, c'è il rischio di una avversità per la riflessione logico-cognitiva a favore di una conoscenza prassiologica e frammentata[39]. Però già nel 1989 io stesso avevo cercato di reimpostare tutto il trattato della Spiritualità a partire dal principio assiologico dell'esperienza, in molteplici direzioni esplorata e condotta a plasmare un nuovo impianto di proposta sistematica, senza escludere ulteriori orizzonti aperti, a motivo delle nuove sfide emergenti[40]. E quel "Corso di Spiritualità" era stato preceduto da un altro volume – *Problemi e prospettive di spiritualità* (1983) - in cui si cercava di smuovere temi e problemi con coraggio[41].

Ma certamente dobbiamo riconoscere che l'appello all'esperienza spirituale personale e comunitaria, incarnata e contestualizzata, e la preoccupazione meno essenzialista e più *mistagogica* della teologia spirituale, può offrire un vero passaggio ad un nuovo paradigma nella impostazione e nella scientificità di questa disciplina accademica[42]. Resta da chiarire come gli sia possibile convivere accanto ad altre classiche e compatte discipline, che invece guardano all'esperienza (compresa quella spirituale o del vissuto, cioè la *fides qua*) come dall'alto, considerandola come un terreno vischioso dove pascolano allo stato brado molte velleità pseudo-teologiche ed esperienze che mal si conciliano con una analisi logico-cognitiva, distaccata e perfino indifferente alle risonanze vitali.

Rovesciare la domanda
Ma la domanda può anche essere ribaltata: è possibile una *scienza* teologica che faccia dell'*experientia Dei salvantis* una cifra astratta, un teorema logico-cognitivo compatto e freddo, un principio totalmente disincarnato? È possibile, mi domando a volte, che sia ritenuta cosa molto seria la acribia con cui si scava nelle coordinate della *fides quae*, con l'ausilio e anche la

---

39. Per una analisi puntuale sui due libri della nota precedente: G. COMO, "Spiritualità per il nuovo millennio. Bollettino bibliografico di teologia spirituale", in *La Scuola Cattolica* 135(2007) 64-82 (59-114).
40. B. SECONDIN – T. GOFFI (Edd.), *Corso di Spiritualità. Esperienza, Sistematica, Proiezioni*, Brescia 1989.
41. T. GOFFI – B. SECONDIN (Edd.), *Problemi e prospettive di spiritualità*, Brescia 1983.
42. Vedi una proposta che vuole recepire le novità: J. J, TAMAYO-ACOSTA, *Nuevo paradígma teológico*, Madrid 2003. Interessante anche la proposta di D. SORRENTINO, *L'esperienza di Dio. Disegno di teologia spirituale*, Assisi, 2007. Anche G. COMO, "Spiritualità per il nuovo millennio", 107-114, arriva a simili conclusioni.

vigilanza delle scienze filosofiche, e secondo esigenze di linguaggio distaccato e autoreferenziale, mentre perdura ancora la fatica a spostare la vera riflessione su una teologia che "serva" la fede vissuta e non solo i trattati, e tematizzi con empatia la *fides qua,* e da qui poi prenda forza e validità anche la tematizzazione della *fides quae*?[43]

Proprio la proliferazione delle nuove forme e delle nuove priorità degli istituti di spiritualità potrebbe sollecitarci a porci qualche domanda e costringerci a riflettere in modo meno svagato e più coinvolgente su che cosa può significare tale fenomeno per noi della classica scuola. È in fondo la domanda che pungola tutto l'insegnamento accademico della teologia: stiamo lavorando per isolare la fede nei concetti e nei trattati voluminosi, o stiamo lavorando per tematizzare la nuova stagione della fede vissuta, in maniera da accompagnare orizzonti e memoria verso un nuovo paradigma del fare teologia, verso una nuova sintesi che alimenti la sapienza orientatrice e non solo il gioco intellettuale sofisticato e indigesto?[44]

Ma pur ammettendo che la formula classica ha ancora tanto da dire: cosa potrebbe giustificare l'esistenza di un *Istituto di spiritualità* di alto livello accademico, se non la capacità di scavare in certi temi e settori, per mostrare come essi hanno un impatto vivo e vitalmente ispirativo oggi, come processo sempre aperto a nuove stagioni, come valore che ha bisogno di nuove inculturazioni, come patrimonio che non è solo adorato e custodito, ma anche interpretato e attualizzato?[45] Se al momento della nascita dei nostri istituti romani – l'anno fatidico è nel 1957/58 – l'urgenza era quella di fare un salto di qualità per tutti, mettendo a frutto in campo accademico la nuova coscienza della natura e della funzione della spiritualità come disciplina accademica; oggi potrebbe mostrarsi egualmente *kairòs* per tutti farsi carico di questa altra lunga stagione di sgretolamento e di ricomposizione del senso e della funzione della spiritualità – sono altri 50 anni non banali né infecondi – per una sinergia che consenta una definitiva maturazione della natura e metodo della spiritualità[46].

---

43. Era l' impostazione tipica di G. Moioli, a cui si deve il denso articolo: "Teologia Spirituale", in *Dizionario Teologico Interdisciplinare,* v. 1, Torino 1977, 36-66.
44. Cf. A. STAGLIANÒ, *La teologia che serve la Chiesa*, Torino 1996.
45. Cf. le nostre considerazioni nel già citato: *Spiritualità in dialogo,* 73-130; e la lettura in chiave di "tempo" nel saggio: *La spiritualità nei ritmi del tempo. Alla soglia del terzo millennio,* Roma 1997.
46. Ne abbiamo segnalato l'utilità opportuna nel saggio: B. SECONDIN, "Spiritualità: esperienza, cultura, comunicazione", in AA.VV., *Il Concilio Vaticano II. Recezione e attualità alla luce del Giubileo,* a cura di R. FISICHELLA, Cinisello B. 2000, 527-541.

Quale è il futuro del nostro passato in relazione a questo nuovo contesto teologico, ecclesiale, culturale? Delle semplici aggiunte di temi, seminari, corsi opzionali, oppure un nuovo paradigma che generi a sua volta una programmazione ribaltata, attenta al principio della trasformazione in atto, e non solo alla assimilazione di nozioni numerose e statiche? Noi abbiamo tante remore a ridefinire la nostra stessa identità in modo creativo, a operare una *rupture instauratrice*, per dirla con Michel de Certeau, a diventare interlocutori sapienti delle nuove esperienze, tematizzandole non a priori ma attraversandole, con certezze provvisorie e speranza paziente. La stessa problematica riguarda tutto il sapere teologico e da qui deriva una fatica collettiva più ampia e complessa delle nostre singole entità. Ma varrebbe la pena farci carico di questo sforzo, a cui del resto anche i nuovi istituti partecipano, magari esagerando nella loro apertura al nuovo, a scapito del radicamento nella sapienza dei secoli e nelle sintesi già date[47].

La via di uscita, anche se parziale e provvisoria, potrebbe essere intanto quella di fare delle scelte tematiche, di optare per competenze selettive: in modo da rendere la propria identità e funzione scientifica non slargata su tutto, e quindi con vera competenza su nulla. Ma scegliendo filoni e figure, epoche e esperienze antiche e nuove, per introdurre ad una lettura sapienziale e interpretatrice e non solo ad una conoscenza di un po' di tutto. Il rischio di una infarinatura generica e vaga sul tutto non è fantasia, ma proprio l'ipoteca culturale della società attuale. La quale mentre ti offre l'accesso immediato alla scienza archiviata e catalogata nelle memorie telematiche, ti illude di avere competenza, mentre hai solo scintille multiple e frammenti di ciò che è vera scienza, è davvero *docta ignorantia*[48].

Per ritornare alle origini
Penso che la spiritualità ne avrebbe da guadagnare se riuscisse a diventare una sapienza cognitiva che sa riconoscere nelle molteplici informazioni e attualità, ciò che resta e orienta e plasma il vivere autentico (cristiano e anche umano), distinguendolo da ciò che fa chiasso e zavorra ingombrante. Proprio a questo scopo c'è una funzionalità e una capacità di futu-

---

47. Cf. B. Secondin, "Teologia spirituale e culture", in Aa. Vv., *La teologia spirituale. Atti,* 901-911; D. G. Groody, *Globalization, Spirituality, and Justice,* New York 2007.
48. Buone proposte in questa prospettiva nella raccolta: *The Study of Christian Spirituality,* ed. E. A. Dreyer - M. S. Burrows, Baltimore 2005.

ro anche per i nostri gloriosi istituti, in dialogo con le nuove istituzioni. Non una concorrenza che genera – per non restare indietro – una molteplicità di sezioni e specialità senza consistenza vera, ma la sinergia fra tutti per portare questa scienza o disciplina – che chiamiamo teologia spirituale o spiritualità o in qualsiasi altro modo vogliamo – a una nuova e più specifica fisionomia, nell'areopago teologico e culturale di oggi.

Una storia grande e gloriosa per il passato gli istituti *romani* di spiritualità ce l'hanno. Non è possibile negarlo. Ora però che non sono più soli, e anzi ora che proprio a loro imitazione – se non anche a loro concorrenza e alternativa – altri ne sono sorti, altri ne sorgeranno. Forse quelli "romani", nostro per primo, potrebbero sentire il loro ruolo e la loro identità ecclesiale in maniera rinnovata, creativamente rinnovata. Diventando artefici di un dialogo e di una rete di sinergie, *parati docere et doceri*, perché il momento propizio della spiritualità si decanti in una sua più matura identità e in una sua funzione ecclesiale e culturale di più chiare coordinate scientifiche, in cui siano implicati – più che per altre discipline – una abilità di sapienza orientatrice e di discernimento corale. Invece di avere nostalgia dei tempi in cui era centrale la preoccupazione della miniatura ossessiva e una topografia minuziosa dei paesaggi nascosti dell'anima, forse varrebbe la pena di abitare nuovi orizzonti e tracciare percorsi reali e fecondi per i discorsi teologici che si sono inariditi e inceppati, su sentieri eccessivamente tecnici e privi di *pathos*[49].

Instituere (e quindi alla radice di *institutum*) in origine non vuol dire la organizzazione materiale, vincolante, giuridica, ma la *traccia sapienziale*, la sintesi codificata (in senso non rigido) di una sapienza vissuta, la tematizzazione di un'arte del vivere, e non la sua gabbia rigida. Il mondo medievale e monastico è pieno di testi col titolo di *Institutiones*, che mostrano proprio questo senso dinamico e non sclerotizzato. Se ritornassimo nella prassi proprio a questa etimologia originaria? Faccio un esempio solo: che succederebbe se davvero prendessimo sul serio quello che a parole dicono tutti: che la Parola di Dio deve essere l'anima di tutta la teologia, spiritualità compresa? Accanto al ritorno prassiologico alla centralità della Parola

---

49. Sono indicate possibilità aperte in: B. Secondin, "Chances et tâches de la spiritualité au coeur de la modernité", in *Bulletin ET* 10(1999), n. 2, 349-359. Nuove possibilità anche sul tema della santità: Id., "Quale santità per il cristiano oggi? Tra santi di ieri e santità di domani", in *Modelli di santità oggi*, a cura di G. Toffanello, Padova 1997, 15-42; e sulla mistica: Id., "Per i sentieri luminosi dello Spirito. Tracce di conclusione aperta", in AA.VV., *Sentieri illuminati dallo Spirito*. Atti del Congresso internazionale di mistica, Abbazia di Münsterschwarzach, Roma 2006, 577-597.

- così *vissuto* oggi da tante persone e tanti gruppi nella Chiesa – come mai la spiritualità non ha saputo ripensarsi in sintonia opportuna, ristrutturando ogni suo discorso a partire da questo principio paradigmatico?[50]

Perché la Parola rimane come una specie di vago appello complementare, invece che diventare il perno che tutto genera, sorregge e valuta? La prassi, anche quella "spirituale", sta cambiando con rapidità e profondità: meno veloce e flessibile è il nostro modo di capirla e interpretarla. Ci piace indugiare su vecchie sintesi, molto lontane dallo stesso vissuto che tutti conosciamo e che diciamo "innovativo e postconciliare". Ed è solo un esempio, che credo nessuno può negare. Ma si potrebbero moltiplicare: dal concetto di santità a quello di maturità, dalla differenza e specificità di genere alle emergenze socio-culturali, dalla antropologia relazionale alla identità cristiana come comunione, dal dialogo con le altre religioni al relativismo etico ed esperienziale, ecc[51].

Mi basta aver fatto un cenno, lasciando a chi legge completare la lista e le sfide.

---

50. Cf. le suggestive indicazioni di G. RAVASI, "Linee bibliche dell'esperienza spirituale", in B. SECONDIN-T. GOFFI (Edd.), *Corso di spiritualità*, 56-122. Per un tema molto attuale: B. SECONDIN, "Ascoltate e voi vivrete (Is 55,3). L'ascolto della Parola fonte sorgiva di speranza", in AA.VV:, *La spiritualità della speranza*, Roma 2006, 139-162; ID. "La *lectio divina*: dal monastero al popolo di Dio", in *Lateranum* 74 (2008), n. 1, 115-144.
51. Temi che sono stati affrontati con ampiezza nei due libri citati: T. GOFFI – B. SECONDIN (Edd.), *Problemi e prospettive di Spiritualità* e B. SECONDIN – T. GOFFI (Edd.), *Corso di Spiritualità*. Ma anche nei capitoli sull'inculturazione e sulla libertà in: B. SECONDIN, *Spiritualità in dialogo*, 152-225.

TEOLOGIA E SPIRITUALITÀ: IL RINNOVAMENTO DI PENSIERO NEI GESUITI DEL VENTESIMO SECOLO*

JACQUES SERVAIS S.J.

La crisi della teologia e il contributo di una nuova generazione di gesuiti
Che le discipline che hanno preso il nome di «teologia dogmatica» e «teologia fondamentale» si uniscano nuovamente alla grande corrente della spiritualità – e in particolare della spiritualità patristica e medievale –, è stato il desiderio non solo profondo, ma esplicito di due grandi della teologia del secolo scorso, *Karl Rahner* (1904-1984) e *Hans Urs von Balthasar* (1905-1988). Il primo, stando alle parole dei suoi migliori conoscitori, considerava i Padri della Chiesa, come pure sant'Ignazio di Loyola, una fonte essenziale di rinnovamento della teologia[1]; condivideva in materia l'intima convinzione del suo fratello maggiore, *Hugo Rahner* (1900-1968), al quale lo univa un affetto indefettibile[2]. I loro maestri furono uomini che ebbero particolarmente a cuore il ravvicinamento dei due campi della dottrina e dell'esperienza spirituale, che da troppo tempo erano rimasti separati: *Pierre Rousselot* (1878-1915) et *Joseph Maréchal* (1878-1944)[3]. Tanto quanto se non ancor più di Karl Rahner, Hans Urs von Balthasar – legato alla memoria di questa Università da un articolo programmatico apparso nel 1969 in «Gregorianum» – si è dato il compito di ricostruire l'unità di teologia e santità[4], appoggiandosi a tal fine sullo studio teologico delle missioni di santi o di mistici. Due uomini, soprattutto, esercitarono un influsso su Balthasar in tal senso: *Erich Przywara* (1889-1972), autore, tra

---

* Questo contributo è stato pubblicato in "Gregorianum" 90/2 (2009) 371-392.
1. Cf. D. MARMION, *A Spirituality of Everyday Faith: A Theological Investigation of the Notion of Spirituality in Karl Rahner*, Leuven 1998; PH. ENDEAN, *Karl Rahner and Ignatian Spirituality*, Oxford, 2001, 238ss.
2. Cf. A. P. KUSTERMANN – K. H. NEUFELD, «Gemeinsame Arbeit in brüderlicher Liebe»: *Hugo und Karl Rahner. Dokumente und Würdigung ihrer Weggemeinschaft*, Stuttgart, 1993; K. H. NEUFELD, *Die Brüder Rahner: eine Biographie*, Freiburg i.Br., 1994.
3. Cf. «An Interview. Karl Rahner: Theologian at Work» in *The American Ecclesiastical Review* (Washington) 153/4 (1965) 220-221.
4. Tra i numerosi contributi in materia, cf. J. SERVAIS, « "Weisheit, Wissen und Freude". Zur Überwindung einer verhängnisvollen Diastase» in M. STRIET, J.-H. TÜCK (Hg.), *Hans Urs von Balthasar – Vermächtnis und Anstoß für die Theologie*, Freiburg i. Br., 2005, 320-348; « Spiritualität und der "wissenschaftliche" Charakter der Theologie bei Hans Urs von Balthasar» in *Rivista Teologica di Lugano* 11 (2007) 481-496.

numerosi altri scritti, di un voluminoso commento agli «Esercizi spirituali», e soprattutto l'«amico e maestro» *Henri de Lubac* (1896-1991), cui testimonia una riconoscenza tutta particolare. Nella compagnia discretamente socievole di padre de Lubac, troviamo il più anziano *Pierre Teilhard de Chardin* (1881-1955), in favore del quale portò avanti una vera e propria «difesa e illustrazione», come pure altre persone della sua generazione: *Gaston Fessard* (1897-1978), anche lui commentatore originale degli «Esercizi», *Yves de Montcheuil* (1900-1944), l'anima gemella di de Lubac, *Pierre Ganne* (1904-1974), autore di notevoli opere sullo Spirito Santo e sul suo rapporto con la vita cristiana, e *Jean Daniélou* (1905-1974), ben noto per le sue opere patristiche e i suoi scritti di combattimento.

In questo contributo lo sguardo si concentra essenzialmente su questo gruppo di teologi e di amici, riuniti attorno al padre de Lubac, che furono per così dire la «matrice» di una teologia riconciliata con la vita spirituale. Tutti erano gesuiti e, in buona parte, francesi. Avevano vissuto in case di formazione in cui regnava sovrano uno spirito suaresiano. Questa mentalità essenzialmente apologetica, preoccupata di mostrare la coerenza logica delle verità di fede e di mettere in evidenza le «contraddizioni» della sistematica idealista, si appoggiava su una fiducia illimitata sulla ragione naturale.

Infatti, secondo Suarez, la ragione umana ha Dio stesso come «oggetto adeguato»; niente può quindi sfuggire al suo ambito di competenza, neppure le realtà soprannaturali, dato che non c'è nulla al di fuori di Dio. Questa concezione omni-inglobante della ragione conduceva ad una rappresentazione dialettica dei rapporti tra teologia e metafisica: da un lato la teologia si concepisce a partire da una luce soprannaturale e da principi rivelati – e la filosofia gli serve quindi come strumento per la spiegazione e la giustificazione del suo discorso; dall'altro però, la teologia non ha una propria coerenza e giustificazione se non nel potere conclusivo del discorso umano: non è più essa a rischiarare il pensiero naturale, ma quest'ultimo che, al contrario, la porta al suo compimento. Dio stesso si trova così circoscritto dagli orizzonti del pensiero umano e tutta la realtà deve entrare nel quadro della ragione. Suarez considera dunque logicamente che «l'esistenza attuale, come atto o attualità di un'essenza, non è affermata in maniera fisica, secondo la cosa, ma in maniera metafisica, secondo la ragione»[5]. Proprio sulla scia della tradizione scotista, l'essere non ha più altro senso che quello di «essere-pensato», il luogo della metafisica ormai

---

5. Citato in: G. Siewerth, *Das Schicksal der Metaphysik von Thomas zu Heidegger*, Einsiedeln, 1959, 137.

Jacques Servais S.J.

è solo quello dell'«intelligibile», e spetta adesso alla fisica occuparsi della realtà delle cose. In questo modo vengono fondati i principi di una preminenza della fisica moderna, scienza del reale, su una metafisica che si costruisce sull'irreale[6]. Il pensiero teologico si concentra su concetti astratti e generali, come pure sui loro «oggetti adeguati», ma lascia sfuggire il reale. Sviluppa una logica predicativa chiusa e artificiale, che tende a complessificarsi sempre più a causa del suo sforzo riflessivo di coerenza interna. Però non viene seguita dalla coscienza credente della Chiesa, perché la preghiera, la fede e la vita del popolo di Dio si sviluppano ormai fuori dalla sua sistematica. Tra teologia e vita cristiana il divorzio è stato pronunciato.

È in questa mentalità dominante che il padre de Lubac e i suoi condiscepoli iniziano la loro formazione[7]. Non tardano a sentirsi riuniti da una comune volontà di affrancarsene. Tutti comprendono che «non è più possibile dissociare, come lo si è fatto troppo spesso in passato, teologia e spiritualità»[8]. Conoscenza e vita formano un tutt'uno. Nella tragicità di una tale dissociazione intravedono già il rischio di una separazione tra quello che chiameremmo oggi la fede e la ragione, la verità e l'esperienza. Vi scorgono addirittura il punto debole della dottrina cattolica di allora confrontata alle sfide della laicità. Il pensiero tradizionale di Agostino, di Bonaventura e di Tommaso d'Aquino – e in particolare il tomismo ravvivato da Marechal e Rousselot che stimolavano le loro giovani menti a ritornare al Doctor communis, come a «un maestro di pensiero sempre attuale» – li incita a approfondire il senso di un umanesimo cristiano capace di ingaggiare una discussione con l'incredulità moderna perché risolve il dramma della rottura tra il sapere teorico e la vita[9].

È a questo punto che il pensiero di *Maurice Blondel* (1861-1949) viene loro in aiuto. Esso si era introdotto furtivamente allo scolasticato di Fourvière tra-

---

6. Cf. G. SIEWERTH, *Das Schicksal*, ibid.
7. Cf. H. DE LUBAC, *Mémoire sur l'occasion de mes écrits*, Œuvres complètes XXXIII, 33, 147. Lo stesso giudizio troviamo in Rahner, che si dichiara anche lui espressamente antisuaresiano: M. SECKLER, «Potentia oboedientialis bei Karl Rahner und Henri de Lubac» in *Gregorianum* 78/4 (1997) 699-700.
8. J. DANIÉLOU, «Les orientations présentes de la pensée religieuse in *Etudes*» (aprile-maggio-giugno 1946) 5-21, cf. 17.
9. «Maneggiando le verità più valide e più attuali, la teologia dà l'impressione d'assenza e irreale», fa notare Y. DE MONTCHEUIL (cit. in DANIÉLOU, «Orientations présentes», 5). Secondo il giudizio di H. DE LUBAC, il «"neotomismo", simile a quello dei gesuiti di Louvain», di Rousselot, è al contrario «allo stesso tempo vigoroso e pronto alle assunzioni o, come diceva Rousselot, alle "necessarie assimilazioni"» (*Lettres intimes de Pierre Teilhard de Chardin*, Paris, 1972, 55).

mite il suo promotore, il padre *Auguste Valensin* (1879-1953). Benché di natura filosofica, era stato concepito nella chiarezza penetrante della fede, e forniva ai giovani gesuiti gli strumenti di riflessione di cui erano alla ricerca. Il filosofo di Aix discerneva chiaramente l'impasse alla quale conduceva la mentalità neoscolastica di impronta suaresiana: «a causa del suo metodo e di tutta la sua aspirazione», diceva, questa concezione «tende a inglobare l'intero ordine del pensiero e della realtà, [...] per anteporre o sostituire la teoria alla pratica»[10]. Bisognava al contrario, secondo lui, ritrovare il senso dell'unità concreta, affrancarsi dal gioco chiuso del pensiero raziocinante. «Si ha paura di confondere», ribadiva, «bisogna aver paura di non unire abbastanza, e di fare del cristianesimo un sovrappiù posticcio»[11]. La soluzione al problema, per lui, risiede nell'azione. È in essa che si tesse l'unità tra conoscenza e vita. Ne dà la spiegazione seguente in uno scritto che fa memoria dei suoi primi lavori: «L'azione mi sembrava essere quel "legame sostanziale" che, assumendo la sua comunione con tutti, costituisce l'unità concreta di ogni essere. Non è forse proprio questa il confluente in noi di pensiero e vita, originalità individuale e ordine sociale e addirittura totale, scienza e fede?». L'azione è quel semplice legame mediante il quale l'iniziativa individuale si esercita all'interno di una molteplicità di influenze; «viene dall'universale, vi ritorna, ma introducendovi qualcosa di decisivo; è il luogo geometrico dove si incontrano il naturale, l'umano, il divino»[12]. L'azione riconcilia comprensione teorica e obbedienza pratica, perché non le ha mai separate.

Blondel fa un passo avanti: in ultima analisi, l'azione che costituisce la chiave del problema metafisico è la concretissima pratica del cristiano, e in particolare, quella del santo. Di questa geniale intuizione, i suoi «Carnets intimes» rilasciano una prima testimonianza: «la vita è allo stesso tempo infinitamente più semplice e più misteriosa di quanto stimi il nostro pensiero raziocinante: la prospezione tutta ingenua, la decisione tutta concreta del bambino, dell'uomo della strada, dell'umile saggio, ecco cosa va dritto al cielo e riassume tutte le forze vive del mondo e di Dio, nella comune opera della natura, della ragione e della grazia»[13]. Su questa santa

---

10. M. BLONDEL, *Lettre sur les exigences de la pensée contemporaine en matière d'apologétique et sur la méthode de la philosophie dans l'étude du problème religieux*, Œuvres complètes II, 141. Non avendo preso in considerazione l'influsso di Suarez sulla scolastica, J.J. MCNEILL, *The Blondelian Synthesis* (Leiden, 1966, 38-39) non discerne esattamente l'oggetto della critica di Blondel in questa *Lettre*.
11. M. BLONDEL, *Itinéraire philosophique*, Paris, 1928, 261.
12. *Itinéraire*, 66-67.
13. M. BLONDEL, *Carnets intimes*, vol. II, Paris, 1966, 102.

Jacques Servais S.J.

azione si gioca la questione decisiva della vita e dell'essere e la metafisica più autentica non sarà mai altro che la sua forma discorsiva. Questa deve iscriversi nella realtà totale che, per il credente, è l'amore di Dio e del prossimo tale e quale si esercita nell'anima pura e semplice. Blondel raccoglie qui l'insegnamento del vangelo. Per Cristo, infatti, non c'è conoscenza autentica di Dio se non nell'azione conforme alla sua volontà: «Non chiunque mi dice: Signore, Signore, entrerà nel regno dei cieli, ma colui che fa la volontà del Padre mio che è nei cieli» (Mt 7,21).

Nel coraggio e nell'umiltà di Blondel, de Lubac e i suoi amici possono discernere la garanzia del suo insegnamento[14]. La «scienza della pratica» o, secondo l'espressione del filosofo cattolico, la «comprensione unitiva»[15], diventa la base della loro solidarietà di fronte alle sfide del loro tempo. La strada che viene loro indicata, e la sfida che si prefiggono di raccogliere, sarà di ritrovare l'unità della conoscenza razionale, propria della teologia come scienza teorica, e della saggezza della fede vissuta, propria della spiritualità come scienza pratica. «Quando si chiede a una teologia di rinnovarsi, non gli si chiede di esprimersi in una nuova filosofia, ma di assimilare l'esperienza spirituale dalla quale è nata questa filosofia», dichiarava Yves de Montcheuil, uno dei maggiori testimoni di questa nuova generazione[16]. Il rinnovamento sperato deve provenire prima di tutto da spiriti e anime in ricerca di un pensiero cristiano vivo perché realmente vissuto, cioè da persone pienamente rincentrate su Gesù Cristo, verità ultima dell'uomo. Ma deve pure essere in misura di riaprire col mondo un dialogo che la mentalità suaresiana aveva ridotto a un semplice imperativo di conversione.

Ricentramento su Cristo, verità ultima dell'uomo
Un simile dialogo presuppone «far saltare» una serie di barriere. In primo luogo quella della dottrina cattolica – diremo più avanti come i nostri teologi si impegneranno a liberarla dalle fortificazioni delle quali si era circondata per proteggersi, ma che allo stesso tempo ostacolavano la proclamazione del vangelo. Ma apertura anche sul versante delle filosofie

---

14. «Tra il mio ruolo [in merito alle questioni personali] e il ruolo che conferisco alla filosofia, tra il mio pensiero e la mia vita mi sento spinto a stabilire un accordo quanto più completo possibile: è proprio a questa condizione che mi sembra subordinata l'efficacia dell'uno e dell'altra» (BLONDEL, «*Mémoire*» *à Monsieur Bieil*, Paris, 1999, 93).
15. M. BLONDEL, *Carnets intimes*, vol. II, 309.
16. Y. DE MONTCHEUIL, cit. in DANIÉLOU, «Orientations présentes», 6.

umane, che pure non possono più barricarsi in una fortezza. Bisogna far saltare i sistemi pretenziosi dell'uomo, sufficiente e sicuro di se stesso «rendendo ogni intelligenza soggetta all'obbedienza al Cristo» (2 Cor 10,5b). Per questi gesuiti, come per san Paolo, la verità filosofica è inseparabile dalla loro decisione per Cristo, sintesi e integrazione di tutta la Rivelazione. Questa vive in effetti della vita stessa di Dio, la vita sempre più grande dell'amore manifestato nel Figlio fatto carne. Vive, in altri termini, della Verità infinita e sempre trascendente diventata temporalmente accessibile, offerta velatamente nella figura delle verità terrestri. Nessun sistema sarebbe capace di contenerla. Laddove l'uomo naturale tenta di rinchiudere l'Infinito nei limiti della propria saggezza (cf. 1 Cor 2,14), l'uomo spirituale si lascia dilatare alle dimensioni della verità di Dio (cf. Ef 3,18). Lungi dal restringerla allo spazio chiuso dei suoi schemi mentali, lascia il suo spirito e il suo cuore allargarsi sotto la spinta del mistero rivelato nella sua totalità e nella sua unità in Cristo.

Il compito davanti al quale si trovano i nostri gesuiti è dunque quello di un rinnovamento della vecchia apologetica. Essa ripugnava il contatto con gli errori del mondo e esigeva in partenza una sottomissione di principio, globale e incondizionata, alla dottrina cattolica: essi desiderano sostituirvi il modesto e comune cammino del dialogo razionale. Alla scuola dei loro maestri Rousselot, Maréchal e Blondel, padre de Lubac e i suoi amici capiscono che questo dialogo, nelle sue modalità e nel suo contenuto, dovrà essere guidato da un criterio, un unico criterio: Cristo. Tutto per loro deve essere ripensato a partire da Cristo, «luce del mondo». Questa convinzione li unisce al di là delle loro differenze di temperamento, di origine sociale, e di interessi intellettuali o pastorali. Laddove il cristiano accetta di ripensare la sua missione nel mondo a partire dal Logos divino, la sua posizione ne risulta radicalmente invertita: non dispone più di una verità di cui potrebbe avvalersi a spese degli altri. Una simile superiorità, in effetti, non sarebbe altro che l'aldilà speculativo di una verità puramente logica e in fondo ignorante dell'uomo perché separata da quello che costituisce la sua vita reale: la sua condizione mortale, gratuitamente strappata al peccato dall'amore di Dio e portata da questa stessa grazia fino al totale spogliamento di sé. È nella kenosi dell'amore, nell'unione con Cristo con cui è «crocifisso» (Gal 2,19), che il cristiano annunzia agli uomini la verità della sua fede nel Figlio di Dio.

Alcuni di loro, come Balthasar e forse Rahner, daranno più risalto, sotto l'influsso di Przywara e reagendo contro l'idealismo tedesco, al «semper maior» del mistero insondabile dell'amore divino e all'esigenza corrispon-

Jacques Servais S.J.

dente di consumare in lui ogni dialettica umana. Altri saranno più sensibili alle continuità tra il desiderio dell'uomo e il suo compimento sovrabbondante di cui testimonia la Scrittura letta nella Tradizione; ma poco importa qui. Li lega una certezza comune: il teologo deve scendere dal suo piedistallo e, avvicinandosi lui stesso per primo alla Croce, dirigere lo sguardo dei propri interlocutori, con i loro pensieri, ma anche la loro vita, e le sue zone d'ombra e di luce, verso Cristo, «fine ultimo» di ogni creatura[17]. È la verità ultima della salvezza, perché è «l'universale concreto» nel quale è inclusa e riscattata ogni realtà presente, passata e futura, ivi compresa la decisione della libertà umana. È il centro unificatore nel quale tutta la realtà di ieri e di oggi, e in particolare la risposta dei soggetti alla loro destinazione creaturale e alla loro vocazione soprannaturale è integrata e riceve il suo compimento definitivo. È l'incarnazione dell'Eterno nel tempo, di modo che, come avvenimento storico, può rivendicare la contemporaneità con tutti i tempi e abbracciare il mondo drammatico delle persone nella singolarità delle loro opzioni di fronte alla volontà divina.

Per il cristiano, questa convinzione di fede è l'anima del dialogo; ma per il suo interlocutore, non può esserne l'esigenza preliminare. La sola esigenza sulla quale gli interlocutori possano convenire è quella della razionalità. È dall'interno allora, a partire da questo principio comune che de Lubac e i suoi confratelli cercano di fare saltare le anguste certezze e di riaprire a Cristo i sistemi filosofici. La strada tracciata da Blondel si rivela su questo punto nuovamente determinante. Lui stesso si era scontrato, durante i suoi studi alla Ecole Normale, con l'anticristianesimo di un ambiente scientista, nel quale si vedeva «come un bambino, come un "selvaggio" davanti a dei super-civilizzati che, sapendo tutto, non conoscevano più l'Unico necessario»[18]; riconosceva ai propri insegnanti il vantaggio delle loro vaste conoscenze, ma rivendicava il privilegio della propria fede cristiana, sola risposta definitiva alle domande dell'uomo. Con questa intima convinzione, si sapeva libero rispetto ai propri professori, libero di trarre il massimo vantaggio dal loro insegnamento, al punto da mostrar

---

17. «Dio, dice H. U. VON BALTHASAR, è il "fine ultimo" della creatura. Laddove è trovato, è il cielo; laddove è perso, l'inferno. Laddove mette alla prova, è il giudizio; laddove purifica, il purgatorio. In lui la realtà finita trova la morte, per lui e in lui risuscita. Ma se è tale, è perché è volto verso il mondo, e questo nel suo Figlio Gesù-Cristo, che è la rivelazione di Dio e che per questa ragione concentra in lui i "novissimi"» («Umrisse der Eschatologie», in *Verbum Caro*, Freiburg i. Br., 19903, 282).
18. Lettera di M. BLONDEL a Auguste Valensin del 10 juin 1931, in *Correspondance*, t. III, Testo annotato da H. DE LUBAC, Paris, 1965, 175-76.

loro quest'Unico Necessario, di «restituirglielo come il solo Bene, e il bene che avevano perduto, immaginandosi di aver guadagnato tutto»[19].

Eppure, l'avvio dell'indagine che si propone di portare avanti, nel dialogo con i suoi professori, deve essere fornito dalla stessa indagine, che non tollera nessun partito preso, nessuna presupposizione, ma richiede al contrario una «totale piazza pulita»[20].

Ed è proprio ciò che intraprende il suo metodo di immanenza: dall'interno stesso della vita umana, orientata verso la ricerca del suo senso, Blondel discerne un dinamismo che porta sempre l'uomo al di là di se stesso negli atti che compie. Poiché la ragione è prima di tutto apertura all'essere così com'è. Questo essere, di cui la ragione sperimenta in se stessa il bisogno necessario e la capacità, resta sempre nella sua natura un incompiuto. Eppure, l'insoddisfazione dell'intelligenza di fronte a tutto il sapere già acquisito è quasi la misura del desiderio che spinge incoercibilmente lo spirito umano ad assimilarsi a quest'essere, mediante un pensiero veramente attivo. I frammenti artificiali dell'analisi servono e devono servire a restituire il reale che si dà nell'azione. Nell'azione stessa, tale e quale è posta spontaneamente in noi e tale e quale la poniamo poi noi volontariamente, si tratta dunque di cercare «la pienezza spesso ignorata o misconosciuta, ma reale e ineluttabile, del suo contenuto totale, del suo sviluppo, delle sue conseguenze»[21]. Inserendosi nelle considerazioni appiattenti del razionalismo filosofico, Blondel ne fa saltare gli sbarramenti, le restituisce all'onda impetuosa dell'azione e non concede loro altro compimento se non quello non potevano darsi da sole. Risalendo a ben prima delle fonti scotiste e concettualistiche della neoscolastica, si riallaccia al dinamismo del *cor inquietum*, quell'aspirazione del cuore dell'uomo teso verso l'Assoluto, e che afferma implicitamente nell'atto comune del suo pensiero e del suo volere.

Non possiamo dissimularci i limiti di un simile metodo, dettato da preoccupazioni che restano fortemente apologetiche. La dialettica implacabile secondo la quale lo spirito dell'uomo supera tutti gli scopi finiti che si è posto e infine lo spinge ai confini dell'Assoluto (Dio) dovrebbe costringerlo a trovare la piena realizzazione di sé nell'auto-trascendenza dell'opzione decisiva. Allo stesso modo, secondo la concezione di Maréchal del

---

19. *Ibid.*
20. M. BLONDEL, *L'Action*, Œuvres complètes I, 33.
21. M. BLONDEL, «Une soutenance de thèse» in *Etudes blondéliennes*, vol. I, Paris, 1951, 80-81.

Jacques Servais S.J.

dinamismo dell'intelletto, le affermazioni superano sempre le rappresentazioni, legate ai fenomeni finiti, perché sono sottese dalla posizione di un Essere infinito, divino, di cui lo spirito umano si rivela «capace»[22]. A prescindere dai suoi limiti, questo metodo era animato da un'intenzione profonda, l'anima del pensiero cristiano: mostrare che il Dio della Rivelazione che viene incontro all'uomo, non gli resta esteriore, ma lo afferra nel più intimo del suo cuore. Dio vuole diventare il soggetto di un'esperienza spirituale pienamente personale, entrare, come lo esprime bene J. Mouroux, in una «relazione che impegna il *tutto* dell'essere umano, spirito e corpo; relazione che mira al *tutto* dell'essere divino, nel mistero adorabile e beatificante della sua immanenza e della sua trascendenza; relazione che si instaura con la mediazione dell'atto umano che accoglie e prolunga l'atto creatore; relazione, che è una fonte infinita di slancio, di desiderio e di dono»[23]. Infatti, lo spirito umano, per quanto sia creato e finito, è tuttavia desiderio di Dio: aspira alla comunicazione libera e gratuita di un Essere personale come a un dono che può e deve desiderare, ma non è in grado di procurarsi[24]. L'accoglienza della fede rivelata significa quindi per l'uomo l'accoglienza della sua propria verità: «Rivelando il Padre e essendo rivelato da lui, il Cristo porta a compimento la rivelazione dell'uomo a se stesso. Prendendo possesso dell'uomo, afferrandolo e penetrando fino in fondo al suo essere, costringe anche lui a scendere in se stesso per scoprirvi bruscamente regioni fino a allora insospettate»[25].

La teologia della nuova generazione di gesuiti voleva essere la testimonianza di questa luce interiore che il Figlio di Dio getta sul mistero dell'uomo, di ogni uomo, al quale, come non smetterà di ripetere Giovanni Paolo

---

22. Il movimento dello spirito «è solo un lungo inseguimento dell'*intuizione*, sempre sfuggente» (J. MARÉCHAL, *Études sur la psychologie des mystiques*, vol. 1, Bruxelles, 1938², 165), velata, della verità ultima, l'Essere assoluto, «l'Essere perfetto», di cui fa esperienza il mistico. Sul dinamismo intellettuale secondo Maréchal e in particolare sul rapporto che questi stabilisce tra «species» e «esercite», vedere P. GILBERT, «Question de méthode», in ID. (éd.), *Au point de départ. Joseph Maréchal entre la critique kantienne et l'ontologie thomiste*, Bruxelles, 2000, 144-156. «Ciò per cui Padre Maréchal risaltava fortemente», scrive di lui H. DE LUBAC, «era il fatto di non essere assolutamente chiuso, come molti intellettuali, nelle sue teorie, nondimeno assai sistematizzate. Aveva lo spirito più vasto delle sue idee» (*Mémoire*, 17).
23. J. MOUROUX, *L'expérience chrétienne*, Paris, 1952, 35. «Nulla è meno adeguato alla verità, riteneva H. DE LUBAC, delle dottrine estrinseche, che non mantengono nella Chiesa se non una unità forzata – a meno che non si tratti di una unità di indifferenza, il cui unico legame sia una trasmissione visibile e un'autorità visibile» (*La Foi chrétienne*, Œuvres complètes V, 230).
24. DE LUBAC, *Surnaturel*, Paris, 1946, 483.
25. DE LUBAC, *Catholicisme*, Œuvres complètes VII, 295. Cf. CONCILE VATICAN II, *Gaudium et Spes*, n. 22.

Simposio **Spiritualità** e **Teologia**

II, si è in qualche modo unito con la sua incarnazione. Dio non è per loro una essenza intelligibile, oggetto del pensiero raziocinante, ma innanzi tutto il Soggetto infinitamente trascendente al punto da farsi immanente all'uomo e alla sua creazione. Non si lascia come tale afferrare, è l'Essere personale che, per libero amore, si rivela nel suo Verbo a colui che l'accoglie in un atteggiamento di riverenza e di adorazione. Non c'è affatto da meravigliarsi quindi che questi uomini in cerca della vera saggezza si siano tutti, in un modo o nell'altro, spontaneamente avvicinati a Colei che i Padri della Chiesa veneravano col titolo di *Theotokos*[26].

Discernere lo spirito di Dio nella storia

Se invita il mondo a una nuova apertura di pensiero, il teologo stesso deve darne l'esempio. Si impegna con pensiero e azione nel mondo, nella sua storia e nella sua complessità. Questo non è possibile senza un discernimento rigoroso. «Esaminate ogni cosa con discernimento e tenete ciò che è buono» (1 Ts 5,21): questa raccomandazione dell'Apostolo, il padre de Lubac e i suoi amici la prendono molto sul serio. A loro pare infatti particolarmente urgente nello stravolgimento di pensiero che segue la prima guerra mondiale. La nozione di storia, estranea al tomismo, era stata loro insegnata non da Hegel, Marx o Bergson, ma dai Padri della Chiesa: Ireneo, Origene, Gregorio di Nissa[27]. G. Fessard ne elabora le potenzialità ermeneutiche per una riflessione che fa presa su ciò che chiama «l'attualità storica», designando con questa espressione: «il luogo preciso dal quale sorgono speculazioni e opzioni, quel nodo delle libertà umane che è il luogo di scambio delle loro domande e risposte volte a dare al mondo un senso che li avvicini o li allontani dal loro fine trascendente»[28]. Il discernimento al quale i nostri teologi sanno di essere chiamati li porta dunque molto più lontano di una semplice impalcatura di idee teoriche o di nuovi sistemi filosofici: si tratta di una vera e propria *elezione*, che compiono sotto lo sguardo dell'Amore crocifisso, sapendo che questa coinvolge tutta

---

26. Cf. P. TEILHARD DE CHARDIN, «l'Éternel Féminin» in H. DE LUBAC, *L'Éternel féminin*, Paris, 19832, 9-22.
27. Evocando il rinnovamento della nozione di storia grazie al ritorno alle fonti patristiche P. DANIÉLOU scrive: «Il cristianesimo non è solo una dottrina, ma anche una storia, quella della "economia" progressiva secondo la quale Dio, prendendo l'umanità nel suo stato primitivo, l'eleva poco a poco, seguendo le tappe segnate dalle grandi epoche bibliche, con una pedagogia piena di misericordia, fino a renderlo capace di ricevere il Verbo incarnato» («Orientations présentes», 10). È sulla scia di pensiero dei Padri della Chiesa menzionati che si iscrivono le idee di P. Teilhard de Chardin sull'evoluzione (*ibid.*, 15).
28. G. FESSARD, *De l'actualité historique*, Paris, 1960, vol. I, 293-294.

Jacques Servais S.J.

la loro persona. Non vi svolgono il ruolo del giudice che, con la bilancia della giustizia in mano, informa il pubblico di una sentenza che non ha incidenza sul proprio destino, ma quella del testimone che getta tutto il peso della propria fede sulla bilancia per farla pendere dal lato dell'unica verità di Cristo. Un atteggiamento nuovo che, come lo si è detto, prende partito per Tommaso d'Aquino contro Suarez, fondandosi sulla filosofia di Blondel. Infatti, per il teologo spagnolo, era sufficiente cogliere le essenze nella loro coerenza formale e di far valere la potenza della propria logica contro la sistematica avversa. Per san Tommaso invece, un simile giudizio non era che un giudizio astratto, sempre minacciato di perdere il suo legame con la realtà e di andare alla deriva dietro alle speculazioni di parte: egli vi opponeva il «judicium de acceptis», che non maneggia solo le essenze, ma si fonda nell'essere, non si contenta di logica, ma fa procedere il pensiero dalla realtà, quella dei primi principi ai quali il giudizio, nell'unità di intelligenza e volontà, dà il suo assenso[29].

Per questi gesuiti formati nell'arte del discernimento degli spiriti, la teologia è viva ammesso che sia «un atteggiamento concreto nei confronti dell'esistenza, una risposta unitaria che coinvolga tutto l'uomo, la luce interiore di un'azione dove si gioca tutta la vita»: «secondo il valore e l'amore, o l'odio»[30]. Contemplata alla luce degli «Esercizi spirituali» di sant'Ignazio di Loyola, la realtà storica appare infatti come il luogo di un combattimento drammatico: quello che Cristo ha vissuto sulla terra e che continua a portare avanti attraverso le membra del suo Corpo. Coinvolgendo «l'uomo nella sua interezza», la teologia potrà, secondo il loro autore, adottare un'ampia diversità di forme: così il gruppo che si forma attorno al padre de Lubac non assomiglia affatto a una scuola di pensiero omogenea. Gli argomenti che affrontano sono troppo diversificati perché possano essere ricondotti a un insieme dai contorni ben delimitati. Ci conterremo qui di mostrare la fecondità e la lungimiranza delle loro stesse ricerche, indicando due o tre di questi argomenti: illustrano un impegno sempre nuovo volto a smascherare le tentazioni dell'ateismo moderno e a indicare le strade di una risposta autentica.

Ci troviamo alle porte della seconda guerra mondiale. Il discernimento si confronta ben presto con avvenimenti che mettono il cristiano alle strette: l'occupazione tedesca in Francia, l'infiltrazione dell'ideologia nazista

---

29. Cf. Tommaso d'Aquino, *De veritate*, q. 14, art. 1.
30. Daniélou, « Orientations présentes», 7 et 14.

nelle coscienze, poi la vittoria e gli stravolgimenti che ne conseguono, in occasione dei quali si diffonde in Europa la mitologia comunista. La questione dell'impegno politico del cattolico si pone con un'acuità e un'urgenza drammatica. «Distruggiamo [...] i ragionamenti e ogni baluardo che si leva contro la conoscenza di Dio», insegna san Paolo, non senza aver precisato prima: «le armi della nostra battaglia non sono carnali, ma hanno da Dio la potenza» (2 Cor 10,4-5a). Quale può, quale deve essere, l'atteggiamento del cristiano di fronte al potere temporale? La questione è scottante, e la risposta che i nostri teologi ricercano non è semplicemente teorica: sono pronti a darne la garanzia donando le proprie vite. Sono tuttavia coscienti che i termini si troveranno solo approfondendo la fede della Chiesa. Così si volgono alla Tradizione bimillenaria per interrogarla.

La storia mostra che i cristiani e la stessa Chiesa gerarchica non sono sempre riusciti a mantenere l'equilibrio della missione che Cristo ha affidato ai suoi: allo stesso tempo essere nel mondo una comunità esteriore, visibile, ordinata, e non essere del mondo, per il fatto di portare interiormente nella propria esistenza il mistero della Croce, la «debolezza di Dio, più forte degli uomini» (1 Cor 1,25). Ripetutamente, furono tentati di identificare la guarigione dei corpi e delle anime con un trionfo temporale della Chiesa e della sua dottrina, sotto forma di *sancta res publica christiana*. Gilles di Roma, tra i molti autori citati da padre de Lubac, considera che le idee di giustizia e di pace legittimino la rivendicazione di un «regno istituito dal clero»[31]. Ma de Lubac sceglie il campo di Ignazio di Loyola che distingue espressamente la gloria di Dio dalla gloria degli uomini. Cristo non invita i suoi discepoli ad altro che a «sopportare tutte le offese...»: la chiamata che il Re fa sentire ai veri discepoli ingiunge loro di «penare» con lui e di «seguirlo nella pena»; la gloria che fa loro intravedere è così quella che condivideranno in Cielo[32]. Non è certamente vietato vedere nell'istituzione ecclesiale un riflesso della gloria divina, come fece Bellarmino (e chi tra i cattolici convinti della Controriforma non scorgeva nella bellezza maestosa di certe chiese barocche, come il Gesù a Roma, un simbolo della vittoria della Chiesa militante?). Ma si tratta qui di un'anticipazione della gloria celeste, e la storia umana si incarica di ricordarci quanta distanza rimanga

---

31. Aegidus Romanus, *De ecclesiastica potestate*, ed. R. Scholz, Weimar 1929, Book 1, ch. 5, citato in H. de Lubac, « Augustinisme politique?», in *Théologies d'occasion*, Paris 1984, 255-308, in particolare 289ss. Sulla distinzione tra ordine naturale e soprannaturale, vedere C. Bruaire, « La justice et le droit» in *RCI Communio* [1978] 2, 3.
32. *Esercizi spirituali,* nn. 95 et 98.

Jacques Servais S.J.

tra una simile anticipazione e la realtà presente. La città di Dio e quella di questo mondo, osserva sant'Agostino, si presentano il più delle volte come due lottatori alle prese l'uno con l'altro: nella foga del combattimento, i loro corpi non si distinguono più[33]. Cristo dà agli avvenimenti di questo mondo le loro qualità essenziali obiettive di «servitù» (rispetto al peccato) o di «libertà» (per grazia), ma se vi manifesta la sua presenza, la Città celeste resta tuttavia essenzialmente sovrastorica. Il vangelo, del resto, avverte che solo il giudizio finale le separerà, come il buon grano dalla zizzania, e che nel frattempo bisogna «lasciarle crescere assieme» (Mt 13,30).

Come sant'Ignazio, i nostri gesuiti fanno proprio attenzione a non erigere una frontiera tra il Corpo di Cristo e il mondo, perché sanno che è per la salvezza del mondo che Cristo ha dato la sua vita e che quaggiù il cristiano partecipa delle sue sofferenze e della sua morte (cf. 2 Cor 4,10). D'altro canto, la chiara distinzione tra la gloria di Dio e la gloria degli uomini permette loro di comprendere come il cristiano può essere, nelle situazioni più complesse dell'umanità, la manifestazione del mondo escatologico (cf. 2 Cor 3,18). Questa partecipazione al mistero unico della morte e risurrezione (cf. Rm 8,18; Fil 3,10-11) presuppone da parte sua l'affrancamento dalla potenza del male e dell'odio (cf. Gv 17,15). Infatti, in questo impegno senza riserve a favore del mondo, deve guardarsi da ogni compromesso con lo spirito del mondo: «Figli della luce, i cristiani devono sapere e devono testimoniare. Sul loro piano specifico, che è quello del Regno di Dio e della sua Giustizia, nessun opportunismo, nessuna paura carnale possono dispensarli da questa testimonianza [...]»[34]. «Non possiamo sonnecchiare mentre lo stesso Gesù Cristo è nella prova, e con lui l'uomo che ha trovato nel suo messaggio la rivelazione della sua libertà e del suo destino. "Che il vostro Sì sia Sì e che il vostro No, sia No", non vi sono compromessi. La testimonianza cristiana non può essere allo stesso tempo Sì e No, e questo non equivale a compromettere la Chiesa sul piano temporale d'una politica»[35].

---

33. «Agostino fu un magnifico lottatore [...]. Ma il suo avversario prediletto che non smetterà di inseguire durante tutta la sua vita nell'eretico e l'infedele, il peccatore e l'empio, è lui stesso, Agostino che prima era disertore di Dio, superbo, spudorato, che deve soltanto a Dio l'averlo spogliato dell'armatura di Satana» (B. ROLAND-GOSSELIN, «Le combat chrétien selon s. Augustin» in *Vie Spirituelle* 24 [1930] 71-94, qui 71).
34. G. FESSARD, «France, prends garde de perdre ton âme!» (novembre 1941) in F. et R. BÉDARIDA, *La Résistance spirituelle. 1941-1944. Les Cahiers clandestins du Témoignage chrétien*, Paris 2001, 40. Vedere pure H. DE LUBAC, *Trois jésuites nous parlent*, Paris, 1980, 68.
35. «Puissance des ténèbres» (mars 1944) in F. et R. BÉDARIDA, *Résistance spirituelle*, 282.

L'azione spirituale di un padre de Montcheuil sotto l'occupazione tedesca ne è un esempio lampante: nel 1944, chiama i Francesi a riprendere le armi, per una questione di giustizia nei confronti degli stranieri che versano il proprio sangue per liberare la Francia. Questo combattimento è per lui quello dell'amore, non dell'odio. Rischia la sua vita per portare ai partigiani l'assistenza spirituale di cui hanno un gran bisogno. De Montcheuil fa parte di quegli uomini «la cui parola», secondo J. Maritain, «ha rotto i muri del silenzio e dell'oppressione, e la cui intrepidezza ha restituito al titolo che hanno scelto per i loro scritti la pienezza del suo senso e della sua forza, e che, nelle tenebre più fitte sono stati i veri testimoni dello spirito di Cristo e della missione della Francia»[36]. Anche Gaston Fessard ne fece parte. Senza smettere di ricercare gli aspetti validi e insostituibili degli avvenimenti, mette vigorosamente in causa tanto le pretese del nazismo quanto quelle del comunismo. Scorge un aspetto nel quale la loro somiglianza è fondamentale: l'ateismo, o più precisamente l'anticristianesimo. Nella sua prefazione al testo di Fessard, «Chiesa di Francia, attenta a non perdere la Fede!», H. de Lubac loda la rettitudine, il coraggio e la perspicacia del giudizio del suo confratello e amico di fronte alla questione della «collaborazione» che, negli anni Settanta, il partito comunista proponeva ai cristiani e specialmente ai vescovi. Molto presto infatti, scrive de Lubac, «Fessard discerne il pericolo più insidioso: quella perversione dello spirito che minaccia oggi non solo la fede cristiana, ma l'umanità intera, e il cui risultato sarebbe quello di ridurla ad una massa dalla fronte bassa, promessa alla peggiore delle schiavitù»[37]. Ancor più di quelle che aveva preso all'inizio della guerra nei confronti dell'ideologia nazista, le sue posizioni nei confronti dell'ideologia comunista gli valsero di subire incomprensioni e disistima, e questo proprio da parte di alcuni tra i suoi confratelli e superiori più vicini. Lungi dallo scoraggiarlo, le critiche erano per lui ragione di mettere ulteriormente alla prova, con un'acribia raddoppiata, le sue infaticabili analisi.

La tentazione di travisare il messaggio evangelico a profitto di un potere temporale non dilaga soltanto nei regimi e le istituzioni del mondo, ma tocca, ai nostri giorni come in passato, la vista stessa dei cristiani all'inter-

---

36. J. Maritain, Prefazione di *France, prends garde de perdre ton âme (Cahiers du Témoignage chrétien). Extraits choisis et commentés par Paul Vignaux*, New York, 1943, 11.
37. H. de Lubac, «Prefazione», in G. Fessard, *Église de France, prends garde de perdre la Foi!*, Paris 1979, 10. Sappiamo che l'autore aveva, in un'opera dedicata alla memoria dei militanti delle équipes del Témoignage Chrétien, (*France, prends garde de perdre ta liberté!*, Paris, 1946), preso fermamente posizione al momento in cui l'ideologia nazista minacciava di pervertire le coscienze cristiane. Cf. M. Sales, *Gaston Fessard. Genèse d'une pensée*, Namur, 1997, in particolare 90-93.

Jacques Servais S.J.

no della Chiesa. All'indomani della guerra, Georges Bernanos, non esitava a mettere in discussione una certa forma di obbedienza del giudizio: il totalitarismo, scriveva con virulenza, ma non senza nobiltà e misura, e in particolare «la guerra totale [...] forma, con metodi che non sono tanto lontani dall'essere come una trasposizione sacrilega e ironica degli "Esercizi" di sant'Ignazio, una sorta di uomini – *perinde ac cadaver* – capaci di tutte le forme di sottomissione e di violenza, di passare indifferentemente dalle une alle altre»[38]. Contro le minacce dell'era industriale e della civilizzazione delle macchine, il panflettista rivendicava i diritti e i doveri della libertà dell'uomo. Sapeva a quali conseguenze aveva portato il crollo dell'idea germanica di cavalleria nella Prussia degli Hohenzollern e dell'imperativo kantiano. E misurava i rischi di una decadenza paragonabile all'obbedienza a Cristo, in una docilità nei confronti della gerarchia ecclesiale a spese della coscienza personale. Il pericolo per il cristiano, osserva con perspicacia Balthasar, si riduce in fondo sempre allo stesso punto: sbarazzarsi dello scandalo della Croce a vantaggio di una visione monistica della potenza divina sul mondo[39]. La generazione dei gesuiti ispiratori e autori dei *Cahiers du Témoignage chrétien* l'ha ben compreso e vissuto durante gli anni di guerra e del dopoguerra. L'atteggiamento del cristiano di fronte all'autorità ecclesiastica non può essere quello di una cieca sottomissione. Lungi dall'essere meccanica, l'obbedienza, laddove è dovuta, è sempre espressione della propria inalienabile libertà davanti a Dio.

Che non sia sempre facile mettere nel loro giusto rapporto le realtà di questo mondo e la verità del Vangelo, questa generazione l'ha capito attraverso esperienze a volte dolorose. È più con una riflessione d'ordine filosofico e teologico che con l'intervento diretto che ha cercato di aiutare i cattolici a riconoscere la tentazione polimorfica del potere temporale. All'interno stesso della Chiesa, il titanismo anti-evangelico può effettivamente assumere diverse forme, e due in particolare: una di tipo reazionario e clericale, l'altra di dipo progressista e secolare. Da un lato ci si serve del potere politico per imporre il vangelo; dall'altro, si interpreta il regno di Dio come una forza di progresso immanente nel mondo. Che le realtà del mondo vengano assorbite in quelle della Chiesa, o che inversamente si dissolva la Chiesa in un messianismo intra-mondano, si tratta in fondo dell'espressione di una stessa tentazione: il rifiuto sottile, ma tenace, della

---

38. G. BERNANOS, *La France contre les robots*, Le Livre de poche, Paris, 1970, 74.
39. H. U. VON BALTHASAR, *Das Ganze im Fragment*, Freiburg i. Br., 19902, 239.

Croce, la stessa ribellione contro l'invito di Cristo «a prendere la propria croce» e a seguirlo. Il vangelo della salvezza non si lascia ridurre a un programma terrestre, e l'avvento del Regno dei cieli non è uno scavalcamento della croce di Cristo. È al contrario nel Cristo stesso, l'Agnello che si è fatto carico dei peccati del mondo e si è offerto come sacrificio di immolazione (Gv 1,29; Ap 5,6), che il Regno dei cieli si fa presente al mondo. Oggi, allorché il Papa e i prelati hanno ormai perso il loro potere temporale e l'impiego cesaropapista dell'autorità su questo mondo è soltanto un ricordo del passato, è senza ombra di dubbio piuttosto la seconda forma di titanismo che insidia fedeli e chierici. Di conseguenza è soprattutto contro di essa che i nostri teologi hanno messo in guardia. «L'uomo odierno deve restare più che mai vigile», avverte Balthasar: «tutto quello che si può *fare*, per il potere e in vista del potere (e cosa non si può "fare" oggi!) non fa parte di quello che "lo Spirito dice alle Chiese"»[40]. A modo suo – tutto personale, e certamente diverso da quello di un Balthasar o di un Fessard – Jean Daniélou ha cercato di schiudere gli occhi di cristiani e sacerdoti, e di portare anche lui un po' di luce sullo smarrimento e sul turbamento che provocava in loro l'impatto delle ideologie contemporanee: opere come «Scandaleuse vérité» o «Tests», sono a tale proposito paradigmatiche. Poco importa l'esattezza di alcune valutazioni, resta innegabile la magnanimità di questi discepoli di Cristo spinti da un solo desiderio: annunciare la Buona Nuova con la testimonianza di una vita e di una dottrina preparate al combattimento della Croce.

Le questioni d'attualità hanno la loro vera risoluzione soltanto nella Parola di Dio che, per colui che la scruta pazientemente, non manca di svelare i suoi tesori antichi e sempre nuovi. Un giusto discernimento dello spirito di Dio nella storia del nostro tempo richiede al teologo di interrogare la Rivelazione, fiducioso che essa, in quanto resta vivente, contiene le risposte di cui ha bisogno il mondo. Verranno ancora rapidamente accennati, per finire, due temi teologici il cui esame ha consentito di riprendere nuovamente un dialogo fresco con quest'ultimo. Il primo riguarda il motivo dell'incarnazione, l'altro il compimento del piano divino di redenzione universale.

Per quanto riguarda la decisione dell'incarnazione, si può dire che il motivo esteriore ne è stato il peccato. Ma come lo mostra la «contemplazione per pervenire all'amore»[41] è l'amore divino che ne costituisce il moti-

---

40. H. U. von Balthasar, *Sponsa Verbi*, Einsiedeln, 1972, 15.
41. *Esercizi spirituali*, nn. 230-237.

Jacques Servais S.J.

vo ultimo. Il sacrificio della Croce si fonda su un amore che in anticipo è pronto a soffrire, desideroso di soffrire»[42], un amore che è già, *ad intra*, un dono totale di sé, prima di incontrare, *ad extra*, la sofferenza che gli infligge il peccato dell'uomo. Alla scuola del padre de Lubac, i suoi compagni o i suoi discepoli[43] hanno letto e meditato l'insegnamento dei Padri della Chiesa. Conoscono quello che dice Origene del Salvatore: «Ha subito le nostre passioni prima di patire la Croce, ancor prima di aver degnato prendere la nostra carne: perché se non le avesse subite, non sarebbe venuto a partecipare della nostra vita umana»[44]. Sanno, sulla scia di san Bernardo, che Dio non è «incompassibilis»[45]. Quest'indicibile amore divino è la condizione di possibilità della sofferenza di Cristo, e si esprime in essa. Ed esso si prolunga ancora in ogni discepolo che, camminando dietro al suo Signore, partecipa alla «passione d'amore» che ha spinto il Padre a dare suo Figlio per la salvezza del mondo. La devozione al Sacro-Cuore, così cara alla Compagnia di Gesù, riceve da questa visione la dimensione cosmica e la profondità trinitaria senza le quali non sarebbe più conforme al dogma dell'unione ipostatica. Interpretata all'interno della Tradizione origeniana che si prolunga fino a sant'Ignazio, insegna invece che il dono dell'amore trinitario precede qualsiasi impegno terrestre e che la libertà umana proviene dall'alto. È solo quando l'uomo considera tutto come un «presente disceso dall'alto»[46] che il servizio a Dio nel mondo corrisponde alla sua vocazione divina – che, come tale, «è sempre pura e netta, senza che vi si mischi niente che venga dalla carne ne da qualsiasi altro attaccamento disordinato[47]». L'amore di Dio manifestato nel Figlio è un amore che si spoglia dei beni della sua gloria eterna, che si lascia offendere e mettere a morte per arricchirci. Quest'amore che già da sempre ci supera, convince colui che lo riconosce come tale, che accogliere il dono, lungi dall'asservirlo, lo libera, conferendogli la propria consistenza e potenza: infatti ad-viene a se stesso nella misura in cui si riceve più profondamente da Colui che è la fonte del suo essere, diventa tanto più se stesso quanto più

---

42. *Esercizi spirituali*, n. 195; cf. n. 201.
43. Come ad esempio F. VARILLON, *La souffrance de Dieu*, Paris, 1975.
44. ORIGÈNE, *Ez*. H. 6, 6, cit. in H. DE LUBAC, *Histoire et Esprit, Œuvres complètes* XVI, 241.
45. BERNARDO, *In Cant. Cant.* 26, § 5: PL 183, 906, citato da DE LUBAC, *op. cit.* Il testo di Origene continua: « Ma il Padre sesso, Dio dell'universo, lui che è pieno di lungimiranza, di misericordia e di pietà, non soffre forse in qualche modo? ecc.».
46. *Esercizi spirituali*, n. 237.
47. *Esercizi spirituali*, n. 172.

è capace di espropriarsi volontariamente per darsi a Dio e agli uomini, secondo la logica dell'amore trinitario alla quale si è aperto.

Tra i gesuiti di cui si è trattato in queste pagine, G. Fessard è quello che ha meglio messo in evidenza nell'ateismo moderno un vero e proprio «anticristianesimo[48]», la negazione dell'incarnazione in nome del progetto prometeico di una umanità che vuole compiersi da sola in virtù delle proprie capacità e potenzialità. Molto presto, studiando gli scritti del giovane K. Marx, vi ha scorto la perversione di un pensiero che prolunga fino al secolarismo totale le tendenze immanentistiche del liberalismo razionalista e del nazional-socialismo. «Un essere non si mostra autonomo», non esita a dichiarare Marx, «se non quando si regge finalmente sui propri piedi, e non si regge sui propri piedi se non quando alla fin fine deve la propria esistenza a se stesso. Un uomo che vive della grazia di un altro, si considera come un essere dipendente»[49]. A questa dichiarazione il filosofo cristiano ribatte: «Negato Dio, negato anche l'uomo»[50]. Infatti, il Dio che si fa conoscere in Gesù Cristo è al contrario un Dio la cui beatitudine consiste nell'abbandono di sé senza riserve. L'Essere infinito possiede infinitamente se stesso solo perché è allo stesso tempo libertà infinita dell'amore. Volendo considerare le cose a partire dal basso, dalla realtà finita, si potrebbe sospettare che lo Spirito di Dio si riservi il privilegio della propria divinità (cf. Gn 3,5), ma non è così: il mistero della fede ci rivela che il suo «me» è da sempre già un «noi». In termini antropologici, con F. Ulrich che prolunga l'intuizione di Fessard: egli è, in un'identità perfetta, allo stesso tempo «ricchezza» e «povertà». La tentazione che insinua il comunismo è proprio quella di far pensare che la ricchezza precede in lui la povertà, come se il Padre (l'Uno) esistesse in se-stesso prima di generare il Figlio. Tentazione di tipo ariano che cerca di ribaltare la nozione ben intesa dell'incarnazione del Verbo.

L'altro tema riguarda l'irriducibile tensione tra la speranza di una salvezza universale e la realtà del peccato. Anche questo ci situa al cuore dell'interrogativo dell'uomo contemporaneo. I nostri gesuiti non si fanno illu-

---

48. G. FESSARD, *De l'actualité historique*, vol. I, 37 e vol. II, 11.
49. «Nationalökonomie und Philosophie» in *Frühschriften*, Stuttgart, 1953, 246. Vedere la critica di F. ULRICH, *Gegenwart der Freiheit*, Einsiedeln, 1974, 12-13 e *passim*. Dello stesso autore su questo tema: *Atheismus und Menschwerdung*, Einsiedeln, 1966. Questo autore, al quale rinvia opportunamente H. DE LUBAC (vedere *Les églises particulières dans l'Église universelle*, Paris, 1971, 228), ha un'importanza particolare secondo H. U. VON BALTHASAR (vedere p.e. *Theodrammmatik* II/1, Einsiedeln, 1976, 233).
50. G. FESSARD, *Le dialogue catholique-communiste est-il possible?*, Paris, 1937, 97.

Jacques Servais S.J.

sioni – non dimentichiamo che molti tra di loro hanno conosciuto da vicino gli orrori della prima guerra mondiale, poi l'ascesa del comunismo e del nazismo –: contro il regno celeste che Cristo è venuto a fondare, si staglia il regno demoniaco di Babilonia, la cui forza di seduzione porta gli uomini dall'amore di se stessi alla sete di onori, dalla ricerca di ricchezza e potere al desiderio di dominazione e infine a un «immenso orgoglio»[51]. Lungi dal ritenersi sconfitto, questo regno di disprezzo e di odio sembra al contrario estendere il suo dominio sull'intero universo. Bisogna pensare che questa ostinazione demoniaca conduce di fatto una buona parte degli uomini all'inferno? Avrebbe ragione Agostino a interpretare il «quos praescivit» di Paolo (cf. Rm 8,28-30) nel senso che Dio avrebbe destinato sin dall'eternità gli uni a un'infallibile salvezza e gli altri a un'irrimediabile dannazione? Come rendere conto allora dell'affermazione dell'Apostolo: «Dio vuole che tutti gli uomini siano salvati» (1 Tm 2,4)? La teologia non ha esitato a scegliere una soluzione semplicemente logica di questo dilemma, per esempio ricorrendo alla distinzione classica tra volontà «antecedente» e volontà «conseguente». Ma si può, nuovamente, accontentarsi di rispondere a una questione così grave con un'abile sistemazione di dati concettuali della Rivelazione? Il «dramma dell'umanesimo ateo» come lo chiama padre de Lubac, potrà forse considerarsi risolto da questa soluzione intellettuale?

Il P. Fessard imposta bene i termini della questione che preoccupava questa generazione di teologi animati dallo zelo e dall'angoscia per il destino ultimo dei loro simili. Esprime in poche parole l'antinomia che i suoi confratelli e lui si sono dati il compito di risolvere. «Pur supponendo che [la distinzione tra volontà antecedente e volontà conseguente] sia valida, anche solo come approccio di soluzione, come conciliare con essa la preghiera di numerosi santi, o per esempio quella di un P. di Foucauld: "Signore, fate che tutti gli esseri umani vadano al cielo!". Infatti, ammesso che vi siano già dei dannati all'inferno, non è forse essa semplicemente vana, anzi per di più contraria alla volontà conseguente di Dio? D'altro canto, se la salvezza universale è assicurata, ne consegue pure ovviamente che l'inferno non è che uno spauracchio per bambini»[52]. È la questione che non ha smesso di tormentare il giovane Blondel, che non poteva dubi-

---

51. *Esercizi spirituali*, n. 142 ; cf. n. 189.
52. G. Fessard, «Enfer éternel ou salut universel?» in *Archivio di Filosofia*, Istituto di Studi filosofici, Roma 1967, 226. Nella sua prefazione, l'autore dichiara che il suo articolo è stato già sottoposto a diversi teologi e approvato da uomini come Lebreton e Lubac.

tare dell'auto-dannazione di alcune anime. Nei suoi «Carnets intimes», il filosofo cattolico, pur assentendo interiormente al dogma, ricercava una soluzione all'aporia. «Quello che crocifiggeva la vostra anima santa, è la disgrazia dei peccatori che si perdono per sempre. […] Vi mancavano, *Sitio*, e vi hanno dato del fiele. E noi, noi dobbiamo, come voi, soffrire immensamente, di una sofferenza crescente con la luce e l'amore che avremo della vostra verità, […] soffrire nel vedere le anime perdersi; sono le nostre membra che ci vengono strappate. Ah! quanto bisogna adoperarsi per guarirle»[53]. Nel suo libro «Cattolicesimo», l'opera che meglio esprime le preoccupazioni sociali di questa generazione di gesuiti, il padre de Lubac scarta in partenza qualsiasi prospettiva individualista della salvezza. Eppure, come annunciare la salvezza del mondo senza precipitare nella dottrina dell'apocatastasi?[54] Tale è il problema che affrontano questi teologi confrontati al marxismo e all'esistenzialismo del loro tempo. La viva percezione della solidarietà che lega tra loro i destini degli uomini, vieta loro qualsiasi facile soluzione. Sulla base delle esperienze del Sabato Santo di Adrienne von Speyr, H. U. von Balthasar indicherà la strada di una reinterpretazione della meditazione sull'inferno che sant'Ignazio di Loyola presenta nella «prima settimana» dei suoi «Esercizi»[55].

Conclusione

L'obiettivo di queste pagine non era assolutamente quello di presentare in se stessi degli argomenti controversi e, ancor meno quello di far passare questa o quella proposizione. Era solamente quello di illustrare il rinnovamento di pensiero cui ha portato la generazione del padre de Lubac, mettendone in evidenza l'intenzione e la forma profonde: l'unità tra teologia e spiritualità. Decisi a risolvere la dissociazione tragica che la neo-scolastica suaresiana stabiliva tra ragione e vita, questi gesuiti del Ventesimo secolo hanno in primo luogo sentito la necessità di ricentramento su Cristo e allo stesso tempo di una nuova «apertura delle frontiere» in seno alla teologia cattolica.

---

53. BLONDEL, *Carnets intimes*, t. I, 107. Cf. H. U. VON BALTHASAR, « Blondels Dilemma», in *Was dürfen wir hoffen*, Freiburg i. Br., 19892, 93-101.
54. La figura paradigmatica della tendenza alla redenzione universale è, come si sa, Origene. Nel suo scritto « "Tu m'as trompé, Seigneur". Le commentaire d'Origène sur Jérémie 20,7», H. DE LUBAC (*Recherches dans la foi*, Paris, 1979, 9-78) mostra che non è il rappresentante della pura e semplice apocatastasi con la quale è stata identificata la sua teologia.
55. Vedere a tale riguardo J. SERVAIS, *Théologie des Exercices spirituels*, Bruxelles, 1996, 227-237.

Jacques Servais S.J.

Questa apertura riguarda certamente la relazione della teologia con l'unica Verità che tenta di esprimere. Fare teologia, è dire la Parola di Dio, esprimere il senso di Dio che si è rivelato una volta per tutte nella vita e dottrina del Verbo fatto carne, nella sua morte e risurrezione. Si tratta dunque, allo stesso tempo, di mettere in opera una «sequela» del Cristo fino alla Croce. Una teologia autenticamente spirituale non può essere fedele alla propria vocazione se non accettando l'allargamento incessante al quale Gesù Cristo invita i suoi fedeli conducendoli a suo Padre, sempre più grande (Przywara!), del quale è la Parola sostanziale trasmessa una volta per tutte alla Chiesa. Una teologia la cui riflessione pretendesse di comprendere Dio l'avrebbe già perso. Quest'allargamento della ragione teologica alle dimensioni del Verbo incarnato, richiede una vera e propria conversione personale. Se il Cristo è la verità ultima dell'uomo, perché ne è non solo l'omega, ma anche l'alfa – «tutto è stato fatto per mezzo di lui» (Gv 1,3) –, annunziarlo esige da parte del teologo che conformi il proprio pensiero, e si lasci egli stesso conformare alla sua Persona divina e al suo insegnamento. La radicalità stessa di questa conformazione del pensiero e della vita determina presso il teologo l'umiltà e l'acribia del suo sguardo sul mondo, come pure l'audacia e il coraggio delle proprie posizioni. Il discernimento cristiano, qui necessario, non è un compromesso: trattiene ciò che è buono e rigetta ciò che è cattivo; assume l'urgenza di una scelta tra le due «Città», la città di questo mondo, dominata dalla concupiscenza, e la città di Dio, caratterizzata dall'amore. Proprio in seno alla realtà storica della Chiesa non è assente, accanto all'autentica volontà di povertà, di abbassamento, di umiltà, che è l'atteggiamento cristiano, una certa volontà di potere che, *fine finaliter*, non può provenire che da un atteggiamento luciferino.

In questo discernimento i nostri gesuiti hanno scorso un compito impellente. E hanno voluto svolgerlo in un dialogo vivo col mondo, persuasi che questo è il luogo concreto dove la Verità fatta carne continua a incarnarsi, e dove, di conseguenza, devono unirsi nel fedele verbo e vita. La terza parte di questo articolo ha illustrato questo o quello tra gli argomenti che hanno scelto di esaminare, e che corrispondevano a questioni dei nostri tempi: il rapporto drammatico del Dio Creatore e Salvatore col mondo, o la responsabilità personale del peccatore e la solidarietà di tutti nel peccato, e più immediatamente l'azione temporale, e singolarmente sociale e politica, dei cristiani. Il loro messaggio, l'hanno comunicato con la loro parola e i loro atti, con una parola che li impegnava personalmente – col rischio di subire critiche e incomprensioni, a volte mettendo pure a repentaglio la loro vita.

«Avremo forse l'occasione», scriveva padre de Montcheuil dopo la sconfitta del 1940, «di sapere cosa vuol dire rischiare per assicurare la libertà della Parola di Dio. Sarà il momento di provare che tutto quello che abbiamo detto prima della guerra era qualcosa di diverso dalle chiacchiere sterili di persone al sicuro»[56]. E nel maggio 1944, stimando che fosse venuto il momento di riprendere le armi per riconquistare la libertà asservita al nemico, pronuncia questa frase premonitrice: «Sapremo testimoniare che l'amore rende capaci di affrontare la morte e che non c'è bisogno di accendere nell'uomo il fuoco dell'odio per ottenere da lui il sacrificio totale»[57]. Questo «martire della fede e della carità», fucilato dalla Ghestapo, sebbene avesse potuto evitare questa tragica fine[58], è emblema di una generazione di gesuiti per i quali la teologia era al servizio di una missione superiore, una missione che poteva, in ogni momento, e specialmente al momento cruciale, richiedere il sacrificio non solo del lavoro intellettuale ma della stessa vita. Non sono forse stati agli occhi di molti quello che negli anni Quaranta, J. Daniélou auspicava vivamente: «uomini che uniranno a un senso profondo della tradizione cristiana, a una vita di contemplazione che dà loro l'intelligenza del mistero di Cristo, un senso acuto delle necessità del loro tempo e un amore ardente per le anime dei loro fratelli, – uomini che saranno tanto più liberi nei confronti di tutte le forme umane perché legati più strettamente dal legame interiore dello Spirito»[59]? Questi gesuiti non si sono sottratti al compito urgente di aiutare i cristiani che combattevano in mezzo ai loro contemporanei a rispondere alle questioni di coscienza che si ponevano loro quando si sentivano interiormente obbligati a compiere opzioni a volte avventurose. Almeno per questa ragione ricordarli è stato semplicemente giusto. Hanno lanciato una bottiglia in mare: sta a noi raccoglierla!

---

56. Cf. H. DE LUBAC, "Préface" di Y. DE MONTCHEUIL, *Mélanges théologiques*, Paris, 1946, 12.
57. Cf. F. et R. BÉDARIDA, *Résistance spirituelle*, 312. « Una vita salvata da una vigliaccheria è peggio della morte, è al di sotto della morte. Vi sono un'intensità e una qualità d'esistenza più grandi nell'atto di morire per essere fedeli al dovere, che in una lunga vita appagata, salvata dalla vigliaccheria. A seconda che si ammetta ciò o che lo si rifiuti, si mostra di credere ai valori spirituali o di respingerli» (Y. DE MONTCHEUIL, *L'Église et le monde actuel*, Paris, 1945, 160). Su quest'autore, vedere B. SESBOÜÉ, *Yves de Montcheuil (190-1944). Précurseur en théologie*, Paris, 2006.
58. DE LUBAC, *Mémoire*, 466; cf. *Trois jésuites*, 70. Nella guerra precedente, Pierre Rousselot aveva reso una testimonianza simile: vedere L. DE GRANDMAISON, "Pierre Rousselot" in P. ROUSSELOT, *L'intellectualisme*, Paris, 1924, xxxviii-xxxix.
59. DANIÉLOU, «Orientations présentes», 21.

IL CUORE DI GESÙ: SPIRITUALITÀ E TEOLOGIA: I FRATELLI RAHNER*
Karl Heinz Neufeld S.J.

Nel suo "Eucharisticon fraternitatis", dedicato a suo fratello Karl, Hugo Rahner fa, tra l'altro, questa osservazione: "Un'altra comune domanda teologica, che si inserisce direttamente nella problematica di "Gott in Welt", sono le nostre fatiche per l'interpretazione patristica, come anche teologica, della devozione al Cuore del Signore, e ciò che io ho scritto per una storia teologica di questa devozione viene da te speculativamente messo a fondamento della trattazione, che io personalmente considero la sostanza della tua linea teologica fondamentale, 'Zur Theologie des Symbols' (1959)"[1]. Questo semplice accenno viene messo a confronto con una presa di posizione, che non soltanto è istruttiva riguardo al contributo dei due fratelli Rahner, ma è anche globalmente caratteristica e informativa riguardo allo sviluppo della teologia cattolica prima del Concilio Vaticano II. In modo più generale, Henri de Lubac aveva già, nei suoi studi sull'"Eredità di Agostino"[2], sintetizzato le sue osservazioni e le sue interpretazioni in una semplice annotazione: "Nell'ambito dell'antropologia, come anche in altri, si è manifestata in modo sempre più forte una duplice divisione…: Separazione tra una filosofia indipendente e una teologia tradizionale e, all'interno di quest'ultima, divisione fra scolastici e spirituali. La seconda separazione era già antica"[3]. Questo sobrio accenno non viene così ulteriormente sviluppato. La seconda separazione rimanda a un fatto che risale al Medioevo. Con l'avvento della teologia scolastica vennero separati i contenuti e i modi di procedere che rifiutavano questa teologia sistematica, e lasciati in mano soprattutto ai religiosi, e in particolare alle donne, menzionati nell'annotazione come "spirituali". Il significato di tutto ciò può essere colto con chiarezza nella vicenda di Meister Eckart e della sua opera. Su questo sfondo sono cresciuti più tardi spunti essenziali della riforma protestante, qualcosa come una "theologia crucis", che non poteva essere formulata in modo sensato entro la logica aristotelica della scolastica.

---

* Questo contributo è stato pubblicato in *Gregorianum* 90/2 (2009) 393-404.
1. H. Rahner, *Eucharisticon fraternitatis*, in: *Gott in Welt II*, Freiburg 1964, 897.
2. H. de Lubac, *Augustinisme et Théologie moderne*, Paris 1965, edizione riveduta del volume più ampio "Surnaturel", Paris 1946; trad. ted. "Die Freiheit der Gnade" I, Einsiedeln 1971.
3. *Ibid.*, 305

Simposio **Spiritualità e Teologia**

Ma in tal modo la teologia scolastica aveva rinunciato a verità e punti di vista importanti ed era un problema dell'epoca, quando le debolezze che ne derivavano avrebbero avuto il loro effetto. Come molti altri, anche Hugo e Karl Rahner hanno tentato, nella prima metà del secolo scorso, di superare questa separazione. Per loro, che erano gesuiti, hanno avuto un ruolo decisivo[4] gli spunti ricavati dai Monumenta Historica del loro Ordine, e con questo una tensione, che può esser fatta risalire fino agli inizi dell'ordine dei Gesuiti.

Come esempio della devozione al Sacro Cuore, importante per la Compagnia di Gesù, ecco uno sviluppo dei suoi elementi fondamentali[5].

I contributi di ambedue i fratelli fanno parte di un'opera in collaborazione, edita a Roma, in due volumi, nel 1959 con il titolo "Cor Jesu", e come sottotitolo: "Commentationes in Litteras Encyclicas Pii PP. XII 'Haurietis Aquas' quas peritis collaborantibus ediderunt Augustinus Bea S.J. - Hugo Rahner S.J. - Henri Rondet S.J. - Friedr. Schwendimann S.J.". Ossia un commento all'enciclica di Papa Pio XII sul Sacro Cuore, pubblicato da coloro che avevano collaborato a questo Documento, che contiene 35 contributi ed elenca fra gli Auctores (II 660-661) anche altri nomi. Ciò permette di gettare uno sguardo su questa espressione del Magistero che rende accessibile, dal punto di vista della storia della teologia, qualcosa di ambedue gli autori sia nel suo formarsi che nella sua recezione.

Haurietis Aquas

Il futuro cardinal Bea spiega, nella sua presentazione dell'opera, che in origine questo commento era stato pensato come un dono da offrire al Papa Pio XII per i 60 anni della sua ordinazione sacerdotale, ma che ora era diventata un ricordo del defunto, il quale aveva assunto il suo ministero sacerdotale nell'anno in cui Papa Leone XIII, con l'enciclica "Annum Sacrum", aveva preparato la consacrazione del mondo al Cuore del Signore. Da quel momento, per Pio XII questa devozione era sempre stata decisiva, come si può intuire dagli accenni nelle sue grandi encicliche "Mystici Corporis" (1943) e "Mediator Dei" (1947), sintetizzabili nell'affer-

---

4. Cfr Hugo und Karl Rahner, *Die aszetischen Schriften in den Monumenta Historica S.J.*, in: ZKTh 108 (19869 422-433.
5. Hugo Rahner, "De Dominici pectoris fonte potavit", in ZKTh 55 (1931) 103-108. "Die Kirche aus dem Herzen Jesu", in KCC 69 (1934/35) 98-103; "Flumina de ventre Christi", in: *Biblica* 22 (1941) 269-302, 367-403; "Ströme fliessen aus seinem Leib", in: ZAM 18 (1943) 141-149; "Grundzüge einer Geschichte der Herz-Jesu-Verehrung", in: ibid. 61-83. Le pubblicazioni successive sono facilmente

Karl Heinz Neufeld S.J.

mazione: "Il culto del Sacro Cuore rimase sempre presente alla mente del grande Pontefice" (XII). Il primo secolo che segue l'estensione della festa a tutto il mondo è diventata l'occasione per l'ultima grande enciclica del Papa, che per questo motivo dovrà ormai essere designata come: "un suo testamento spirituale, col quale il grande maestro della fede termina la sua vasta e feconda azione dottrinale" (XIII). Nei confronti dei documenti di Leone XIII e di Pio XI, "Haurietis Aquas" ha "uno scopo molto più vasto: essa, cioè, è una esposizione sintetica e completa della teologia del mistero del Cuore SS. di Gesù... tenendo... conto delle obiezioni e difficoltà..." (XIII).

Le prese di posizione dei teologi in questa opera collettiva hanno di conseguenza un particolare carattere. Rispecchiano qualcosa della preparazione del documento, e nello stesso tempo chiariscono le teologie che hanno contribuito a questa presentazione magisteriale riassuntiva e ampiamente documentata - con tutte le differenze e in ogni interno rapporto. Già i nomi dei collaboratori, che pochi anni dopo ritroviamo quasi tutti al Concilio Vaticano Secondo, accennano alle diverse tendenze che, nella teologia post bellica, preparavano ciò che sarebbe stato presentato nell'incontro conciliare e che, da allora in poi, cerca anche di determinare la recezione del Concilio. Alcuni nomi degli autori, inoltre, documentano certamente l'intenzione del coordinatore card. A. Bea di coinvolgere anche quelle forze, fuori Roma, che avevano contrassegnato con particolare vivacità la riflessione cattolica sulla fede, tenuto conto della guerra mondiale e del periodo del dopoguerra, e di rappresentare le tendenze francesi mediante Henri Rondet e quelle di area germanica nella persona di Hugo Rahner. Vi rimane qualcosa di inespresso, perché appunto i nomi conosciuti non vollero essere sottolineati. Ciò non vuol dire che tutte le loro posizioni nel frattempo fossero state semplicemente approvate, ma avrebbero potuto inserirsi in questa problematica. E la questione era, secondo la riflessione teologica, quella di una devozione spiritualmente efficace nella pietà della Chiesa, in seguito alla scoperta delle sue radici nella stessa dogmatica, e al nesso con il centro dell'essere cristiano. Certo, non si parlava ancora di una "hierarchia veritatum". Tuttavia era chiaro, in pratica, che la devozione al Sacro Cuore doveva essere in rapporto con il cuore del Vangelo e della fede, dal momento che aveva un fondamento teologico, come si sarebbe teologicamente, storicamente e pastoralmente, chiarito. In tal modo si cercava di uscire da una pietà superficiale e insipida, che non avrebbe avuto alcuna presa. Nondimeno essa aveva conosciuto, in tutta quanta la Chiesa nel corso degli ultimi secoli, una diffusione che, contrariamente alla modestia degli inizi e a forme espressive di scarso valore,

non appariva molto da spiegare e faceva supporre che qui fosse in gioco qualcosa di più che il puro sentimento.

Mirabilis progressio

Hugo Rahner prende questa formulazione dell'enciclica per sviluppare le sue riflessioni sulla storia della teologia del Sacro Cuore. In effetti, nelle testimonianze del Vangelo questa realtà viene abbordata solo indirettamente in relazione al fianco squarciato del Signore crocifisso (Gv 19,34) e al significato del suo intimo, da cui sgorgano fiumi di acqua viva (Gv 7,38). La presenza dell'immagine si impone, già nei primi tempi, nei commenti dei Padri della Chiesa. Essa tuttavia presenta un problema di storia della teologia, in quanto nei tempi moderni una problematica del tutto particolare, e un certo metodo della conoscenza e del pensiero storico, hanno cambiato orientamento. A lungo questo venne visto unicamente in contrapposizione a riflessioni analoghe dell'antichità e del Medioevo, perché era stato demolito un ideale di obiettività, che certamente non aveva rapporto con gli antichi modi di rapportarsi. Nel frattempo la discussione sull'ermeneutica, come pure l'elaborazione del significato dei benefici, in qualche modo di tipo psicologico o sociologico, fecero diventare consapevoli del lato artificiale e irreale di questo ideale moderno e scientifico di conoscenza.

Mezzo secolo fa Hugo Rahner chiamava questo un "meraviglioso sviluppo nella storia interna della Chiesa", che ha portato a una "sintesi della fede cristiana" come "religio amoris"[6]. Egli partiva dalla storia della devozione di Paray-le-Monial, ma poteva già fondarsi sui ricchi risultati delle ricerche di N. Nilles e di altri predecessori a Innsbruck, che avevano preparato gli elementi decisivi per un'elaborazione teologica. Analoghi sviluppi erano stati, nel 1854 il dogma dell'Immacolata Concezione della Vergine Maria, e nel 1950 il dogma della sua Assunzione fisica nell'eterna vita con Dio, mentre anche col simbolo del Cuore di Gesù si trattava di una "sintesi della fede cristiana", o per dirla con Karl Rahner "una formula breve della fede". L'opinione del moderno storico dei dogmi, ossia che le verità centrali del vangelo e della fede siano state chiarite e formulate in modo definitivo nell'antichità, e che la moderna storia dei dogmi riguardi unicamente questioni marginali, che sono connesse in modo molto vago ed esteriore con il centro del cristianesimo, viene contestata da Hugo Rahner. Egli attirava l'attenzione sulle particolarità di questa evoluzione,

---

6. H.Rahner, *Mirabilis progressio*, in Cor Jesu I, 21-58, qui 23.

Karl Heinz Neufeld S.J.

che non è legata semplicemente alle classiche linee di sviluppo, ma che proprio nell'"applicazione dei sensi" aveva introdotto consapevolmente nella meditazione un antico-nuovo elemento, per molto tempo non preso in considerazione. Per questo egli poteva rifarsi non solo a propri studi, ma anche alle riflessioni di suo fratello. Non pensava che con questo fosse stato introdotto qualcosa di nuovo, benché egli volesse far emergere che in questa devozione aveva preso vigore uno sguardo nuovo, un modo nuovo di mettersi in rapporto con l'intimo mistero della Rivelazione, e che in tal modo si potesse anche cogliere questo mistero in modo più profondo e vitale. Egli vede il senso delle sue esposizioni di storia della teologia nel fatto di inserire la verità della devozione al Sacro Cuore "nel contesto della teologia di Cristo e della Chiesa", perché la si possa comprendere come approfondimento della cristologia, e di un'ecclesiologia teologica in via di sviluppo. Egli parla di "ecclesiamento"[7] di una forma di devozione concepita ancora, e da lungo tempo, come esteriore e più o meno facoltativa, il cui pieno peso di fede deve ancora essere scoperto, il che diventerebbe possibile attraverso un confronto con le verità centrali dell'annuncio evangelico e della predicazione. Questo avverrebbe mediante il concreto orientamento dell'immagine verso le definizioni concettuali della persona e della missione di Gesù Cristo, da cui peraltro ha iniziato a inserirsi nella teologia un finora poco utilizzato modo di procedere. Proprio questo egli intende con "mirabilis progressio", la spiegazione che egli vorrebbe presentare ed esercitare, mediante il proprio contributo, come cosa legittima e fruttuosa per l'odierna vita di fede. La verità del Vangelo va sempre concepita solo necessariamente in concetti e formule umane; ma non bisogna rinunciare a nessuno di essi, che offrono soltanto un lato o una parte di ciò di cui stiamo parlando. Soprattutto l'unicità e la concretezza della Rivelazione correrebbero continuamente il rischio di essere trascurate e di andare perse, se si punta in maniera troppo unilaterale su concetti e formule tipici del pensiero classico. Inoltre questa concezione e questo modo di argomentare non corrispondono agli usi linguistici delle affermazioni fondamentali della Bibbia Ciò è stata anche la causa del fatto che, nonostante tutti i documenti dei Papi, questa devozione non venga compresa nella sua profondità. Il suo "faticoso cammino dalla stanza del cuore alla Chiesa universale" ne ha dimostrato l'idoneità veramente unica "a rappresentare autenticamente l'intero mistero di Dio di un amore di salvezza

---

7. Ibid. 52.

diventato manifesto nella morte umana e nella trafittura del cuore". Dal punto di vista dello storico, occorre affermare la stupefacente discrepanza fra gli umili, miserabili inizi a Paray-le-Monial e gli effetti spirituali da tre secoli ad oggi, come pure la commovente, pia ignoranza della visionaria e la sicurezza divinatoria di cogliere nel segno, "con cui il suo messaggio centrava perfettamente la situazione storica della Chiesa e le sue necessità nell'epoca moderna".

Così veniva definita la necessità, per la teologia, di un chiarimento e di una spiegazione più esaurienti, di una dimostrazione della sua concordanza con la Scrittura, del suo posto nella liturgia, e in generale nella preghiera. Il cuore della fede faccia a faccia con il cuore dell'epoca! Per l'appunto, non una perdita di energie del Vangelo in strati sempre più superficiali, che pur esiste, non c'è dubbio. A questo punto si pone la questione dell'"essenza del Cristianesimo" colta nel suo centro originario e si presentano le sfide decisive "nel nostro secolo, divenuto così esteriore".

Certo, le prospettive di Hugo Rahner rimangono legate a quel momento storico e richiedono di essere lette secondo linee che erano valide per allora. Con il Concilio Vaticano II, grazie soprattutto al ritorno alla Scrittura e ai Padri della Chiesa, non solo si sono aperte di nuovo delle possibilità da tempo dimenticate o tenute in secondo piano, ma anche l'umanità odierna viene sentita e considerata con maggiore finezza e precisione. Il problema di un pensiero biblico, che era stato posto interamente partendo da una liturgia viva per una "actuosa participatio", secondo la continuità della grande elaborazione di pensiero nella teologia greca e latina, e secondo una pietà personale radicata nella fede, e tutto ciò di fronte alle sfide dell'epoca, assunte seriamente, ha dovuto essere affrontato diversamente, tenuto conto della novità del Concilio.

È rimasta decisiva la riflessione sull'origine, la domanda sull'essenza, la ricerca di una intima sostanza del vangelo e della fede per oggi, ma insieme anche lo sforzo e l'accessibilità a queste radici, a questo centro, la possibilità di coglierli e renderli cosi più vicini ai nostri contemporanei, in modo che sperimentino in qualche modo il confronto con la verità stessa, affinché non le passino più accanto senza comprenderla. È chiaro che Hugo Rahner è consapevole che le sue riflessioni di tipo storico hanno bisogno di un complemento, e che vanno ulteriormente meditate su un altro piano, in modo che ne risulti la loro odierna pertinenza. Questa continuazione egli la vede soprattutto in collaborazione con suo fratello Karl, che si dedica, in occasione del commento, a un problema fondamentale e in maniera molto fondamentale.

Karl Heinz Neufeld S.J.

Una teologia del simbolo

La parola-chiave "simbolo" ha avuto un grande peso soprattutto nelle discussioni degli storici delle religioni e perciò ha stimolato anche conseguenti aspettative. Ma non è questo che Karl Rahner ha di mira nelle sue riflessioni. Egli parte dal fatto che l'immagine e la rappresentazione del Cuore di Gesù vengono sempre di nuovo, e su piani diversi, indicate come simbolo dell'amore di Cristo, per dedicarsi poi subito a una "Ontologia della realtà del simbolo in generale"[8], nella quale egli si riferisce anche alla metafisica scolastica classica. Questo non riguarda soltanto la formulazione esterna di tesi o proposizioni, che non coincidono con le parti della ricerca[9]. A lui interessa un ampliamento essenziale della realtà del simbolo, e perciò un concetto che sia fondamento di una comprensione più ampia. L'essere stesso è simbolico, perché deve in ogni modo esprimersi. Questo però significa che bisogna partire dal "simbolo reale", e non da un simbolo esteriore, a cui viene attribuito un determinato significato dall'esterno, in modo arbitrario e convenzionale. In questa parte della trattazione il significato di un simbolo reale viene descritto esaurientemente e con il supporto di nozioni filosofiche fondamentali, cercando di mettere in chiaro la varietà che in origine appartiene all'essere e di farla intendere come una sorta di trascendentale. Questo si porrebbe in antitesi all'idea che viene di per sé invocata con l'espressione "ens et unum convertuntur". Di conseguenza si afferma l'idea di una visione viva dell'unità, la cui pienezza si rende presente nella molteplicità delle espressioni di sé. Peraltro K.Rahner, nel suo argomentare, lascia rapidamente da parte l'ontologia filosofica, e passa subito da questo mondo al mistero della Trinità; a questo proposito fa l'osservazione seguente : "Noi trattiamo l'ontologia teologica, che può tranquillamente introdurre anche elementi della rivelazione"[10]. In tal modo quella che una volta era la consueta formazione scolastica non viene annullata, ma viene messa in causa da un punto di vista

---

8. K. Rahner, *Zur Theologie des Symbols*, in: Cor Jesu I, Roma 1959, 465-478 (=STh IV 276-291): questa sezione propone una vasta bibliografia, interessante soprattutto per i titoli più antichi, perché testimoniano ciò che K. Rahner stesso ha studiato. I due elenchi non sono semplicemente identici, cosicché anche i cambiamenti sono istruttivi. I nomi presi dall' "Eranos-Kreis" devono essergli stati fatti conoscere da suo fratello.
9. Lo studio comporta tre grandi parti, con una breve introduzione e una sintesi. Nella prima parte vengono presentate due tesi, sviluppate la prima alle pp. 467-478 e la seconda alle pp. 478-496, mentre le tesi 3 e 4 formano succintamente la fine della seconda parte (496ss); infine le tesi 5 e 6 vengono formulate alle pp. 499 e 500. Ma non sono impostate e discusse come le classiche tesi della Scolastica.
10. K. Rahner, *Zur Theologie des Symbols* ... Cor Jesu I, 469.

teologico. Ed essa, mirando a una più profonda conoscenza dell'ontologia tomistica, viene rafforzata ancora una volta dall'affermazione che l'Aquinate avesse pensato a "un 'autocompimento' di un essere..., che non può essere ricondotto al denominatore di una causalità transeunte-efficiente"[11]. Con questo K. Rahner spiega il suo utilizzo di categorie originariamente filosofiche, in concreto quella di "forma", che egli introduce tranquillamente e direttamente, nel suo senso, per un'argomentazione teologica. In questo modo al lettore viene detto che si vogliono prendere e comprendere questi concetti in senso teologico.

Rahner osserva inoltre: "In realtà tutta quanta la teologia, anche senza essere fondamentalmente una teologia simbolica, non può concepirsi se non si tiene conto, in generale, e in modo espresso e sistematico, di questo suo carattere fondamentale"[12]. Queste poche parole sono piene di contenuto, sebbene formulate in modo attento e riservato. Qui si afferma niente di meno che vi è un carattere fondamentale per la teologia, che non trova molta considerazione, ma senza il quale la teologia non può veramente essere concepita come tale. In questo modo non soltanto viene abbordata un'altra comprensione della teologia, ma si accenna al fatto che la comune comprensione è divenuta così ristretta e unilaterale, da aver perso il suo carattere teologico. Alcuni hanno pensato che Rahner volesse difendere la causa di un questionare e argomentare di tipo esistenziale, che avrebbe incontrato nel prosieguo dei suoi studi. Nulla di tutto questo; egli infatti è stato critico verso queste posizioni molto più di qualunque altro, e ha ceduto a queste posizioni molto meno di alcuni odierni illustri colleghi.

Ciò che egli qui dichiara è il carattere teologico fondamentale del pensiero, come poi egli lo chiarisce, dal suo punto di vista, riguardo alla teologia del Logos e dell'Incarnazione, allo stesso modo in cui suo fratello ha cercato di metterla in rilievo nei suoi studi sulla cristologia degli "Esercizi Spirituali" di sant'Ignazio di Loyola[13]. La cristologia come dottrina dell'incarnazione del Logos è il capitolo centrale che K. Rahner abbozza con le sue riflessioni "Per una teologia dell'Incarnazione"[14]. Considerata con esattezza, essa va assai

---

11. *Ibid.* 475.
12. *Ibid.* 478ss.
13. H. Rahner, *Zur Christologie der Exerzitien*, in: Gul. 35 (1962) 115-140 (=Ignatius von Loyola als Mensch und Theologe, Freiburg 1964, 251-311).
14. Ha incluso questi pensieri, presi parola per parola dal testo corrispondente, nel suo contributo in "Cor Jesu I" (483-490 = STh IV 145-152), ma in "Schriften zur Theologie" IV si trovano come due studi indipendenti.

Karl Heinz Neufeld S.J.

lontano, ma viene presentata con un tipo di argomentazione di cui un lettore con una formazione teologica classica sentiva di potersi fidare. Se poi questi arrivi a capire il potenziale critico di un simile procedere, si può anche dubitare. In ogni modo, qui si presenta una voce che è in rapporto con un ampliamento del modo di pensare la fede e con la piena dimensione del messaggio evangelico e della fede corrispondente. E così facendo Rahner sottopone a verifica le frontiere della riflessione teologica praticata nella sua epoca, per aprire, partendo dalla sua verità, quelle strade che gli sembrano necessarie. Questa necessità non gli si è fatta chiara soltanto in riferimento al problema della fondazione teologica delle forme di pietà come espressione della spiritualità, a proposito delle quali egli si riferisce, non a caso né arbitrariamente, alla devozione al Sacro Cuore, dal momento che può porre interrogativi anche su altri casi, ad esempio, riguardo a Fatima, in "Visionen und Prophezeiungen"[15], e in tal modo lavorare su un altro esempio. A dire il vero, egli non pretende proporre qui una teologia della realtà del simbolo come tale. "Un teologia di questo genere non è ancora stata scritta, neppure nelle riflessioni che precedono. Esse volevano soltanto ottenere una cosa (e forse, nonostante l'incompiutezza e la brevità, vi sono riuscite), mostrare cioè che si deve e si può scrivere questa teologia della realtà cristiana del simbolo, perché comunque la realtà, e anzitutto la realtà cristiana, è essenzialmente e originariamente una realtà, della cui costituzione fa necessariamente parte il 'simbolo' "[16]. È un atteggiamento modesto e nello stesso tempo esigente. Perché mira a un pensiero teologico che renda meglio conto della realtà.

Questa proposta si inserisce in un contesto che, prima del Concilio, si caratterizzava per un modo di pensare e di argomentare in teologia, che è vissuto a lungo della separazione, a cui si è accennato all'inizio, fra teologi e spirituali. Grazie al Concilio e all'"aggiornamento" voluto da papa Giovanni XXIII, si è aperto un vasto e inaspettato campo, tanto che le possibilità, elaborate in precedenza con fatica e con circospezione, di una più vivace scienza della fede spesso sono rimaste inerti e anzi hanno subito incomprensioni e critiche, che non meritano. La scienza della fede vissuta nella liturgia e nella devozione aveva continuato a suscitare, così come un interrogativo e un pensiero biblico più profondi, anche ricerche come quelle che avevano osato Hugo e Karl Rahner.

---

15. K. Rahner, *Visionen und Prophezeiungen* (QD 4), Freiburg 1958, dove accenna anche al problema teologico "sollevato dalla 'grande promessa" di santa Margherita Maria Alacocque" (68).
16. K. Rahner, *Zur Theologie des Symbols*, in: Cor Jesu I, 502.

Spiritualità e teologia

In effetti si potrebbe citare tutta una serie di teologi che, a prima vista, hanno promosso e si sono impegnati in modo analogo in una riconsiderazione della vita spirituale nell'ottica della teologia. Spesso si è voluto con questo correggere certe particolarità o tendenze di movimenti spirituali, ritenute pericolose. Talvolta si è posta una riflessione sulla vita spirituale semplicemente accanto alla teologia, in qualche misura come esempio pratico, che tuttavia è rimasto provvisorio. È difficile trovare un tentativo di stabilire in modo vitale il nesso interiore tra la verità della fede e la vita di fede. In questo già nell'800 un John Henry Newman si era in qualche misura messo in luce, un Romano Guardini aveva persuaso molte persone colte, ma non riuscì a convincere i teologi della sua generazione. E la sorte di Henri Brémond, con la sua grande opera "Histoire littéraire du sentiment religieux en France", fa capire in che modo ci si rapportava a questo genere di ricerche. La vecchia dicotomia non è superata, quando, con l'unità di misura di una pretesa ortodossia, si vuole controllare la correttezza della spiritualità sotto l'aspetto della fede.

Occorreva contenere anzitutto e nuovamente quell'arida teologia concettuale, quanto più oscuri, difficili e ambigui fossero i suoi concetti come espressione della realtà, che essa accettava semplicemente come chiari ed evidenti. Ciò significava scoprire e superare una falsa evidenza, ma senza risvegliare in tal modo false paure, che avrebbero a priori bloccato un pensiero sereno. Si assumeva il rischio di un pensiero e di una riflessione teologica viva, invece di una pura ripetizione di formule e delle loro variazioni verbali. "Nessuna meraviglia" afferma K.Rahner, "che una teologia, la quale assuma questi presupposti taciti e irriflessi ma efficaci, renda rivelatore di Dio Padre e della sua vita intima un Gesù concreto soltanto attraverso la sua dottrina, ma non attraverso ciò che egli è nella sua umanità"[17]. Presupposti, che non sono mai stati tematizzati e pensati, hanno compiuto di conseguenza delle limitazioni e delle riduzioni di questo genere. La spiritualità con uno sguardo più ampio e più vivo sulla rivelazione di Dio è una parte della consapevolezza della fede, che può correggere la teologia e che potrebbe ad esempio correggerla sostanzialmente nel caso della devozione al Sacro Cuore. Non da sola, ma unitamente a un Magistero che accetti gli impulsi validi di questa consapevolezza della fede e le conferisca un'espressione più ampiamente comprensibile.

---

17. *Ibid.* 482.

Karl Heinz Neufeld S.J.

In questo emerge un movimento di grande efficacia contro la tendenza all'uniformità, che mette sempre di nuovo a rischio anche la Chiesa dei nuovi tempi, tendenza però che non si accorda affatto con la sua origine e con la sua vocazione. L'unità del vangelo e della fede non viene garantita dall'uniformità esteriore, ma piuttosto da quell'unica realtà, da cui sempre di nuovo l'uno e l'altra si originano in molteplici espressioni. "La realtà dell'auto-comunicazione di Dio crea la propria divina immediatezza mediante il fatto che essa si fa attuale nel simbolo, il quale comunica non separando ma unendo in modo immediato. Il simbolo è realmente unito al simbolizzato per il fatto che esso lo pone quale propria realizzazione. Questa struttura fondamentale del cristianesimo, che una teologia del simbolo dovrebbe elaborare, ritorna nella devozione al Sacro Cuore. In questo essa ha la sua legittimazione per tutti i tempi"[18]. Probabilmente lo si può dire anche in modo più semplice, certamente anche in modo diverso. Ma occorrerebbe esprimerlo in modo più comprensibile. Una spiritualità, che sappia predisporre le premesse e preparare la sensibilità, che ricordi alla consapevolezza della fede le sue vive necessità e possibilità, e che al tempo stesso sia aperta a ciò che una teologia ben fondata ha da dirle, sarà il partner su cui il cristiano potrà fare affidamento nel nostro mondo per esprimersi, per rispondere e per pensare la fede, e per l'amore da custodire e da raggiungere.

Che si deplori o meno la separazione fra teologia e spiritualità, le conseguenze di questo sono state pesanti e hanno sempre nuovamente fatto appello ai cristiani a osare ancora la testimonianza della buona novella e della fede, che non consiste soltanto in apporti esterni di nuove particolarità, quanto piuttosto in un approfondimento dei misteri centrali dell'incontro di Dio con gli uomini e con il mondo Ma questo può esprimersi soltanto quando ciò che si designa sia dato in modo immediato. Agli uomini sta a cuore scoprire e comprendere, e ciò può accadere solo con l'aiuto di Dio, a quale scopo l'uomo debba farsi aperto e disponibile, perché qui molto facilmente può sfuggirgli qualcosa. Anche questo viene dato nel simbolo del Cuore di Gesù, il cui ripensamento aveva chiesto alla teologia un lavoro di riflessione, che dall'esterno si era rivelato fruttuoso. Una teologia invece che sa assumere questo culto, questa devozione e questa spiritualità, pienamente fondate in un'autentica coscienza della fede, potrebbe anche oggi essere in gran parte un compito aperto a tutti, dovesse anche

---

18. *Ibid*. 505.

riservare qualcosa di decisivo. Possiamo aspettarci un valido apporto solo da una stretta collaborazione fra spiritualità, teologia e Magistero. Ciò potrebbe rendere la questione più difficile: perché non dovunque sono simultaneamente presenti l'indispensabile misura e la disponibilità, perché il singolo contributo non viene visto anche con i propri limiti, e perché non si riesce a venire a capo della particolarità e della molteplicità delle espressioni.

IL TAGLIO IGNAZIANO NELL'INSEGNAMENTO DELLA TEOLOGIA SPIRITUALE

Alfredo Sampaio Costa, S.J.

Introduzione: Articolando spiritualità ignaziana e pedagogia ignaziana
Parlare dell'insegnamento della Teologia Spirituale in una Università della Compagnia implica affondare le radici in una lunga tradizione pedagogica ignaziana. Che a sua volta attinge alle sorgenti dell'esperienza spirituale di Ignazio cristallizzata nei suoi celebri "Esercizi Spirituali". Il nostro discorso dovrà dunque tessere i fili intrecciando spiritualità e pedagogia, esperienza spirituale e riflessione teologica, in un saldo dialogo, che ci porti a comprendere meglio in cosa consiste esattamente il taglio ignaziano nell'insegnamento della teologia spirituale.

Il nostro lavoro sarà formulato in tre punti: nel primo, vogliamo avvicinarci all'esperienza spirituale, vissuta dallo stesso Ignazio, per raccogliere in alcuni punti fondamentali la sua visione del mondo, della fede, che è alla base della sua Teologia Spirituale, espressa nelle sue opere, ma anche della sua pedagogia. Poi mostreremo alcune delle dinamiche interne degli Esercizi, che illustrano e propongono un determinato percorso di cammino spirituale, promuovendo un modo caratteristico di fare Teologia Spirituale, cioè di approfondire il discorso del nostro rapporto personale con il Signore nella Chiesa. Nell'ultimo punto vogliamo evidenziare nel modello pedagogico ignaziano le ispirazioni, i principi, le esperienze, che ci aiutino a insegnare la Teologia Spirituale "in modo ignaziano". Qui saremo aiutati dai diversi documenti corporativi sulla educazione gesuita, apparsi negli ultimi anni, come anche dalle diverse allocuzioni degli ultimi Padri Generali della Compagnia, in modo speciale Pedro Arrupe e Peter-Hans Kolvenbach. Concluderemo il nostro intervento con una provocazione: si può allora parlare di una Teologia Spirituale Ignaziana? In che cosa questa Teologia Spirituale "di taglio ignaziano" si differenzierebbe dalle altre correnti teologico-spirituali?

A modo di *introduzione*, possiamo dire che la chiesa è attraversata da una moltitudine di correnti e di scuole spirituali. Alcune di queste hanno generato e generano ancora una maniera specifica di fare teologia. Quale sarebbe il modo propriamente ignaziano di fare teologia? Questa è la domanda che si fa Ch. Theobald nel suo articolo "une manière ignatienne de faire la théologie". Afferma questo autore che nel secolo XX, quando si è cominciato a riflettere sulla teologia degli Esercizi – pensiamo a Erich Przywara, a Gaston Fessard, ai fratelli Rahner, a Hans Urs Von Balthasar ed altri – si iniziò pure a domandarsi se gli Esercizi – e più largamente ancora la spiritualità e l'Istituto della Compagnia – non veicolassero una "maniera propria di fare" (modus procedendi) la teologia[1].

Questo modo proprio di fare teologia si rivela senz'altro nella proposta pedagogica della Compagnia. Quindi, bisogna qui articolare spiritualità e pedagogia: lo scopo della pedagogia ignaziana, nelle parole del P. Peter-Hans Kolvenbach, è la ricerca dello sviluppo intellettuale di ciascun alunno affinché raggiunga la piena misura del talenti ricevuti da Dio. Dunque, l'attività educativa della Compagnia non ha mai mirato soltanto ad accumulare un insieme di conoscenze o a preparare a una professione, anche se questo è utile e importante per dei "leaders" cristiani di valore. Lo scopo ultimo della educazione ignaziana è piuttosto quella piena crescita della persona, che conduce ad agire – specialmente mediante un'azione guidata dallo spirito e dalla presenza di Gesù Cristo Figlio di Dio, Uomo per gli altri[2].

Il P. Arrupe ha riassunto tutto ciò definendo lo scopo della nostra educazione con l'espressione: "formare uomini e donne per gli altri". Il P. Kolvenbach ha descritto l'alunno che esce dalle scuole della Compagnia come un giovane "ben formato, intellettualmente competente, aperto alla crescita, religioso, ricco di affettività e impegnato ad agire per la giustizia in un servizio generoso del popoli di Dio". E ha definito il nostro scopo con queste parole: "Noi intendiamo formare dei 'leaders' nel servizio, uomini e donne che abbiano competenza, coscienza e passione per l'impegno"[3].

Il P. Arrupe non esitava nell'affermare, che un centro educativo della Compagnia dovrebbe essere facilmente identificabile come tale e l'educazione impartita ai nostri studenti dovrebbe dotare loro di una certa "ignazianità": lui ci spiega che "non si tratta di un atteggiamento snobista o arrogante, né di un complesso di superiorità. È la conseguenza logica del fatto che noi viviamo e operiamo in virtù di questo carisma e nei nostri Centri dobbiamo prestare il servizio che Dio e la Chiesa vogliono che 'noi'

---

1 Ch. THEOBALD, *Une manière ignatienne de faire de la théologie*, NRT 119 (1997) 377.
2. *La Pedagogia Ignaziana. Introduzione alla Pratica (d'ora in poi PPI)*, pubblicato dal Centro Ignaziano di Spiritualità, Napoli, 1994 n. 12.
3. *PPI*, n. 13

Alfredo Sampaio Costa, S.J.

prestiamo"⁴. E che dunque tocca a noi come gesuiti doverlo fare. Con umiltà, responsabilità e spirito di servizio alla Santa Madre Chiesa.

Il P. Kolvenbach sempre ha insistito sul punto che per definire l'identità gesuita nei nostri centri, dobbiamo fare in modo che il nostro lavoro docente rimanga sempre unito alla spiritualità ignaziana, che lo ispira. E ci ricorda alcune delle idee ignaziane, che illuminano e spingono il nostro lavoro educativo:

"La visione ignaziana di mondo è positiva, lo comprende totalmente, pone l'enfasi sulla libertà, si colloca la questione della realtà del peccato personale e sociale, ma fa risaltare l'amore di Dio come più forte dalla debolezza umana e dal male; è altruista, potenzia la necessità essenziale del discernimento e offre un ampio campo alla intelligenza e alla affettività nella formazione dei 'leaders'. Questi e altri temi ignaziani non sono qualcosa di essenziale per i valori che proclama un Centro Educativo della Compagnia?"⁵.

PRIMA PARTE:
L'esperienza spirituale ignaziana, sorgente di teologia e di pedagogia
Sant'Ignazio, sin gli inizi della sua conversione, discerne il germe della sua spiritualità. Nella sua Autobiografia, egli stesso ci racconta la sua esperienza di essere agitato da diversi spiriti. Durante la sua convalescenza a Loyola, riflettendo sui pensieri, che gli venivano, notava una differenza:

"Pensando alle cose del mondo provava molto piacere, ma quando, per stanchezza, le abbandonava si sentiva vuoto e deluso. Invece, andare a Gerusalemme a piedi nudi, non cibarsi che di erbe, praticare tutte le austerità che aveva conosciute abituali ai santi, erano pensieri che non solo lo consolavano mentre vi si soffermava, ma anche dopo averli abbandonati lo lasciavano soddisfatto e pieno di gioia…" (Aut. 8).

È notevole che il punto di partenza della vita spirituale di Sant'Ignazio sia questa esperienza così semplice in apparenza: la sua riflessione su questa esperienza. La sua conoscenza spirituale nasce dal suo stupore davanti a questa situazione spirituale: "Finché una volta gli si aprirono un poco gli occhi; meravigliato di quella diversità cominciò a riflettervi: dall'esperienza aveva dedotto che alcuni pensieri lo lasciavano triste,

---

4. Pedro ARRUPE, *Nostri Collegi oggi e domani*, n. 10.
5. Peter-Hans KOLVENBACH, *Discorso all'Università di Georgetown*, 7 giugno 1989.

altri allegro; e a poco a poco imparò a conoscere la diversità degli spiriti che si agitavano in lui: uno del demonio, l'altro di Dio" (Aut. 8).

Questa abitudine di guardarsi dentro, esaminarsi sarà molto caratteristica nella persona d'Ignazio. Osserva Ribadeneira: "Ha sempre conservato l'abitudine di esaminare la coscienza a ogni ora, domandandosi con grande cura come essa era trascorsa"[6]. Sarà ancora necessario fare un passo ulteriore verso l'interiorità. In questi inizi Ignazio confessa che la sua anima era ancora cieca, non considerando alcuna cosa interiore:

"Senza darsi pensiero delle cose interiori, senza rendersi conto di che cosa fossero l'umiltà, la carità, la pazienza, e di come discernere la regola e la misura di queste virtù. Suo unico obiettivo erano quelle grandi azioni esteriori, perché le avevano fatte i santi a gloria di Dio, senza porre mente ai loro aspetti più propriamente spirituali" (Aut. 14)

"Fino a questo momento era rimasto sempre quasi allo stesso grado di vita interiore, caratterizzato da gioia molto costante, ma senza alcuna penetrazione delle cose interiori dello spirito" (Aut. 20)

Si può distinguere un doppio frutto del soggiorno di Ignazio a Loyola: il primo è quello di una conversione reale, definitiva, che lo strappa dal mondo e lo mette saldamente a servizio del Signore. Il secondo frutto è un modo di vita nuovo[7], basato sul desiderio del maggior servizio di Dio nell'imitazione del Cristo povero e umiliato. Dio lo prenderà per la mano come un maestro di scuola:

"In questo periodo Dio si comportava con lui come fa un maestro di scuola con un bambino: gli insegnava. Ciò poteva dipendere o dal suo ingegno rozzo e incolto, o dal non avere altri che lo istruisse, o dal fatto che aveva ricevuto da Dio ferma volontà di servirlo. In ogni caso era per lui evidente, e lo fu poi sempre, che Dio lo trattava in quel modo; anzi crederebbe di offendere sua divina Maestà se ammettesse dubbi a questo proposito" (Aut. 27).

Alla fine del suo racconto nell'Autobiografia, Ignazio ci rivela che più che le visioni e insegnamenti distinti (che non gli sono mancati, come possiamo accompagnare nel suo Diario Spirituale), egli stimava di più la "facilità per trovare Dio":

---

6. P. de Ribadeneira, *De actis Patris Notris Ignatii* n.42 (in FN II 326).
7. Cf. Charles-André Bernard, *Pour mieux donner les Exercices Spirituels*, CIS, Roma 1979, 20-21.

"Era sempre andato crescendo in devozione, cioè nella facilità di trovare Dio. E adesso molto più che nella vita passata. E poteva trovare Dio in qualunque momento lo desiderasse. Anche al presente aveva molte visioni, soprattutto del genere di quelle di cui si è parlato più sopra, e nelle quali vedeva Cristo come un sole. Questo gli accadeva spesso mentre stava trattando questioni importanti, e la visione costituiva per lui una conferma" (Aut. 99).

Ciò che caratterizza l'esperienza spirituale di Sant'Ignazio è la coscienza elevata, che egli ha sempre conservato delle operazioni della sua anima. Parliamo qui del termine "sentir", tipico di Sant'Ignazio, che egli utilizza nel senso di conoscenza spirituale, distinto del semplice sapere.

Ignazio non si contenta di conoscere la volontà di Dio. Egli vuole "sentire" la volontà di Dio, conoscerla in modo sperimentale, per mezzo dell'opera di Dio nella sua anima"[8]. È proprio dell'esperienza spirituale il volere conoscere gli avvenimenti a partire dall'interno[9].

La dinamica della vita spirituale si sviluppa in una crescente ricerca di unità interiore e coscienza di sé, in un cammino che è sempre personale[10]. Tutto comincia con una chiamata!

Il P. Bernard ci ricorda che la vocazione non si confonde puramente e semplicemente con l'appello generale, che il Cristo lancia a tutti i cristiani provocandoli ad un servizio insigne (come l'appello del Re Temporale (ES 91-98). Essa aggiunge a quest'appello generale un'intuizione particolare dello Spirito. Ogni vocazione personale procede, dunque, da una libera iniziativa di Dio. È Lui che dispone della nostra vita. A noi compete cooperare alla mozione e alla vocazione divina[11].

---

8. Cf. José AYERRA, *San Ignacio e la Voluntad de Dios*, Manresa 28 (1956) 82.
9. Cf. Charles-André BERNARD, *L'homme spirituel selon Saint Ignace. Pro manuscripto*, 27. Il testo si trova negli Archivi della Comunità della PUG. É datato del 1956 e ha 90 pagine. Seguiremo la numerazione originale delle pagine. La traduzione alla lingua italiana è nostra. Così San Ignazio chiama le regole di discernimento "Regole per avvertire (in spagnolo = "sentir") e conoscere in qualche modo i vari movimenti che avvengono nell'anima" (ES 313). Lo stesso quando Ignazio presenta altre regole negli Esercizi, sempre appare la parola *Sentir*: "Le note seguenti servono per identificare (in spagnolo "sentir") e capire gli scrupoli e le insinuazioni del nostro nemico" (ES 345); "Per il vero criterio ("sentido") che dobbiamo avere nella Chiesa militante" (ES 353).
10. Cf. Charles-André BERNARD, *Le Projet Spirituel*, PUG, Roma 1970, 13-18.
11. Cf. Charles-André BERNARD, *L'homme spirituel selon Saint Ignace. Pro manuscripto*, 7. Il P. Bernard richiama la nostra attenzione con il fatto che c'è un elemento di interiorità, che caratterizza l'esperienza spirituale d'Ignazio. La nozione di retta intenzione, così importante per Ignazio, diviene docilità all'appello interiore dello Spirito. La vocazione non è un qualcosa che si inventa, ma è innanzitutto accoglienza e ascolto di una chiamata rivolta a noi dal Signore. Quindi, suppone un atteggiamento di attenzione orante.

Simposio **Spiritualità e Teologia**

Questo tema della Vocazione sarà ripreso dal P. Bernard nel suo libro "Le Projet Spiritual"[12]: Lì lui insiste che il parlare di Vocazione è parlare di un'elezione da parte di Dio, elezione che costituisce un atto divino immanente senza alcuna motivazione previa:

"Ogni intervento di Dio nella storia è un'elezione: sia che Egli scelga un luogo per lì manifestare più specialmente la sua presenza, sia che Egli scelga un popolo per realizzare i suoi disegni, sia Egli scelga un uomo per essere il suo rappresentante o il suo messaggero, il Dio dell'Antico Testamento è Colui che, disponendo della sovranità universale, la manifesta per la libera disposizione che ne fa. Il termine tecnico per designare il fatto dell'elezione è il verbo bachar che esprime la scelta fra diverse possibilità. Gli aspetti particolari e i motivi profondi di quest'elezione sono esplicitati con l'aiuto di altre radici che mettono in evidenza uno degli aspetti particolari dell'elezione: così gara mette in evidenza l'idea dell'appello; ganah e hiqedish quello dell'appartenenza; hibedil quello della separazione e di essere messo a parte e infine yadac che mostra che l'elezione è accompagnata dall'interesse e dalla sollecitudine per coloro che ne sono l'oggetto"[13].

Dio stabilisce una alleanza quando Lui vuole, come vuole e con chi vuole. La risposta che Lui spera da noi è l'impegno della propria esistenza in obbedienza ad una parola che, simultaneamente, si rivela all'uomo. Ogni appello suscita conversione, impegno. E non soltanto una conversione iniziale. L'uomo dovrà rinnovare in continuità il suo rapporto personale a Dio che lo salva. E poi, non ci dimentichiamo, c'è sempre la possibilità di un deviamento. Basta ricordarsi qui del popolo dell'Alleanza e i suoi innumerevoli tradimenti all'Alleanza.

Se affermiamo qui l'iniziativa di Dio, che sempre ci precede, questo significa che l'esistenza cristiana deve essere vissuta sempre in una constante e fondamentale ricettività. Così si formerà a poco a poco una personalità cristiana[14].

Quale è l'antropologia sottostante all'esperienza spirituale degli Esercizi? Secondo il Provinciale d'Italia, Carlo Casalone, si tratta di "una concezione della vita dell'essere umano come fin dall'inizio preceduto da un senso che interpella la coscienza e allude a una dinamica di fede [...]. Essa

---

12. Charles-André Bernard, *Le Projet Spirituel*, PUG, Rome 1970, specialmente le pagine 31-38 e 107-116.
13. E. Jacob, *Théologie de l'Ancien Testament*, Delachaux Niestlé 1955, 164.
14. Cf. Charles-André Bernard, *Le Projet Spirituel*, 32.34.

Alfredo Sampaio Costa, S.J.

è esperienza di un senso donato, che ci precede e ci coinvolge originariamente. In forza di tale senso ricevuto gratuitamente la coscienza è interpellata da una promessa, che la sollecita all'impegno e alla decisione di sé"[15]. La coscienza è, quindi, interpellata dall'altro – è per l'altro – perché essa è originariamente con l'altro[16].

Il Principio e Fondamento degli Esercizi è l'espressione dell'esperienza personale di Dio vissuta da Ignazio, esperienza dell'essere stato preso per mano e guidato personalmente dal Signore. Si tratta lì dell'apertura e dell'assunzione della dinamica esperienziale del donarsi di Dio nella nostra esistenza: è questo l'invito, a cui ogni gesuita è chiamato a rispondere e a suscitare negli altri in modo responsabile e creativo[17]. Ignazio ha sperimentato che Dio è il nostro unico Creatore e Signore e che bisogna lasciare la persona entrare in contatto diretto con Lui, come egli insiste nella quindicesima annotazione degli Esercizi. In questo punto degli Esercizi, dunque, "il ministero gesuitico trova il suo punto di partenza e il suo centro e, in certo senso, il suo obiettivo"[18]. Infatti, tutto il percorso degli Esercizi, ma anche tutte le attività apostoliche della Compagnia, inclusa l'attività dell'insegnamento, non è altro che lasciare operare il Creatore con la creatura e la creatura con il suo Creatore. In questo senso, il rispetto dei desideri autentici, che emergono nel cammino formativo di ognuno appartiene all'esperienza fondatrice della Compagnia e accompagna tutto il suo sviluppo apostolico e missionario.

L'uomo ignaziano è un pellegrino nel mondo, ma un pellegrino che ama la terra su cui passa senza però mai fermarsi, nella dialettica tra freddezza radicale ed amore profondo. Il modello del compito dell'uomo è la stessa Trinità: l'uomo per Ignazio è chiamato ad imitare il modo di essere e di agire di Dio[19]. Davanti Dio, l'uomo spirituale sarà innanzitutto colui che prende

---

15. Carlo CASALONE, "Prefazione", in Secondo BONGIOVANNI – Ferdinando FAVA, *Accedere all'originalità personale. La formazione nelle organizzazioni complesse*. Pardes Edizioni, Bologna 207, 16-17.
16. M. CHIODI, "Libertà e responsabilità: implicazioni interpersonali", in: L. ALICI, M. CHIODI, R. MANCINI, F. RIVA, *Interpersonalità e libertà*, Padova 2001, 103.
17. Cf, Secondo BONGIOVANNI, "Didattica e Filosofia: all'ascolto degli Esercizi Spirituali", in Secondo BONGIOVANNI – Ferdinando FAVA, *Accedere all'originalità personale. La formazione nelle organizzazioni complesse*, 31-33.
18. Secondo BONGIOVANNI, "Didattica e Filosofia: all'ascolto degli Esercizi Spirituali", 34.
19. Antonio SPADARO, "Alle radici della Pedagogia dei gesuiti: il rapporto dell'uomo con il mondo e la storia alla luce della spiritualità degli Esercizi di Sant'Ignazio di Loyola", in *La Pedagogia della Compagnia di Gesù*. Atti del Convegno Internazionale. Messina 14-16 novembre 1991 (a cura di F. Guerello – P. Schiavone), ESUR, Ignatianum, Messina 1992, 583.

coscienza del disegno di Dio nel mondo su di lui stesso e sull'universo. Nella misura in cui egli prende coscienza della volontà di Dio su se stesso, l'uomo compie la sua vocazione. Dio è per lui un essere vivo che lo chiama. Questo appello è allo stesso tempo un appello a seguire più da vicino il Cristo ed un appello a cooperare alla sua opera di redenzione nel mondo.

Visto questo, passiamo adesso al secondo punto: come questa esperienza spirituale si traduce negli Esercizi Spirituali!

SECONDA PARTE:
Le dinamiche degli Esercizi Spirituali come principi generatori di Teologia Spirituale

Gli Esercizi Spirituali sono l'opera pedagogica più strutturata d'Ignazio[20]. Questi sono concepiti non come una serie di conferenze o istruzioni morali, ma bensì come un dramma, un'azione. In questa si realizza un incontro della persona con Dio che chiama (vocazione) per raggiungere la mèta di una risposta personale alla chiamata (elezione). Quindi, "il dramma della vocazione e il dramma della elezione"[21]. Senza abbandonare la sua visione teocentrica del mondo, Ignazio comincia per mettere la persona umana al centro dell'attenzione. Il Principio e Fondamento d'ogni esperienza è l'uomo in situazione trattando di orientare la sua vita con tutto che fa parte di essa[22] verso Dio e provando di sbarazzarsi da tutto ciò che può ostacolare questa linea di vita verso il Signore.

Questa esperienza è strettamente personale cioè si radica nel centro della persona, nel suo cuore. Esperienza personale, però esperienza centrata in Dio, tutta polarizzata verso Lui[23]. Con Maurizio Costa possiamo dire che gli Esercizi, più che avere una pedagogia, sono tutti essi una pedagogia, sono infatti una pedagogia della esperienza spirituale personale[24].

"Gli Esercizi sono nella loro dimensione più profonda una dinamica, un movimento vitale profondo dell'uomo che fa un pellegrinaggio ininterrotto da Dio a sé e da sé a Dio. Ad ogni giro ritorna caricato di nuovo con

---

20. José Ma. RAMBLA, *De los Ejercicios a la Pedagogia Ignaciana*, 1. Dal sito "Centro Virtual de Pedagogia ignaciana", http://www.pedagogiaignaciana.com/admin/bibliografias.php accesso effettuato il 22 ottobre 2008.
21. Henri BREMOND, *Saint Ignace et les Exercices*, La Vie Spirituelle Supplément 20 (1929), 85-87.
22. Cf. Joseph THOMAS, *Le Secret de les Jesuites*, 55-60.
23. José Ma. RAMBLA, *De los Ejercicios a la Pedagogia Ignaciana*, 4-5.
24. Maurizio COSTA, *Appunti intorno alle linee fondamentali della Pedagogia della Compagnia di Gesù*, CIS, Roma 1987, 5.

energie sempre più forti e insieme pronto ad aperture ogni volta più larghe. Comincia ad uscire dalle sue vedute, dalla sua maniera di pensare per collocarsi nell'orbita della mente divina"[25].

Lo stesso si potrebbe dire della educazione: più che contenere una pedagogia, è tutta essa una pedagogia, cioè un dramma o azione continuata, che si serve di determinati mezzi o risorse pedagogiche[26].

La caratteristica più evidente della pedagogia degli Esercizi è la progressione metodica, che propone; loro costituiscono una totalità organica e strutturata dinamicamente dalle considerazioni, meditazioni, contemplazioni e espressa "dallo stesso ordine in cui si presentano" (ES 20). Gli Esercizi costituiscono un cammino progressivo, graduale e paziente. Ignazio esige dall'esercitante una presenza attiva e totale al momento che sta vivendo, senza fretta e senza anticipare il futuro, senza lasciarsi portare dalla curiosità o dal desiderio di sapere ciò che verrà dopo: "Per chi sta facendo gli esercizi della prima settimana, sarà utile non sapere niente di quello che dovrà fare nella seconda settimana; anzi si sforzi in ogni modo di raggiungere nella prima ciò che cerca, come se nella seconda non sperasse di trovare niente di buono" (ES 11). Il principio vale per tutto l'insieme come per ogni particolare momento.

Gli Esercizi propongono dunque vigorosamente il paradosso del pellegrinaggio da proseguire sempre e della presenza, del vagare e del restar fermi. Tratteggiano una saggezza superiore e difficile che supera l'apparente contraddizione. Progressione, certamente, ma graduale e paziente. Non ci sono vie brevi. In nessun campo si può abbreviare i tempi delle lunghe germinazioni[27].

La diretta conseguenza della volontà di progressione metodica sarà la costante preoccupazione di sapere dove si va, di definire gli obiettivi da raggiungere. Complessivamente, colui che intraprende gli Esercizi sa ciò che vuole: "Cercare e trovare la volontà divina nell'organizzazione della propria vita per la salvezza dell'anima" (ES 1). Intenzione globale che va

---

25. Ignacio IPARRAGUIRRE, "Gli Esercizi ignaziani, chiave e anima della missione del gesuita", in *Servire nella Chiesa*, Stella Mattutina, Roma 1973, 40.
26. José Ma. RAMBLA, *De los Ejercicios a la Pedagogía Ignaciana*, 6. Gli Esercizi mettono in azione tutta la persona e le distinte possibilità dell'attività umana. Tutta la persona e tutto il campo della sua attività interiore e esteriore sono messi in gioco per realizzare una esperienza integrale, che aiuti a "ordinare la vita". Ignazio era molto cosciente che la trasformazione della persona non si realizza solo tramite la conoscenza e le idee, ma che essa richiede un esercizio ripetuto.
27. Cf. Joseph THOMAS, *I segreti dei Gesuiti. Gli Esercizi Spirituali*. Piemme, Casale Monferrato (AL) 1986, 91.

concretizzandosi lungo tutto l'itinerario in una serie di obiettivi a breve termine individuabili e controllabili. Si tratterà allora di "ottenere ciò che si cerca", "cercare con diligenza ciò che tanto desidera" (ES 20). Certamente, il fine ultimo resterà sempre lo stesso, ma , secondo il grado a cui è pervenuto, l'esercitante vedrà proporsi la tale realizzazione o il tale aspetto dell'esperienza cristiana. Di qui il ricorrere della formula: "Chiedere ciò che voglio"[28]. Il chiedere è una maniera per sapere chiaramente ciò che si vuole. "Con l'intento di trovare ciò che voglio" (ES 76).

Nei diversi esercizi che gli vengono proposti, l'esercitante deve far lavorare tutte le risorse che sono in lui, come gli esercizi fisici idonei fanno lavorare tutti i muscoli del corpo[29]. Così egli deve attuare le sue "capacità naturali"(ES 20) soprattutto, cioè le classiche "facoltà dell'anima" (ES 127), "memoria, intelletto e volontà" (ES 234). La meditazione con le tre potenze (ES 45,50-52) le trattano direttamente. Ma si assisterà alla loro mobilizzazione durante tutto il periodo degli Esercizi[30].

Il termine "todo" ("tutto") è uno dei più presenti negli Esercizi. Secondo Ignazio l'esercitante modello è colui che "è più libero e desidera in tutto il possibile profittare" (ES 20). Sin dall'inizio l'ideale è che l'esercitante cominci i suoi Esercizi "con grande coraggio e liberalità verso il suo Creatore e Signore, offrendogli tutto il proprio volere e libertà" (ES 5).

---

28. ES 24, 48, 55, 65, 91, 104, 139, 152, 193, 203, 221, 233.
29. Cf. Joseph THOMAS, *I segreti dei Gesuiti*, 80.
30. La "memoria" non ha nulla da vedere con una capacità di registrazione passiva. È un processo volontario per far rivivere sia il passato personale (ES 56) che quello dell'umanità (ES 191). Si adopera per operare l'attualizzazione del mistero cristiano. L'intelligenza viene spesso richiamata ad intervenire. Un'espressione torna spesso a ripetere questa attività: "riflettere al fine di trarre vantaggio da ciò che si è visto" (ES 106, 107, 108, 114, 115, 116, 122, 123, 124, 125,194 tre volte). "Riflettere su me stesso" (ES 234, 235, 236, 237). In tutti i casi, Ignazio fa appello ad un lavoro personale. Il passaggio dai fatti nel senso che posso dar loro. Spetta all'esercitante stesso tirare le conclusioni. L'intelligenza è anche sollecitata a dare il meglio di sé al momento dell'elezione. Ignazio ci richiede allora di "procedere bene e fedelmente col proprio intelletto" (ES 180), di "applicare alla cosa proposta, sotto ogni aspetto, l'intelligenza e riflessione" (ES 182), di "considerare e riconsiderare" (ES 189). La volontà, da parte sua, è costantemente mobilitata. Il suo ruolo particolare è di "muovere l'anima" (ES 50, 51, 52). Ogni meditazione comincia con un impegno preciso: "Ciò che voglio". Volontà che reagisce impiegando tutte le proprie forze (ES 16) più ancora "volontà che ravviva di più il cuore" (ES 50) suscita i sentimenti. L'esercitante autentico è colui che davvero vuole trovare la volontà di Dio e raggiungere il frutto a che va diretto ogni esercizio. La parola "querer" si ripete con una frequenza molto grande. L'immaginazione viene sollecitata incessantemente. Un'immaginazione attiva che crea per se stessa le proprie rappresentazioni. Fa sua l'immagine biblica nella meditazione delle Due Bandiere. Ricostruisce le scene evangeliche, l'ambiente concreto dei misteri della vita di Cristo, i luoghi dove ha vissuto, le strade che ha percorso. Ignazio considera l'uomo nella sua interezza.

Alfredo Sampaio Costa, S.J.

Ignazio di Loyola è cosciente di questa difficoltà di combinare nell'ordine pratico libertà e grazia, e nonostante ciò egli non attenua nessuna delle espressioni, che per alcuni sembrano puro volontarismo. Perché lui esige degli animi in tensione continua. I suoi Esercizi possono essere considerati come un spiegamento tra l'annotazione quinta, che marca la disposizione previa fondamentale e la preghiera "Prendi, Signore e ricevi", culmine della consegna totale. E non ci si deve soltanto contentare nel lasciare al nostro Creatore e Signore la disposizione di tutto che si è, ma si deve aver il coraggio di "offrirglielo"[31].

L'esercitante ideale non deve retrocedere dinanzi ad un linguaggio impegnativo e persino eroico: combattimenti, assalti (ES 327), battaglie, offensive (ES 12,13), difese (ES 327), conquiste (ES 93, 95), bandiere, nemici mortali, supremi capitani (ES 136), sconfitte, vittorie (ES 13), sono termini che si ripetono ogni giorno e ogni ora durante gli Esercizi.

Allo stesso tempo Ignazio pretende di mettere in rilievo che è sotto l'azione dello Spirito Santo che l'esercitante scopre, progressivamente, il suo cammino proprio, designato da Dio per lui. È lo Spirito Santo l'attore principale della esperienza ignaziana.

Il P. Géza descrive così la presenza e attuazione dello Spirito nell'esercitante:

"Gli Esercizi Spirituali sono nel suo insieme organico una Pedagogia soprannaturale in cui lo Spirito istruisce, muove, nutri l'esercitante, orientandolo verso una vita divina sempre più fiorente. La crescita nella grazia oltrepassa assolutamente le esigenze e forze naturali dell'uomo: né l'intelligenza né la volontà per il suo proprio sforzo possono alzare l'esercitante alla sfera luminosa della grazia. Soltanto lo Spirito Santo è capace di introdurre nella comunione con il Dio vivo, per mezzo del inserimento progressivo in Gesù Cristo, comunicandogli una soddisfazione spirituale interna"[32].

Secondo Sant'Ignazio, tutto ciò che di buono esiste in questo mondo proviene da Dio. L'opera di santificazione tocca innanzitutto a Dio. Secondo Ignazio, Dio Nostro Signore – e questo è precisamente il distintivo incomparabile della sua azione – entra nell'anima e esce da essa, la muove e attira a sé, infiammata di amore, secondo gli piace (ES 330). È proprio di Dio comunicarsi alla sua anima devota, bruciarla nel suo amore e lode, dispor-

---

31. Ángel TEJERINA, *Deseo, atención y docilidad a las gracias y dones divinos*, 135.
32. Géza KOVECSES (ed.), *Exercicios Espirituais*, Porto Alegre 1966, 15, nota 1.

la sulla via del maggior servizio (ES 15). Dio assiste continuamente l'anima con il suo ausilio e distribuisce le grazie secondo il suo beneplacito[33]. In una parola, secondo l'autore degli Esercizi, in essi o fuori di essi, tutto il buono è dono e grazia di Dio, Nostro Signore (ES 322) ed è sua tattica divina il dialogare con l'anima in modo tale che l'uomo sia cosciente pienamente (ES 25) che i doni e grazie divine non sono in alcun modo dovuti al lavoro ascetico dell'anima (ES 322)[34].

Il metodo ignaziano conta con la grazia di Dio, cerca incessantemente la grazia di Dio, ha come norma la massima fedeltà alla grazia di Dio e si riduce in pratica nel disporre al cristiano per poter ricevere i doni divini. La concezione ignaziana della grazia è dinamica: a lui interessano i suoi effetti pratici nell'anima, cioè, come Dio va santificando le anime[35]. Il santo stabilisce come presupposto l'abbondanza di questi doni per avanzare per l'aspro cammino della santità. Senza questi doni, l'anima facilmente mancherà di forze nel cammino. Ignazio in quasi tutte le sue lettere parla di come il Signore concede grazia "abbondante", "molto abbondante", "somma e abbondante", "copiosa", "molto speciale", "inestimabile"[36].

Questa abbondanza si riflette in una altra dimensione affine : la continuità con che il Signore va distribuendo questi favori celestiali: li concedi "continuamente", "sempre", "perpetuamente"[37].

Ignazio con questo vuole infondere fiducia nell'anima scelta da Dio alla santità e assicurarle che una conseguenza di questo essere stata scelta è l'avere assicurato da parte di Dio questo effluvio speciale di grazie abbondanti[38] che "il Signore nostro per la sua infinita Bontà concede di solito"[39]. Per capire questa posizione ignaziana si deve prendere in conto la sua concezione sulla Provvidenza divina[40]: Dio lo ha scelto per collaborare alla

---

33. Ángel Tejerina, *Deseo, atención y docilidad a las gracias y dones divinos*, 139-140.
34. SI può vedere come S. Ignazio espone a S. Francesco di Borgia a che cosa si riduce l'azione della creatura. Dio va avanti, a Lui si deve tutto il buono, *MHSI, M.Ig. Epist.* I, p. 346s. Anche *Epist.* I, p. 95, 98, 148; II, p. 234-235; IV, 561-562; IX, 145, 667; X, 156; XI, p. 191; XII, 322.
35. Ignacio Iparraguirre, *Armonía sobrenatural de la acción de Dios y del hombre en San Ignacio de Loyola*. Estudios Eclesiásticos 30 (1956) 344.
36. *Abbondante: MHSI, Epp.Ign.* IV, 31; VI, 572; VIII, 565, 557,ecc; *Molto abbondante:* IX, 550; X, 212; *somma e abbondante:* X, 667; *copiosa* : II, 374; *molto speciale:* I, 574; *inestimabile:* II, 344.
37. *Epp. Ign.* I, 514; VIII, 555, 557; II, 258; X, 668; XII, 325; IX, 39.
38. Ignacio Iparraguirre, *Armonía sobrenatural de la acción de Dios y del hombre en San Ignacio de Loyola*. Estudios Eclesiásticos 30 (1956) 345.
39. *Epp. Ign.* I, 339.
40. Per questo si può vedere Ignacio Iparraguirre, *Visión Ignaciana de Dios*, Gregorianum 3 (1956) 366-390.

Alfredo Sampaio Costa, S.J.

realizzazione di un piano determinato. E il disegno divino non può fallire: "La mia speranza nel Signore nostro non si frustrerà, la sua divina grazia cooperando"[41]. Ecco il fondamento della fiducia ignaziana: noi siamo creature di Dio[42].

"Così io credo e spero nel Signore nostro, senza potere dubitare, che per la sua infinita e somma Bontà... Egli si degnerà di darci la sua solita grazia... perché sempre possiamo andare avanti nel suo servizio, lode e gloria"[43].

Un altro aspetto caratteristico della concezione ignaziana della grazia è che questa si realizza nell'anima in uno sviluppo vitale, in un crescente aumento[44].

Per di più, Ignazio insiste che Dio concede questa grazia "in tutto"[45]: così parla di "grazia intera", "intero favore e ausilio", "grazia compiuta" (cumplida gracia), espressione con cui finisce le sue lettere di solito[46]. Dobbiamo quindi affermare che gli Esercizi contano allo stesso tempo dal tutto sullo sforzo personale e interamente sull'azione della grazia.

Ignazio concede enorme importanza allo sforzo naturale che consiste nel uso dei mezzi, che Dio presta all'uomo in vista della sua fine. Questo uso manifesta la volontà dell'uomo, il suo desiderio sincero – id quod volo – di rispondere effettivamente agli appelli divini della creazione, della redenzione, della fede e dell'amore. Per altro, Ignazio mette tutta la sua fiducia in Dio, autore di ogni dono, di ogni grazia ed aiuto indispensabile di ogni risposta libera dell'uomo[47]. Così che Ignazio esige tutto lo sforzo personale, che l'uomo possa fornire, ma egli solo conta veramente sulla grazia di Dio[48].

Quindi nella spiritualità degli Esercizi, come pure nella Rivelazione, si coniugano gli aspetti ascetico e mistico. Soltanto si "trova" quando si "cerca con diligenza" (ES 20b), mettendo in azione i mezzi adatti (ES 89) e disponendo l'anima (ES 1,7,18,213). Si deve senz'altro esaltare la grazia:

---

41. *Epp. Ign.* I, 148.
42. Ignacio IPARRAGUIRRE, *Armonía sobrenatural de la acción de Dios y del hombre en San Ignacio de Loyola*, 346.
43. *Epp. Ign.* I, 244.
44. Ignacio IPARRAGUIRRE, *Armonía sobrenatural de la acción de Dios y del hombre en San Ignacio de Loyola*, 347. Cf. *Epp. Ign.* IX, 552, 235; VIII, 532; IX, 475; I, 634.
45. *Epp. Ign.* IV, 94; IX, 550.
46. *Epp. Ign.* I, 194, 244.
47. Cf. Gilles CUSSON, *Pédagogie de l'Expérience Spirituelle Personnelle*. Montréal/Paris 1968, 139.
48. Questo appare in molte delle sue lettere, come per esempio: A Juan Luis González de Villasimplez, *Epp* V,488-489; A Teresa Rejadell, *Epp* I, 99-107.

tutto viene da Dio, ma con una sottomissione attiva della libertà, la quale pure viene da Dio (ES 234). "Lo stesso Creatore e Signore si comunica alla sua anima" se questa è devota e "cerca la divina volontà" (ES 15). Alla fine degli Esercizi si dice al Signore: "Prendi Signore e ricevi..." chiedendogli che disponga di tutto e aggiungendo: "Dammi il Tuo amore e la Tua grazia" (ES 234). È la totale disponibilità di colui che aspetta tutto da Dio[49]. In Ignazio non si trova alcuna antinomia fra l'agire di Dio e l'agire dell'uomo, cosicché nell'esperienza spirituale non si trova alcuna antinomia fra l'azione dell'uomo, che si dispone a ricevere i doni da Dio e l'azione di Dio, che gli concede tali doni.

Ciò che è primo, sempre, è la presenza radicale della grazia di Dio. Ignazio non fa che insistere con l'esercitante che, ad ogni momento degli Esercizi, chieda la grazia (ES 48) e nei colloqui chieda alla Vergine di intercedere presso il Figlio per ottenere la grazia ed al Figlio per ottenerla dal Padre. Solo al Padre appartiene di concedere la grazia: Lui è la fonte primaria. E Dio vuole concedere queste grazie in modo abbondante: ma noi dobbiamo sforzarci:

"Per amore di Dio N.S., sforziamoci in lui, poiché gli dobbiamo tanto: molto più presto ci stanchiamo noi a ricevere i suoi doni che lui a farceli. Piaccia alla Madonna d'interporsi tra noi peccatori e il suo Figlio e Signore e di ottenerci la grazia che i nostri spiriti fiacchi e tristi siano trasformati, con il nostro faticoso impegno, in forti e gioiosi per la sua lode" (Lettera a Agnese Pasqual – 6 dicembre 1524 – Epp I, 71-73).

Come già diceva Sant'Ignazio nel Proemio delle Costituzioni: "La soave disposizione della Provvidenza esige la cooperazione delle sue creature" (Cost. 134). Ciò che vale per tutto il corpo della Compagnia vale ancora per ciascuno dei suoi membri e per tutti gli uomini spirituali: "Bisogna collaborare con ingegnosità e diligenza alla grazia di Dio"[50].

Gilles Cusson ha studiato in profondità la dinamica degli Esercizi. Seguendo i suoi scritti[51], a mo' di illustrazione, esporremo alcuni principi, che sono generatori di spiritualità e di pedagogia:

---

49. Cf. Jacques Lewis, *Conocimiento de los Ejercicios Espirituales de San Ignacio*, Sal Terrae, Santander, 108.
50. Lettera agli Studenti SJ di Coimbra – 7 maggio 1547, *Gli Scritti di Ignazio di Loyola*, p. 819 – *Epp* I, 495-510.
51. Seguiremo da vicino il lavoro di Gilles Cusson, *Les alternances dynamiques de l'itinéraire des Exercices*, CahSpIg 10 (1986) 29-39.

Alfredo Sampaio Costa, S.J.

Primo principio: **Alternanza dei tempi di crescita e delle pause:** Lo sviluppo dell'itinerario ignaziano si radica in un dinamismo di crescita e di discernimento molto tipico, dinamismo che consiste nella alternanza progressiva di movimenti di crescita e dei tempi forti di discernimento[52], gli uni richiamando gli altri in una specie di scalata, che precede il movimento degli Esercizi (e ne introduce) e lo prolunga indefinitamente (nella contemplazione "Ad Amorem").

L'itinerario degli Esercizi è paragonabile con una scalata in montagna, una ascensione in spirale dove si ritrovano sempre gli stessi orizzonti, ma contemplati da altezze diverse, da nuovi angoli in una altra luce e in una atmosfera molto più purificata[53].

Secondo principio: **Personalizzazione della sequela:** L'esperienza che propongono gli Esercizi è allo stesso tempo personale ed universale. Personale perché raggiunge l'uomo presente, attuale, nella sua situazione concreta; ma suscitata e informata dalla potenza del messaggio divino, che si presenta nel suo universalismo, essa si trasforma in una esperienza di carattere cosmico, che situa e compromette questo uomo nell'insieme del piano divino[54].

Assistiamo quindi ad un doppio movimento: l'universale rischiara il personale, e il particolare si situa nella Verità totale di Dio. Questo movimento di discesa e salita, in alternanze continue, corrisponde al movimento più profondo del nostro essere creato. L'esperienza degli Esercizi tocca questo movimento in un momento privilegiato, dove la luce di Dio suscita e dirige l'impegno cosciente e generoso dell'esercitante. Il progresso degli Esercizi si fa possibile grazie al continuo passaggio dall'universale al particolare, dal piano oggettivo a quello soggettivo, in una relazione mutua di interdipendenza[55].

---

52. Gilles CUSSON, *Coordonnées pédagogiques de la démarche ignatienne des Exercices*. CahSpIg 25 (2001) 285.
53. Hervé COATHALEM, *Commentaire du livre des Exercices*, DDB, Paris 1965, 152.
54. Personale, essa non si chiude mai soltanto alla situazione presente, ma ne precisa l'aggiustamento molto concreto che essa propone all'elezione dell'esercitante, sotto l'azione dello Spirito. Universale, una volta che collega direttamente la situazione personale alla fine suprema che abbraccia tutta la creazione di Dio. Misurato a partire da Dio come essere personale, attuale, l'esercitante si situa in un universo che lo oltrepassa e sollecita, dove egli trova un posto sempre nuovo che nessuno altro mai occuperà.
55. Adroaldo PALAORO, *A Experiência espiritual de Santo Inácio e a dinâmica interna dos Exercícios*. Loyola, São Paulo 1992, 60.

Terzo principio: **Esaminarsi sempre:** Ciò che deve fare l'uomo è la ripresa permanentemente delle esperienze che ha vissuto. Questa convinzione viene confermata negli Esercizi attraverso lo spazio accordato a due tipi di esercizi: l'esame (o meglio i diversi tipi di esami) e la ripetizione. L'esame è il punto basilare degli Esercizi ed, ancora oggi, il segno più sicuro della fedeltà alla tradizione spirituale d'Ignazio. La convinzione, che sta dietro tutta questa serie di esami è questa: si vive proiettati nel futuro, si comprende riandando nel passato. Gli avvenimenti, che abbiamo vissuto non hanno di per se stessi alcun valore. Conta solo il modo con cui li facciamo nostri donando loro un senso. L'uomo, che non ritorna su quanto ha vissuto, resta alla superficie di se stesso. Occorre quindi fermarsi, prendere coscienza di quanto abbiamo vissuto, trovare il tempo di ripeterlo a noi stessi: questo è il presupposto necessario affinché l'uomo si formi attraverso le esperienze della vita[56].

Quarto principio: **L'implicazione di tutto l'uomo:** Gli Esercizi spirituali anelano ad una risposta globale di chi li fa: si tratta di arrivare ad una opzione, che inglobi tutta la persona[57]. Nel suo dinamismo, tutte le potenze dell'uomo sono implicate: tutte le mie intenzioni, azioni ed operazioni sono puramente ordinate in servizio e lode di sua divina maestà [ES 46]; tutta la mia libertà, tutto il mio intendimento, tutta la mia volontà" [ES 324].

Come Ignazio lascia intravedere in questo brano di una sua lettera a Manuel Sánchez: "è nostro dovere verso Colui che è il nostro fine ultimo e bontà somma e infinita, rivolgere a lui solo tutto il nostro amore e amarlo in tutte le creature, molto lo merita chi tutti ci creò, tutti ci redense dando tutto se stesso. Con ragione quindi non vuole che gli derubiamo parte di noi stessi, lui che si è dato a noi interamente e vuole darsi interamente"[58].

---

56. La stessa volontà di rilettura ispira in secondo luogo ad Ignazio la pratica delle "ripetizioni". Si sa come Ignazio propone la successione degli esercizi della giornata. Egli prevede per ogni giorno due principali meditazioni o contemplazioni su temi nuovi ed invita a "ripeterli" altre due volte nello stesso giorno (ES 62, 99,118,120,132,ecc). La linea generale è chiara e non è assolutamente orientata verso un processo meccanico di ripetizione, in vista di una semplice memorizzazione. Essa mira ad interiorizzare, ad integrare nella personalità ciò che, in partenza, gli fu offerto dall'esterno. Il metodo incita ad abbandonare l'attitudine del puro ascoltatore o di semplice spettatore passivo. La storia raccontata cesserà, grazie a questo ricupero, di continuare ad essere estranea alla storia personale del soggetto. La ripetizione gli permetterà di farla sua e di esserne egli stesso modificato.
57. Cf. Francisco José RUIZ-PÉREZ, *Teologia del camino*. Santander / Bilbao 2000, 61.
58. *MI Epp*. I, 513-515.

Alfredo Sampaio Costa, S.J.

L'uomo intero in movimento verso il suo Creatore: ecco l'uomo per Ignazio! Non soltanto tutte le potenze dell'anima sono utilizzate negli Esercizi di meditazione (memoria, intelligenza, volontà), ma in seguito si tratta ancora di applicare pure i sensi, nelle ripetizioni alla fine della giornata, nei colloqui alla fine d'ogni esercizio, o dedicando ancora un intero esercizio a questo: ecco l'applicazione dei sensi alla fine delle giornate della seconda settimana degli Esercizi[59].

La pedagogia ignaziana è, per eccellenza, una pedagogia del desiderare e del "magis". Il contatto libero e autentico con l'identità profonda di sé, reso possibile dalla familiarità matura con i propri desideri, costituisce un elemento fondamentale della crescita e della fecondità umana, apostolica e spirituale, presente e futura. La dinamica del desiderio ha questo di particolare: da un lato, è portatrice di un intenso richiamo alla fedeltà e all'integrità dell'essere personale più originale; dall'altro, ciò avviene attraverso l'accoglienza riconoscente di ciò che non sono, di ciò che manca alla pienezza esistenziale personale e che accende e impegna il cuore in una ricerca amorosa sempre più libera dalla volontà di potenza [...] Si può quindi comprendere il desiderio quale essenziale apertura alla realtà, all'alterità e alla differenza, di cui essa è generatrice e portatrice [...] Il desiderio apre all'etica dell'eterotrascendenza poiché non si giunge mai a se stessi senza l'altro[60].

Il riconoscimento del significato pedagogico fondamentale degli Esercizi, vero e proprio metodo concentrato e, in certa guisa accelerato, di educazione della volontà, dal quale ricavare le più tipiche connotazioni dell'approccio ignaziano all'educazione, era già stato esplicitato da M. Barbera nella sua Introduzione alla Ratio Studiorum[61]. Anche A. Pignatelli ha affermato che "l'educare moralmente e spiritualmente" quanto lo stesso "istruire nelle scienze e nelle lettere" deve venire "non solo illuminato dagli Esercizi ma da essi ispirato"[62].

L'idea di compito di sviluppo include nozioni come quella di "direzionalità", "ordine", "gradualità"[63], che hanno una compatibilità con l'impo-

---

59. Cf. Francisco José RUIZ-PÉREZ, *Teologia del camino*. Santander / Bilbao 2000, 63-66.
60. Cf. Secondo BONGIOVANNI, "Didattica e Filosofia: all'ascolto degli Esercizi Spirituali", 49 - 50.
61. Padova 1942, p. 3ss.
62. A. PIGNATELLI, "Il Collegio della Compagnia di Gesù e la educazione in esso incentrata", in *Esperienze di pedagogia cristiana nella storia* (a cura di P. Braido, Roma 1981, I, 90-91.
63. N. PAPARELLA, "Il compito di sviluppo: una nuova categoria ermeneutica", in *Realtà e forme dell'insegnamento*, a cura di C. Scurati, Brescia 1990, 73ss.

Simposio **Spiritualità e Teologia**

stazione ignaziana dell'esercizio. La catena o sequenza o progressione lungo la quale si distende il cammino prescritto è costituita da altrettante occasioni di autopromozione e crescita del soggetto, condotte sempre in modo da rendere evidente, esplicito ed interiorizzabile il fondamentale rapporto con un fine-valore di orientamento[64].

L'idea di esercizio spirituale si scosta da un'accezione meramente "ginnastica" e si avvicina piuttosto ad una più integratamente "sportiva" di potenziamento finalizzato ad un cammino personale di interpretazione e di ri-creazione dell'obiettivo. Si delinea, quindi, una specifica sequenza, evento – rilettura – silenzio – parola personale, capace di condurre, nella progressione paradigmatica di esperienza – azione - riflessione, al traguardo della personalizzazione[65].

"Una delle dinamiche fondamentali degli Esercizi Spirituali è l'invito continuo a riflettere sull'esperienza vissuta nella preghiera allo scopo di discernere dove conduce lo Spirito di Dio. Ignazio chiede con insistenza che si rifletta su tutta l'esperienza umana, poiché questo è uno strumento essenziale per verificarne la validità"[66].

Una lettura attenta e riflessiva sulle "Annotazioni" scritte da S. Ignazio nei suoi Esercizi Spirituali ci daranno una comprensione completa di ciò che noi capiamo come "Taglio personalizzato" nella Pedagogia ignaziana. Molti educatori considerano queste Annotazioni come un autentico manuale di educazione centrato sulla persona[67].

Quinto principio: **Il dialogo pedagogico:** Ignazio percepì presto che allo stesso modo come Dio conversava con lui ed egli con Dio, bisognava anche conversare con gli altri spiritualmente[68].

I primi padri attribuirono una straordinaria forza soprannaturale alla conversazione del fondatore, alla sua continua conversazione con il Signore, alla sua familiarità con le tre Persone divine: "In tutte le cose tro-

---

64. Cf. Cesare SCURATI, "Attualità della Pedagogia Ignaziana", in *La Pedagogia della Compagnia di Gesù*. Atti del Convegno Internazionale. Messina 14-16 novembre 1991 (a cura di F. Guerello – P. Schiavone), ESUR, Ignatianum, Messina 1992, 251-252.
65. Cf. Cesare SCURATI, "Attualità della Pedagogia Ignaziana", 260.
66. *PPI*, n. 25.
67. Carlos VASQUEZ, *El enfoque personalizado y el acompañamiento personal en las anotaciones de los Ejercicios espirituales de Ignacio de Loyola*, 1. Dal sito "Centro Virtual de Pedagogia ignaciana", *http://www.pedagogiaignaciana.com/admin/bibliografias.php* accesso effettuato il 3 ottobre 2008.
68. Si può vedere l'interessante lavoro di Simon DECLOUX, *La manera en que Dios nuestro Señor acompaña a Ignacio. Paradigma de nuestra manera de proceder en la relación "para ayudar a las almas"*, CIS 36 (2005/1) 6-22.

vava a Dio: negli affari, nelle conversazioni..."[69]. Così che sin dall'inizio il binomio "conversazioni spirituali – esercizi" sembrava riassumere nella mente d'Ignazio la sua concezione apostolica. Infatti, in una delle sue lettere troviamo un brano, dove Ignazio sembra sintetizzare la vocazione del gesuita proprio in termini di una "conversazione". Leggiamo: "Secondo la nostra vocazione, conversiamo con tutti"[70].

Anche se gli Esercizi sono una esperienza di deserto, di solitudine, non si tratta di un camminare da soli. La relazione fra colui che "dà" gli Esercizi e colui che "li riceve", costituisce l'esperienza pedagogica degli Esercizi. Nessuno può crescere se non è disposto a farsi aiutare.

Fare gli Esercizi suppone l'essere accompagnato: l'addentrarsi nel Mistero di Dio e di se stesso non si fa da soli. Gli Esercizi, ha notato già Meloni[71], sono concepiti come un "libro del Maestro"[72], dando molta importanza a colui che fa da accompagnatore all'esercitante.

L'accompagnamento è la chiave per l'autentica mistagogia. La comunicazione assidua delle mozioni interiori, che l'esercitante sperimenta nella preghiera è essenziale per la dinamica del discernimento. Il ruolo dell'accompagnante consiste fondamentalmente in due cose: nel proporre all'esercitante le piste per la sua preghiera (ES 2) e nell'essere informato fedelmente sulle varie agitazioni e pensieri che gli diversi spiriti gli provocano (ES 17).

Tutti gli Esercizi non sono altro che un'esperienza di dialogo, a diversi livelli[73].

In un primo livello, si tratta del dialogo tra l'autore (Ignazio) e il suo destinatario (colui che dà gli Esercizi). Tramite il testo del libro degli Esercizi, è lo stesso Ignazio, che vuole comunicare la sua esperienza spirituale e renderla accessibile agli altri. L'ascoltatore od il lettore è chiamato ad imparare da Ignazio il come avvicinarsi al Signore. In un secondo livello, nondimeno profondo ed importante, c'è il dialogo tra colui che dà gli Esercizi e colui che li riceve. Senza questa profonda interazione non si può

---

69. J. NADAL, *Acta quaedam*, MI, Scripta I, 472.
70. *MI, Epp.* IV, 627.
71. Javier MELLONI, *La mistagogia de los Ejercicios*, Mensajero/Sal Terrae, Santander/Bilbao 2001, 122.
72. "La originalità di Ignazio di Loyola si iscrive in due modi: nella elezione di un genero letterario e nella struttura pedagogica. Quanto al genero letterario, gli Esercizi Spirituali adottano per la prima volta la forma di un libro del maestro", Adrien DEMOUSTIER, " L'originalité des Exercices Spirituels d'Ignace de Loyola au XVIème siècle", in: Luce GIARD e Louis de VAUCELLES, *Les Jésuites à l'Âge Baroque (1540-1640)*, Jerôme Millon, Grenoble 1996, p.23.
73. Cf. Gunter REMMERT, *El diálogo como marco de los Ejercicios*, Manresa 48 (1976) 221.

capire la forza dell'efficacia degli Esercizi. Ma c'è ancora un altro livello, senz'altro il più importante e verso il quale gli altri livelli sono diretti cioè la comunicazione tra l'esercitante e Dio, tra la creatura e il suo Creatore e Signore.

Gli Esercizi, nella mente e nella pratica di San Ignazio, devono essere "dati" e "ricevuti": s'iscrivono dunque in quella corrente della trasmissione della fede. Ciò che si trasmette è l'esperienza e l'atteggiamento di fede. Il testo degli Esercizi diventa un testo vivo e significativo nell'atto per mezzo del quale è trasmesso in modo vitale.

Quindi, prima c'è il testo degli Esercizi, che raccoglie, in qualche modo, l'esperienza dello stesso Ignazio. Poi c'è un altro testo: il testo di colui che lo trasmette, a partire della sua esperienza spirituale, ma sempre attento a non interferire e non turbare il contatto diretto dell'esercitante con il suo Creatore e Signore. Solo a partire da questo testo "dato", "trasmesso" è che appare il testo dell'esercitante, nella misura in cui questo assimila, integra e matura nella sua vita la Parola che viene da Dio ed è rivolta a lui[74].

Passiamo adesso al ultimo punto della nostra esposizione, applicando il modello pedagogico ignaziano al nostro modo d'insegnare la Teologia Spirituale.

Terza parte: Il modello pedagogico ignaziano

Nei documenti corporativi propri della Compagnia di Gesù si utilizza il concetto di "Pedagogia" come è stato ricevuto dalla tradizione educativa della Compagnia, tramite la "Ratio Studiorum" e la pratica educativa centenaria. Significa così l'insieme dei processi, dovutamente regolati che, come un cammino progressivo, pianificato e accompagnato, permetti agli educatori condividere con i suoi studenti, da una parte, la visione, i valori e i principi educativi contenuti nella spiritualità ignaziana e dall'altra parte, aiutare a capacitarli e prepararli, con eccellenza, nelle conoscenze necessarie per la loro crescita umana e la loro vita nella società[75].

La Ratio raccolse questo ideale pedagogico nella sua celebre sintesi di formare in "virtù e lettere" (Cf. *Ratio Studiorum*, nn. 1-2).

---

74. Cf. Jesús DIAZ BAIZAN, *El que da Ejercicios a otro: experiencia y actitudes según las Anotaciones*, Manresa 61 (1989) 317.
75. Cf. Miguel BERTRAN-QUERA, *La pedagogía de los jesuitas en la Ratio Studiorum*, S. Cristóbal, Caracas 1984, 14.19.

Alfredo Sampaio Costa, S.J.

Si possono ritrovare negli Esercizi i cardini di quello che tradizionalmente si riconnette alla Pedagogia Ignaziana: la centralità della persona, l'essere protagonista del proprio percorso formativo, la gradualità del percorso stesso, che deve avvenire secondo i ritmi propri della persona, il ruolo di accompagnamento dell'educatore[76].

Jeronimo Nadal diceva che il desiderio era quello di unire la speculazione alla devozione e alla comprensione spirituale[77]. La "Ratio" non è solamente radicata nella spiritualità degli Esercizi (e nelle intenzioni d'Ignazio), ma è il prodotto di una riflessione critica e condivisa dei suoi membri sulla loro personale esperienza dell'educare[78]. È il processo attraverso cui i Padri della Compagnia di Gesù, da poco fondata, hanno riconfigurato in quel sistema culturale i materiali a loro disponibili, vale a dire la didattica e l'esprit du temps (il modus parisiensis, la scolastica dell'alto medioevo, le pratiche educative delle scuole cattedrali, l'umanesimo del Rinascimento)[79]. I volumi della "Monumenta Pedagogica" attestano proprio questo fervente lavoro di ricerca sul campo e di comunicazione costante[80].

Come scrive il P. Kolvenbach, "il sistema educativo della Compagnia trova i suoi fondamenti negli Esercizi Spirituali"[81]. Questa affermazione dell'allora Padre Generale ci autorizza a vedere in essi, nelle parole del Schiavone[82], la "Proto-pedagogia ignaziana", il principio da cui deriva il fondamento su cui poggia il metodo educativo gesuitico.

Così anche ha capito il P. Joseph Thomas nel suo celebre libro "Il Segreto dei Gesuiti", dove cerca di trovare, nel testo stesso degli Esercizi Spirituali, ogni indicazione capace di ispirare e di orientare una pedagogia, che si propone, del resto, obiettivi più vasti della sola educazione

---

76. Cf. il numero 27 del documento Pedagogia Ignaziana (PPI).
77. Cf. D. FERNANDEZ / C. DALMASES (a cura di), *Fontes Narrativi de S. Ignatio de Loyola et de Societatis Iesu initiis*, vol. I, Romae 1943, n. 322; J. A. de POLANCO, *Vita Ignatii Loyolae et rerum Societatis Iesus [Chronicon]*, vol. 3, Madrid 1897, n. 567-568.
78. Ferdinado FAVA, "Formare alla leadership", in Secondo BONGIOVANNI – Ferdinando FAVA, *Accedere all'originalità personale. La formazione nelle organizzazioni complesse*, 136.
79. Cf. Ferdinado FAVA, "Formare alla leadership", 137.
80. Cf. Vitangelo C. M. DENORA, "Pedagogia Ignaziana e formazione teologica. Saggio introduttivo", 22-23.
81. Peter-Hans KOLVENBACH, *Intervento al convegno annuale dei Delegati per l'educazione delle Province Europee della Compagnia di Gesù*, Notizie dei Gesuiti d'Italia 4 (1984) 97.
82. Cf. Pietro SCHIAVONE, "Protopedagogia Ignaziana: gli Esercizi di S. Ignazio", in Pontificia Facoltà Teologica dell'Italia meridionale. Sezione San Luigi, *Pedagogia Ignaziana e Teologia* (a cura di Claudio Barretta – Vitangelo Carlo M. Denora, S. Paolo, Cinisello Balsamo 2007, 33.

della gioventù[83]. Infatti, la verità cristiana non è un'astratta teoria. È anzitutto la persona vivente del Signore Gesù (cf. Gv 14,6), che vive risorto in mezzo ai suoi (cf. Mt 18,20; Lc 24, 13-35). Può, quindi, solo essere accolta, compresa e comunicata solo all'interno di un'esperienza umana integrale, personale e comunitaria, concreta e pratica, nella quale la consapevolezza della verità trovi riscontro nell'autenticità della vita"[84].

Il documento delle "caratteristiche dell'attività educativa della Compagnia di Gesù", già nel 1986 affermava che "l'educazione ignaziana mette una cura particolare nello sviluppo dell'immaginazione, dell'affettività e della creatività di ogni studente. Queste dimensioni arricchiscono l'apprendimento, impedendo che esso sia ridotto agli aspetti puramente intellettuali. Esse sono essenziali per la formazione integrale della persona"[85].

La partecipazione dello studente deve essere anche affettiva, coinvolgendo la sua persona a tutti i livelli per arrivare a decisioni e ad azioni supportate da convincenti motivazioni[86].

Il ruolo dell'immaginazione, delle emozioni, della volontà e dell'intelletto è importante nel metodo ignaziano. L'educazione della Compagnia implica la formazione della persona nella sua interezza[87]. Lo scopo primario, la vera ragione dell'esistenza delle scuole è quella di formare uomini e donne per gli altri, imitando Gesù Cristo, il Figlio di Dio, per eccellenza l'uomo dedito agli altri. Uno dei principi fondamentali della pedagogia della Compagnia deriva direttamente dalla alumnorum cura personalis, un genuino amore ed un'attenzione personale per ognuno dei nostri studenti[88].

La pedagogia, ovvero l'arte e la scienza dell'insegnamento, non può essere ridotta a mera metodologia. Essa deve essere comprensiva di una visione globale del mondo e della persona umana ideale, che si vuole educare[89].

---

83. Joseph THOMAS, *Il Segreto dei Gesuiti: Gli Esercizi Spirituali*, 15.
84. CEI, *Evangelizzazione e testimonianza della carità. Orientamenti pastorali per gli anni 90*, n. 9.
85. *Le Caratteristiche dell'attività educativa della Compagnia di Gesù*, Roma 1986, nn. 12-13.
86. Cf. Pietro SCHIAVONE, "Protopedagogia Ignaziana: gli Esercizi di S. Ignazio", 39.
87. Peter-Hans KOLVENBACH, "Linee di Pedagogia della Compagnia di Gesù", in *La Pedagogia della Compagnia di Gesù*. Atti del Convegno Internazionale. Messina 14-16 novembre 1991 (a cura di F. Guerello – P. Schiavone), ESUR, Ignatianum, Messina 1992, 77.
88. Cf. Peter-Hans KOLVENBACH, "Linee di Pedagogia della Compagnia di Gesù", 79-80.
89. Vincent J. DUMINUCO, "Il futuro della Pedagogia dei Gesuiti", in *La Pedagogia della Compagnia di Gesù*. Atti del Convegno Internazionale. Messina 14-16 novembre 1991 (a cura di F. Guerello – P. Schiavone), ESUR, Ignatianum, Messina 1992, 456.

Nel documento delle "Caratteristiche della pratica educativa della Compagnia di Gesù", troviamo che lo scopo ultimo della attività educativa dei gesuiti è "aiutare ogni studente a sviluppare la pienezza dei doni che ha ricevuto da Dio", quindi l'obiettivo è "piuttosto la crescita globale della persona, che conduce poi all'azione".

Il P. Pedro Arrupe ha riassunto il fine educativo dei gesuiti con questa frase: "formare donne e uomini per gli altri". E il P. Kolvenbach ha affermato che "ciò che noi vogliamo è formare 'leaders' che siano impegnati nel servizio e nell'imitazione di Cristo Gesù, uomini capaci e consapevoli"[90].

Mary Elizabeth Mullino More, nel suo interessante lavoro "Teaching from the Heart"[91], parla di "integrative teaching", "incarnational teaching", "relational teaching" e "liberative teaching". Cioè il processo educativo dovrebbe condurre gli studenti a poter mettere insieme ed organizzare le loro diverse esperienze e idee in un insieme (Integrative teaching). Come ha notato lo studioso Alfred North Whitehead, "il problema dell'educazione è rendere possibile al pupilo ? (non capisco forse vuoi dire: all'alunno) di vedere l'albero in mezzo alla foresta"[92]. Inoltre a questo, l'insegnamento riguarda la rivelazione di Dio nel mondo, che rispetta la preziosità della vita dovunque sia trovata. L'insegnamento, quindi, deve essere svolto con una passione per gli altri, con una cura per gli altri, che deve rispondere ad una situazione intera e agli individui in questa situazione. Si tratta di cercare sempre più profondamente il Dio incarnato nella storia (Incarnational Teaching)[93]. È evidente che l'insegnamento è una attività relazionale per eccellenza, dove il metodo narrativo è molto importante per mettere in movimento gli attori in azione (Relational Teaching). Infine, la dimensione del "Liberative Teaching" punta sulla coscientizzazione, a cui dovrebbe portare l'insegnamento: ad una pratica sociale e politica impegnata[94].

Il documento recente del Paradigma Pedagogico Ignaziano afferma pure che "la costante interrelazione fra ESPERIENZA, RIFLESSIONE ed AZIONE nella dinamica docente-alunno di una classe è al centro della pedagogia ignaziana"[95].

---

90. Vincent J. Duminuco, "Il futuro della Pedagogia dei Gesuiti", 459.
91. Mary Elizabeth Mullino Moore, *Teaching from the Heart. Theology and Educational Method*, Fortress Press, Minneapolis 1991.
92. Alfred North Whitehead, *The Aims of Education*, Free Press, New York 1957, 6.
93. Cf. Mary Elizabeth Mullino Moore, *Teaching from the Heart.*, 92ss.
94. Cf. Mary Elizabeth Mullino Moore, *Teaching from the Heart.* 163ss.
95. *PPI*, n. 29.

"Nelle scuole della Compagnia, l'esperienza dell'apprendimento deve andare al di là delle conoscenze imparate a memoria e sviluppare metodi di studio più complessi: capire, applicare, analizzare, sintetizzare, valutare; se l'apprendimento si fermasse qui, non sarebbe ignaziano: mancherebbe infatti il momento della RIFLESSIONE, in cui gli alunni sono spinti a considerare il significato e l'importanza umana di quello che studiano e a integrare questo significato in quanto alunni responsabili che crescono come uomini dotati di competenza, di coscienza e di amore"[96].

Il modello pedagogico ignaziano comprende cinque tappe: CONTESTO, ESPERIENZA, RIFLESSIONE, AZIONE, VALUTAZIONE"[97].

Contesto: Importa conoscere l'alunno: temperamento, carattere, gusti, difficoltà, vita, salute, famiglia, storia educativa, inclinazioni, ma pure conoscere il rapporto con l'argomento della disciplina: conoscenze previe possedute sull'argomento della programmazione , attitudini e predisposizioni dell'alunno a lavorare sull'argomento. Perché il contesto è importante in vista dell'insegnamento e dell'apprendimento? Perché l'esperienza umana non si costruisce sul vuoto, ma anche perché permette all' educatore di elaborare una programmazione e degli strumenti di lavoro più adeguati al tipo di alunno concreto che deve accompagnare e non ad un alunno qualsiasi, ideale.

Esperienza significa per Ignazio "gustare le cose interiormente". Questo richiede anzitutto che si conoscano i fatti, i concetti, i principi, che si esaminino da vicino le connotazioni e sfumature delle parole e degli avvenimenti, che si analizzino e si soppesino le idee, le ragioni. Ma l'esperienza ignaziana va bel al di là di una semplice appropriazione intellettuale. Ignazio insiste: tutta la persona intelligenza, cuore e volontà – deve prendere parte all'esperienza con cui si apprende. [...] Tanto le dimensioni affettive quanto quelle cognitive della persona vengono incluse, poiché se ciò che si sente interiormente non è unito a ciò che si apprende intellettualmente, ciò che si apprende non spingerà all'azione"[98]. Il termine *esperienza* viene perciò utilizzato per descrivere ogni attività in cui, oltre la approvazione intellettuale della materia presa in considerazione, una sensazione di natura affettiva viene provata dall'alunno[99].

---

96. *PPI,* n. 31.
97. *PPI,* n. 32.
98. *PPI,* n. 42.
99. *PPI,* n. 43.

Alfredo Sampaio Costa, S.J.

Al livello della *riflessione*, la memoria, l'intelligenza, l'immaginazione e i sentimenti sono adoperati per afferrare il significato e il valore essenziale di ciò che si sta studiando, per scoprire i suoi rapporti con gli altri aspetti del sapere e della attività umana, e per valutare le sue implicazioni nella ricerca della verità e della libertà[100].

Adoperiamo il termine *riflessione* per indicare la riconsiderazione attenta di una disciplina, di un'esperienza, di un'idea, di un progetto o di una reazione spontanea, allo scopo di afferrarne meglio il significato. Perciò la riflessione è il procedimento mediante il quale emerge il significato dell'esperienza umana: comprendendo più chiaramente la verità che si studia, comprendendo qual è l'origine delle sensazioni o delle reazioni che ho provato nel corso di queste considerazioni, approfondendo la mia comprensione di quello che implica per me e per gli altri quello che ho appreso, facendo nascere dei punti di vista personali sui fatti, sulle idee, sulla verità o le distorsioni della verità, raggiungendo una certa conoscenza di ciò che sono e di ciò che potrei essere in rapporto con gli altri[101].

Infine, l'*azione*. Per Ignazio la prova decisiva dell'amore è ciò che si fa, non ciò che si dice. "L'amore si manifesta nelle opere, non nelle parole". La forza degli Esercizi Spirituali consiste precisamente nel dare all'esercitante la capacità di conoscere la volontà di Dio e di compierla liberamente. Inoltre Ignazio e i primi gesuiti si preoccupavano principalmente di suscitare negli studenti atteggiamenti, valori, ideali in base ai quali avrebbero preso le loro decisioni in una grande varietà di situazioni"[102]. Il termine *azione* si riferisce qui a una crescita umana interiore, che ha come fondamento tanto un'esperienza su cui si sia riflettuto quanto le sue manifestazioni esterne. Comprende due tappe: scelte interiorizzate e scelte manifestate esteriormente[103].

Valutazione. Tutti i docenti sanno che bisogna ogni tanto valutare i progressi degli alunni nello studio. [...] Tuttavia la pedagogia ignaziana tende a una formazione che senza dubbio include ma che va oltre il risultato accademico. Si tratta per noi della crescita integrale dei nostri alunni come persone per gli altri. La valutazione periodica degli alunni riguardo ad

---

100. *PPI*, n. 48.
101. *PPI*, nn. 49-54.
102. *PPI*, n. 59.
103. *PPI*, n. 62.

atteggiamenti, a priorità, ad azioni coerenti con l'essere persone per gli altri è essenziale"[104].
"Il modello pedagogico ignaziano si applica a tutti i programmi, ad ogni tipo d'insegnamento"[105].

Conclusione:
Una Teologia Spirituale Ignaziana?

Scriveva il P. Kolvenbach: "L'ispirazione cristiana e ignaziana [...] deve caratterizzare ogni istituzione apostolica della Compagnia". Prosegue sempre il P. Kolvenbach: "L'università deve essere un centro di integrazione del sapere che si propone la ricerca non di una "verità astratta" ma di una "verità totale" di cui parla Newman. Più che la conoscenza e la scienza devono offrire la sapienza: "Non è il molto sapere che sazia e soddisfa l'anima" (ES 2). Questo, ha concluso il P. Generale, è il marchio ignaziano che deve e può fare la differenza[106].

Un dispositivo didattico che vuole ispirarsi a questa rilettura degli Esercizi, dovrà assicurare quindi le stesse relazioni: L'accompagnamento individuale e l'invenzione dell'itinerario personale (la personalizzazione degli studi) e inoltre un quadro di proposte formative diversificate e dei criteri di rilettura della esperienza da essa prodotta che permettano la reale costruzione dell'itinerario individuale e l'elaborazione di una conoscenza integrata al vissuto personale[107].

Quale sarebbe allora il modus procedendi in theologicis proprio della Compagnia di Gesù? Sempre secondo Theobald, questa teologia "ignaziana" si sviluppa secondo tre caratteristiche essenziali:

1) Il discorso teologico "ignaziano" esiste sempre in vista di un effettivo processo di formazione umana e spirituale il cui deve regolare. Come afferma il Blondel, "uscito dal reale, essendo del reale, andando al reale, il pensiero non è fatto per donarci il reale in uno spettacolo, ma per farci acquistarlo"[108].

---

104. *PPI*, nn. 63-64.
105. *PPI*, nn. 72-73.
106. Cf. Peter-Hans Kolvenbach, *L'Università dei gesuiti oggi*, nn. 2-10.
107. Cf. Ferdinado Fava, "Formare alla leadership", 156.
108. M. Blondel, "L'illusion idéaliste", in *Les premiers écrits de Maurice Blondel*, PUF, Paris 1956, 116.

Alfredo Sampaio Costa, S.J.

2) Il modus procedendi in theologicis di taglio ignaziano, essendo essenzialmente pratico, resta tributario del carattere storico e infinitamente svariato delle esperienze di "formazione di una vita vera"[109].

3) Obbediente al cerchio del feed-back, il sistema di regolazione si modifica e si verifica in una pratica effettiva di strutturazione individuale e collettiva[110].

Il modo ignaziano di fare teologia sarà sempre segnato dalla esperienza quotidiana della "smisuratezza" di Dio, che oltrepassa ogni conoscenza, secondo la dinamica del "Magis" ignaziano!

Trattasi dunque di aiutare a venire fuori in ogni essere umano il progetto del Dio Creatore su di lui, in modo che possa cooperare volontariamente con Lui nel mondo. Questo significa aiutare a sbloccare in ogni essere umano la legge interiore della carità e dell'amore che lo Spirito Santo scrive e imprime nei nostri cuori[111].

Un Centro Educativo della Compagnia viene identificato da alcuni criteri fondamentali di azioni, costitutivi della visione ignaziana[112]: "Nostra meta e obiettivo educativo è formare uomini che non vivano per sé stessi, ma per Dio e per Cristo; uomini e donne per gli altri, cioè, che non concepiscano l'amore a Dio senza l'amore all'uomo; un amore efficace che ha come primo postulato la giustizia che è l'unica garanzia di che il nostro amore a Dio non sia una farsa..."[113].

"L'eccellenza consiste che i nostri alunni, essendo uomini e donne di principi retti e ben assimilati, siano allo stesso tempo uomini aperti ai segni dei tempi, in sintonia con la cultura e i problemi intorno, uomini per gli altri"[114].

---

109. Cf. tutte le allusioni ripetute, insistentemente, nelle Costituzioni ignaziane, al tempo e allo spazio.
110. Ch. THEOBALD, *Une manière ignatienne de faire de la théologie*, 394-395. L'attualità di questo modo di fare teologia è evidente, principalmente nella situazione mondiale in cui viviamo, che richiede senz'altro un discernimento costante, un essere in grado di fare un diagnostico della nostra società e della Chiesa stessa, una volta che la normatività dogmatica deve sempre affrontare il carattere unico degli itinerari umani. Infatti, è la propria credibilità della Chiesa che è in gioco. Questa dipende dalla sua capacità collettiva di lasciarsi veramente interrogarsi e lavorare dalla parola del Vangelo.
111. Ignazio IGLESIAS, *Influjo de los Ejercicios Espirituales en la pedagogia ignaziana*, PUG, Roma 2004. Dal sito "Centro Virtual de Pedagogia ignaciana", http://www.pedagogiaignaciana.com/admin/bibliografias.php accesso effettuato il 3 ottobre 2008.
112. Cf. Carlos VASQUEZ, *Características de la educación de la Compañía de Jesús. Claves para la renovación ignaciana*, 6. Dal sito "Centro Virtual de Pedagogia ignaciana", http://www.pedagogiaignaciana.com/admin/bibliografias.php accesso effettuato il 6 ottobre 2008.
113. Pedro ARRUPE, *Nostri collegi oggi e domani*, nn. 11-12.
114. Pedro ARRUPE, *Nostri collegi oggi e domani*, n. 9.

La Pedagogia ignaziana richiede la cura personale per l'alunno[115]. L'attenzione personale, che ne consegue è una caratteristica fondamentale dell'educazione della Compagnia. Consiste in una relazione personale tra il professore e l'alunno che favorisce la crescita nell'uso responsabile della libertà[116].

Una educazione personalizzata, centrata sulle persone, che costituiscono la Comunità Educativa[117]: Una educazione con una struttura organizzativa responsabile e partecipativa, che promuova e stimoli la "leadership" ignaziana[118]:

"Incoraggiamento, rispetto e spirito di servizio devono caratterizzare le relazioni tra docenti ed alunni e tra i membri della comunità educativa. L'ideale di una scuola della Compagnia è di essere un luogo in cui si crede nelle persone, si rispettano, si curano; in cui i talenti naturali e le capacità creative di ciascuno sono riconosciute e lodate; in cui ciascuno è trattato con giustizia ed equità; in cui i sacrifici a favore dei poveri, degli emarginati e degli svantaggiati dal punto di vista educativo sono cosa normale; in cui ciascuno di noi trova l'invito, l'incoraggiamento e il sostegno di cui ha bisogno per giungere alla piena attuazione personale dell'eccellenza; in cui ci aiutiamo l'un l'altro e lavoriamo insieme con entusiasmo e generosità, sforzandoci di attuare concretamente in parole ed azioni l'ideale che ci proponiamo per i nostri alunni e per noi stessi"[119].

Possiamo dire che gli Esercizi basano la loro efficacia nel rispetto di una duplice verità: la verità oggettiva del vangelo letto nella situazione concreta in cui l'esercitante si trova; e la verità soggettiva dell'esercitante, cioè, il suo stato personale attuale. Quindi, l'integrazione, l'adattamento e la personalizzazione sono parti integranti della pedagogia degli Esercizi[120] e dovrebbero modellare qualsiasi insegnamento "di taglio ignaziano"!

Speriamo che queste nostre parole ci spingano a proseguire il nostro servizio come educatori in questa missione, che la Compagnia di Gesù e la Santa Sede ci affidano, sempre fedeli al nostro Padre e Maestro Ignazio!

---

115. "In questo sforzo globale di formare uomini e donne ricchi di competenza, di coscienza e di amore, Ignazio non perde mai di vista la singola persona umana. Egli sa che Dio dà a ciascuno di noi doni differenti. Da questa convinzione deriva una delle principali caratteristiche della pedagogia ignaziana, la 'alumnorum cura personalis', il genuino amore e la cura personale per ciascuno dei nostri alunni". Peter-Hans KOLVENBACH, *Discorso ai partecipanti al Seminario Internazionale "Pedagogia Ignaziana: Un Approccio pratico"*, Villa Cavalletti, 29 aprile 1993, *PPI*, Appendice II, n. 139
116. Cf. *Caratteristiche dell'Attività Educativa della Compagnia*, n. 43.
117. Cf. Carlos VASQUEZ, *Características de la educación de la Compañía de Jesús. Claves para la renovación ignaciana*, 8.
118. Cf. Carlos VASQUEZ, *Características de la educación de la Compañía de Jesús*, 9.
119. *PPI*, n. 37.
120. José Ma. RAMBLA, *De los Ejercicios a la Pedagogía Ignaciana*, 12-13.

LA SPIRITUALITÀ IGNAZIANA
INDIRIZZO E PORTATA PROFONDAMENTE PASTORALE

HERBERT ALPHONSO, S.J.

Introduzione
Sono parecchi anni che il Signore mi ha concesso d'essere coinvolto nel ministero dello Spirito, in quello dell'accompagnamento spirituale e, in un senso più ampio, in quello della "conversazione spirituale", che mi hanno fatto crescere nella persuasione che la "spiritualità ignaziana"[1] è, nel suo intento e scopo, profondamente pastorale.

Molto particolarmente, però, i quasi tredici anni della mia missione come Direttore del Centro Ignaziano di Spiritualità presso la Curia Generalizia della Compagnia di Gesù mi hanno servito per confermare in me, non solo al livello teorico, ma sul piano concreto dell'esercizio pratico, questa mia incrollabile convinzione.

I vari corsi offerti da questo nostro Centro sui diversi aspetti della spiritualità ignaziana, ma soprattutto il Corso Ignaziano organizzato ogni singolo anno alternativamente in italiano ed inglese, mi hanno presentato prove specifiche dell'indirizzo e portata profondamente pastorale della spiritualità ignaziana. Parecchi partecipanti a quest'annuale Corso Ignaziano di cinque settimane successive con l'aggiunta possibilità di fare personalmente gli Esercizi ignaziani di otto giorni e poi di partecipare al pellegrinaggio in Terra Santa, hanno esplicitamente dichiarato, sia nei gruppi di discussione che nella loro valutazione per iscritto alla fine del

---

1. A mio avviso, possiamo – anzi dobbiamo – fare una distinzione tra la spiritualità ignaziana e la spiritualità gesuitica, ossia la spiritualità della Compagnia di Gesù. *La spiritualità ignaziana nel suo senso ampio* è la spiritualità che scaturisce dagli *Esercizi Spirituali* di sant'Ignazio, che sono un dono fatto da Dio tramite Ignazio a tutta la Chiesa, e quindi aperta a tutti i membri e componenti della Chiesa come "popolo di Dio". Esiste poi *la spiritualità ignaziana intesa in un senso più stretto*, e cioè, la spiritualità non solo degli *Esercizi* ignaziani ma, includendo questa, quella che consegue ad alcuni elementi delle *Costituzioni della Compagnia di Gesù* che taluni istituti di vita consacrata nella Chiesa hanno preso queste *Costituzioni* per la loro vita, missione, ed anche per la loro sistemazione organizzativa. Finalmente, c'è la spiritualità gesuitica come tale, ossia *la specifica spiritualità ignaziana della Compagnia di Gesù* che emerge da tutti i documenti fondanti e fondazionali della Compagnia di Gesù: ovviamente gli *Esercizi Spirituali* ignaziani, ma inoltre l'*Autobiografia* di sant'Ignazio (più accuratamente detta *il Racconto del Pellegrino*), il suo *Diario Spirituale*, l'enorme mole delle sue *Lettere*, e le *Costituzioni* integralmente intese, ossia includendo tutti gli elementi, specie quella distintiva caratteristica del *"nuestro principio y principal fundamento"*, che è il quarto voto di speciale obbedienza al Romano Pontefice riguardo alle missioni che, nel suo spirito, tocca intimamente tutta la gamma della vita e missione dei gesuiti.

Simposio **Spiritualità e Teologia**

Corso, che ciò che aveva già motivato la loro iscrizione iniziale al Corso e li ha sempre stimolato durante il Corso era il taglio spiccatamente pastorale della spiritualità ignaziana, così preparando ed animandoli a vivere quell'*unità ed integrazione* peculiarmente caratteristica della loro vocazione da parte di Dio alla vita e missione attivamente apostolico-pastorale.

Tali partecipanti comprendevano non solo gesuiti da diverse parti del mondo, ma anche un numero notevole di preti diocesani, di religiosi e religiose, e di laici e laiche pastoralmente ed apostolicamente impegnati.

L'Uomo e la Donna di Oggi

Il fatto è che l'uomo e la donna d'oggi anelano intensamente ad una vita integrata: sono restii a tollerare qualsiasi forma di dicotomia tra fede e vita. È proprio il tessuto stesso della loro vita giornaliera, ci fanno notare – ossia, il semplice in modo prosaico, il banale ed ordinario – che deve diventare sempre di più l'ordito e la trama del regno di Dio. Insistono che non hanno bisogno di fuggire dai loro impegni quotidiani o dalle loro responsabilità nel mondo secolare per trovare Dio o santificarsi: è proprio lì infatti, ribadiscono, che vorrebbero e dovrebbero incontrare il Dio vivente ed entrare lì stesso in un dialogo personale di comunione con Lui. Poiché, secondo la teologia contemporanea delle realtà terrene e dei valori umani, che pervade la Costituzione Pastorale su "La Chiesa nel Mondo Moderno" del Concilio Vaticano II[2], tutta la realtà è penetrata, quasi impregnata dalla presenza ed attività di Dio – o, come direbbe il Teilhard de Chardin, tutta la realtà è "le milieu divin"[3].

Questa "spiritualità dell'incarnazione", come viene chiamata, questo "Cristianesimo nella piazza" (*Christianity in the Market-Place*) è proprio l'essenza di quella spiritualità apostolica attiva (quella spiritualità pastorale) che oggi, in molti scritti sulla spiritualità cristiana in genere, e sulla preghiera in particolare, viene denominata "contemplazione in azione"[4], o in un'ottica più esistenziale "il trovare Dio in tutte le cose" (secondo la

---

2. Cf. Concilio Vaticano II, *Gaudium et Spes*, passim, ma specie nn. 36-39.
3. Pierre Teilhard de Chardin, *Le milieu divin: essai de vie intérieure* (Ed. du Seuil, Paris 1957).
4. Questa espressione, "contemplazione in azione", è diventata famosa grazie ad un noto brano degli scritti di P. Gerolamo Nadal, stretto collaboratore e compagno di sant'Ignazio di Loyola. In questo brano il Nadal commenta le grazie di preghiera concesse a "Padre Ignazio": "Tale modo di pregare fu concesso a Padre Ignazio per mezzo di un privilegio grande e molto speciale; ed anche quest'altra grazia, che in tutte le cose, azioni e conversazioni egli sperimentava e contemplava la presenza di Dio, e aveva una sensibilità raffinata per le realtà spirituali – *essendo contemplativo nella sua stessa azione* ("simul in actione contemplativus"). Il suo modo preferito di esprimere questo era: bisogna trovare Dio in tutte le cose" (*Annot. In Examen*, c. 4: Mon. Nadal V, pp. 162-163).

frase preferita di sant'Ignazio di Loyola)[5]. Non ci sfugge, infatti, che tutta la gamma della spiritualità apostolica attiva deve, tutto sommato, affrontare il problema radicale della vocazione cristiana attiva ed apostolico-pastorale, e cioè, la sua *unità ed integrazione vitale* che, nell'esperienza reale, viene sempre minacciata di essere divisa, dilaniata e scissa dalle esigenze apparentemente conflittuali di contemplazione ed azione, di preghiera e servizio attivo, di fede e vita. È affatto notevole che, sin dal Concilio Vaticano II, tutti i documenti della Chiesa sulla spiritualità apostolica attiva – sia che vengano rivolti a laici che a sacerdoti o religiosi apostolici[6] – abbiano chiamato i pastori ed apostoli cristiani insistentemente a *questa unità ed integrazione vitale* che è il cuore della vita e vocazione cristiana apostolico-pastorale – proprio quello di cui l'uomo e la donna d'oggi sono tanto assetati: *l'integrazione*, quella integrazione vitale ed unificata tra contemplazione ed azione, tra preghiera ed apostolato o servizio attivo, tra fede e vita.

Il vero problema dell'integrazione

Non stupisce pertanto che gli apostoli cristiani attivi si rallegrino che, con la loro caratteristica spiritualità apostolico-pastorale, hanno un messaggio per l'uomo e la donna d'oggi – un messaggio e modo di vivere che è altamente significativo ed attinente per l'uomo e la donna d'oggi.

Tuttavia questi stessi pastori ed apostoli sono penosamente consapevoli che nonostante la loro spiritualità apostolico-pastorale – con tutta la loro teoria sull'unità oggettiva tra preghiera ed azione apostolico-pastorale – il problema e la tensione persistono tuttora, in primo luogo nella loro *propria esperienza personale e soggettiva*, e poi nell'esperienza di apostoli e pastori

---

5. Questa sua frase preferita viene messa in rilievo da sant'Ignazio nelle *Costituzioni della Compagnia di Gesù*, per esempio, come la sua formulazione più perfetta del vero ideale della preghiera apostolica: "Tutti si sforzino di conservare retta la loro intenzione non solo circa lo stato della propria vita, ma anche in tutte le cose particolari ... E siano spesso esortati a *cercare Dio nostro Signore in tutte le cose*, allontanando da sé, per quanto è possibile, l'amore di tutte le creature, per riporlo nel Creatore di esse, *amando Lui in tutte e tutte in Lui* ..." (*Cost.* 288). Per l'uso ricorrente da parte di Ignazio di questa sua frase preferita, cf. *Racconto del Pellegrino*, 99; *Mon. Ign., Epistolae* III, 502; 510. Cf. pure *EE.SS.* 233: "en todo amar y servir".
6. Possiamo prendere, come esempi, i seguenti documenti – per *i laici*: Papa Giovanni Paolo II, *Christifideles Laici*, 30 dicembre 1988, n. 17; per *i sacerdoti*: Papa Giovanni Paolo II, *Pastores Dabo Vobis*, 25 marzo 1992, nn. 24-26; per *i religiosi e consacrati*: Papa Giovanni Paolo II, *Vita Consacrata*, 25 marzo 1996, n. 9 ed anche, Sacra Congreg. per Religiosi e Istituti Secolari, *La Dimensione Contemplativa della Vita Religiosa*, maggio 1980, nn. 4-7.

ovunque nel mondo, i quali sono letteralmente divisi e scissi interiormente tra due chiamate ugualmente irresistibili. Aiuterà forse formulare queste chiamate in termini biblici, per poter così identificare dove stia esattamente il problema – il vero problema dell'integrazione. Una chiamata grida con inesorabile insistenza: "Amerai il Signore Dio tuo con tutto il tuo cuore, con tutta la tua anima, con tutta la tua mente" (Dt 6:5; Mt 22:37), suscitando così tutta una sfilata d'immagini – il deserto, il silenzio profondo, gli occhi chiusi in solitudine con Dio. Ma a questa chiamata risponde l'altra con un'insistenza non meno pressante e con un grido che sgorga dalle profondità della sofferenza umana, come se non potesse più sopportare alcun ritardo nell'essere sollevata: "Amerai il prossimo tuo come te stesso" (Lv 19:18; Mt 22:39).

Il problema quindi non si colloca sul piano oggettivo. Tutti sono d'accordo sulla convergenza oggettiva di preghiera e servizio attivo, di contemplazione ed azione pastorale-apostolica. Entrambe sono in piena armonia in quanto al loro contenuto teologico-spirituale. Ma dove si distinguono profondamente è nella loro *modalità psicologica dell'esperienza soggettiva* – e cioè, nel *modo* in cui *sperimentiamo* il nostro esercizio di contemplazione o preghiera da un lato, e dall'altro il *modo* in cui *sperimentiamo* l'esercizio del nostro servizio attivo o azione apostolico-pastorale; *è questo*, ciò che ci divide e scinde interiormente, ciò che ci tira in direzioni opposte. Proviamo ad esprimerlo in un linguaggio che cerca di scandire, in quanto possibile, *l'esperienza soggettiva* che abbiamo dell'azione pastorale-apostolica da una parte e della preghiera o contemplazione dall'altra: l'azione ci spinge al di fuori, verso gli altri, verso il mondo; la preghiera, invece, tramite una specie di rottura con il mondo, tende a tirarci al di dentro, tende a farci ritirare in noi stessi. A noi dell'oriente ci piace dire, con i nostri saggi, che quando preghiamo "ci ritiriamo nella caverna del cuore" (*we withdraw into the cave of the heart*). Gesù, orientale, ha detto altrettanto: "Quando preghi, entra nella tua camera segreta (cioè, il tuo cuore), chiudi la porta e prega il Padre tuo nel segreto; e il Padre tuo, che vede nel segreto, ti ricompenserà" (Mt 6:6). Ancora: l'azione evoca una specie d'asserzione aggressiva di sé, tutt'altro che l'immagine di ricettività evocata dall'atteggiamento di preghiera. La preghiera, infatti, non è un qualcosa che noi diamo a Dio; noi non possiamo dare nulla a Dio. La preghiera è un aprire il nostro cuore a Dio, affinché Dio possa darsi a noi. In altre parole, *l'esperienza* nostra quotidiana ci conferma nella convinzione sempre più approfondita che l'azione tende a dissipare lo spirito, che l'azione tende ad attaccare il cuore alla terra e ai valori terreni, che l'azione tende a "cocco-

Herbert Alphonso, S.J.

lare" (diciamo) e sviluppare in noi la stima di noi stessi in modo tale da far nascere in noi un latente e furtivo sospetto che il miglior modo di vivere con Dio e in Dio sia quello di "darsi alla fuga da tutto" per contemplarlo "nel deserto".

Come risolverlo?
Se dunque il summenzionato problema e la tensione <u>non</u> è sul piano oggettivo, ma risiede nell'ambito dell'*esperienza soggettiva*, nessun approccio di carattere puramente oggettivo per affrontare il problema potrà risolverlo. La soluzione stessa si deve inequivocabilmente collocare a livello soggettivo – a livello dell'*esperienza soggettiva*.

Ora, classicamente e quasi universalmente, la soluzione offerta a questo problema è stata espressa in termini d'una stretta dipendenza dell'esercizio dell'azione apostolico-pastorale dall'esercizio della preghiera o contemplazione. Espressa così, una tale soluzione tende a rimanere un metodo o approccio puramente oggettivo. Pressappoco qualcosa di questo genere: dalla preghiera ricavi un ricco capitale spirituale, che vai poi a spendere e consumare nell'attività. Trovandoti con le mani vuote dopo un po', ricorri quindi alla preghiera per rifornire le tue risorse. Diciamo, un tipo di "spiritualità-serbatoio" (serbatoio di benzina, capito?)! Tutti noi abbiamo visto quegli immensi tabelloni alle stazioni di rifornimento di benzina: "Fai il pieno, e sii libero! Metti una tigre nel tuo serbatoio!" Ma, è facile cogliere che questa soluzione, procedendo dalla preghiera all'azione e logicamente di ritorno dall'azione alla preghiera, lascia preghiera e attività apostolico-pastorale del tutto separate e divise l'una dall'altra. Non realizza, infatti, alcuna integrazione. Ma ci sono degli svantaggi ed inconvenienti ben più seri latenti in questa soluzione classica: essa è almeno indizio di grande diffidenza, se non addirittura di sospetti, verso l'azione apostolico-pastorale – una fondamentale sfiducia nei riguardi dell'attività umana reale e quotidiana.

Ecco perché è doveroso ribadire che al problema e alla tensione sperimentata realmente a livello dell'*esperienza soggettiva* dell'apostolo o pastore deve corrispondere una risposta o soluzione allo stesso livello della sua *esperienza personale e soggettiva*. Pertanto è nello *stato soggettivo esperienziale* della persona dell'apostolo/pastore, il quale prega (e deve pregare) e il quale anche s'impegna nell'attività (e deve impegnarsi così) che dobbiamo cercare una soluzione delle difficoltà che sorgono di continuo. È precisamente questo che Ignazio di Loyola ha inteso ed imparato nella scuola della sua propria esperienza personale sotto la guida pedagogica di Dio

stesso, che "lo trattava come un maestro di scuola tratta un bambino: gli insegnava" (*Racconto del Pellegrino*, n. 27)⁷. Nei disegni della sua Sapiente Provvidenza, Dio ha condotto precisamente questo Ignazio di Loyola a fondare un tipo di vita religiosa del tutto nuovo nel seno della Chiesa: la vita religiosa pienamente apostolica ed attiva – diversa dunque dalla vita religiosa monastica ed anche dalla vita religiosa conventuale. È Ignazio, quindi, il maestro a cui sicuramente possiamo rivolgerci per una risposta autentica a ciò che abbiamo chiamato e descritto come il problema cruciale e radicale della vocazione e vita apostolica attiva. Non in teoria, ma nella scuola della propria esperienza guidata dal Signore, Ignazio ha imparato che è lo stesso profondo atteggiamento spirituale che permette *sia* la preghiera genuina *sia* l'attività apostolica autentica, che unisce con Dio e santifica. In altre parole, ciò che Ignazio assimilò nel crogiolo della sua esperienza soggettiva fu che l'integrazione o soluzione della suddetta tensione non risiede né nell'"esercizio" della preghiera in quanto tale, né nell'"esercizio" dell'attività come tale, ma in *ciò che è tipico della perfezione spirituale cristiana* alla base sia della preghiera che dell'attività. Formulato in altri termini, si domanda che cosa è quello che fa della preghiera, vera e genuina preghiera cristiana, e che cosa che fa dell'attività, vera ed autentica attività cristiana – e questo, visto come *un processo esperienziale soggettivo di crescita e maturazione spirituale*, ossia una *formazione personale, un addestramento, una pedagogia*.

Precisamente *questo* è il libro intero degli *Esercizi Spirituali* di sant'Ignazio: la loro "dinamica interna" come lo stiamo chiamando oggi – ossia, la pedagogia di Dio filtrata attraverso la progressiva esperienza personale e soggettiva d'Ignazio, che "Dio trattava come un maestro di scuola tratta un bambino: gli insegnava"⁸.

---

7. In questo brano (profondamente significativo del *Racconto*) Ignazio ci offre una chiave fondamentale per comprendere "come Il Signore lo aveva guidato sin dall'inizio della sua conversione fino alla fondazione della Compagnia" (*Prologo di P. Nadal al Racconto*, § 2): "Dio lo trattava come un maestro di scuola tratta un bambino:gli insegnava ... egli con chiarezza riteneva, e sempre ha ritenuto, che Dio lo trattava in questo modo. Anzi se ne dubitasse, penserebbe di offendere la sua Divina Maestà". Notiamo che nel *Racconto* Ignazio parla di se stesso in terza persona, e di solito si chiama "pellegrino".
8. Nel suo *Racconto* Ignazio stesso ci dice che nello stendere gli *Esercizi Spirituali* "non li aveva fatti tutti in una sola volta, sennonché alcune cose che lui osservava nell'anima sua, e le trovava utili, gli pareva che potrebbero anche essere utili ad altri, e così li metteva in scritto" (*Racconto*, 99).

Herbert Alphonso, S.J.

La Vita Spirituale Cristiana

Non ci stupisce dunque che l'immagine della vita spirituale che cresce e matura, quale Ignazio ci ha comunicato nel libro degli *Esercizi*, non è quella della persona umana che con uno sforzo prometeico – diciamo pelagiano, o nei migliori di casi semipelagiano – fatica per fare strada verso Dio. Al contrario, come viene inculcato con forte insistenza dalla rivelazione biblica, è Dio che viene a noi – a Lui appartiene il primato e l'iniziativa della comunicazione della vita nello Spirito; è Lui che viene incessantemente alla persona umana tramite altre persone, tramite avvenimenti e circostanze di tempo, di luogo e d'azione. "Egli viene,viene, sempre viene"[9]. Non è Dio che viene meno alla sua autodonazione a noi: siamo noi, esseri umani, che non siamo "liberi" o pronti – oppure, come piacerebbe dire al maestro spirituale Ignazio di Loyola, non siamo "disposti"[10] – per Dio che viene, viene, sempre viene nella vita di ciascuno di noi. Non siamo interiormente "liberi"; siamo interiormente schiavi dei nostri gusti ed avversioni, dei nostri attaccamenti e ripugnanze, dei nostri pregiudizi ed inibizioni, dell'amor proprio, del volere proprio, dell'interesse proprio ed egoistico.

E quindi, l'immagine autenticamente cristiana della vita spirituale che cresce e matura è quella dell'uomo e della donna che, sotto l'azione di Dio che viene sempre (in quanto il primato e l'iniziativa appartengono a Dio), debbano diventare sempre più "liberi" – cioè, debbano attivamente permettere che Dio *li liberi progressivamente da* tutte quelle barriere che bloccano l'irrompente amore, vita e potenza di Dio, in modo di divenire sempre più *liberi per* Dio, sempre più disponibili alla presenza e all'azione divina in essi – *liberi per* Dio e, in Dio, sempre più *liberi per* altri uomini ed altre donne[11].

---

9. Questo è il ritornello di uno dei canti della bellissima raccolta di poesie del poeta laureato indiano Rabindranath Tagore, *Gitanjali* (offerta di canti), che nel 1930 lo portò a vincere il Premio Nobel per la Letteratura. I primi versi di questo canto sono (traduzione mia): "Non hai udito i suoi passi silenziosi? Egli viene, viene, sempre viene./ Ogni momento e in ogni epoca, ogni giorno e ogni notte/ Egli viene, viene, sempre viene" [*Gitanjali*, pp. 36-37 (MacMillan, London 1967)].
10. Parole come *disponer* e *disponerse* sono parole ignaziane preferite; per limitarci agli *Esercizi Spirituali*, ecco alcuni esempi: *EE.SS.* 1, 7, 15, 18, 20, 135, 213.
11. Non senza una ragione profonda il Concilio Vaticano II, nel cap. 8 della *Lumen Gentium*, sul mistero di Maria (*LG*, nn. 52-69), ci presenta la Madonna come tipo e figura non solo della Chiesa, ma della vita spirituale cristiana nella sua crescita verso la perfezione: all'Annunciazione, che è un riassunto concentrato di tutto il mistero di Maria, mistero che da quel momento dall'Annunciazione in poi solamente si dischiude progressivamente. Dio prende l'iniziativa di irrompere nella vita di Maria; e la risposta di Maria all'invito di Dio fatto tramite l'angelo è di lasciare, con tutta la forza ed energia della sua libertà, che Dio faccia di lei ciò che Egli desidera:"Dio faccia con me secondo la tua parola" (Lc 1:38).

Alla luce di tutto ciò, quindi, la crescita verso la perfezione della vita spirituale cristiana, verso la sua unità ed integrazione, risiede nel *processo esperienziale soggettivo di crescente libertà interiore* – in entrambe le sue dimensioni, di crescente "libertà da" e di progressiva "libertà per". Perciò non è da meravigliarsi che tutta la dinamica interna degli *Esercizi* ignaziani sia una dinamica di una crescente libertà interiore: non solo al livello ovvio del peccato, imperfezione e disordine [la 1a. settimana degli *Esercizi*], ma poi, in modo più approfondito, al livello dei valori e dei sistemi di valori e criteri che governano la nostra vita e condotta [le contemplazioni dei misteri di Cristo della 2a. settimana – misteri, nei quali i valori di Cristo costituiscono una sfida ai nostri valori, spingendoci a fare quei valori di Cristo i nostri propri valori]. Anzi, questa dinamica della nostra sottomissione attiva all'azione liberatrice di Dio viene spinta fino al livello esistenziale più profondo delle sottili sicurezze di vita che tanto gelosamente custodiamo e proteggiamo (se fosse possibile, anche dallo sguardo di Dio) [i tre esercizi preelezionali dei Due Vessilli, dei Tre Binari o Classi d'Uomini, e dei Tre Modi d'Umiltà]. Liberati così esistenzialmente ai livelli sempre più profondi del nostro essere, diventiamo a questo stadio "liberi per" Dio e per la sua volontà salvifica nei nostri riguardi – cioè, liberi "a cercare e trovare la volontà di Dio nella disposizione della (nostra) vita per la salvezza dell'anima" (*EE.SS.* 1). Ci rendiamo conto così quanto accuratamente Ignazio ha descritto nella prima annotazione del suo libro degli *Esercizi* la loro natura e il loro scopo[12].

Quindi ciò che Ignazio chiama "elección" è, in essenza, il divenire consapevole (alla fine della 2a. settimana degli *Esercizi*), mediante una pedagogia di libertà interiore sempre più profonda, del progetto o disegno o volere personale di Dio per un esercitante particolare, affinché questi possa (per mezzo del processo di conferma realizzato nella 3a e 4a settimana degli *Esercizi*) accettarlo profondamente nella sua vita per viverlo poi con fedeltà e generosità. In questa prospettiva, quella frase categorica ignaziana, quasi nascosta in un angolo del libro degli *Esercizi* alla fine dei documenti sull'"Elezione", diventa la chiave di tutta la dinamica e pedagogia degli *Esercizi*: "Pensi, infatti, ciascuno che, in tutte le cose spirituali, tanto più profitterà, quanto più si staccherà dall'amor proprio, dal volere proprio, e dal suo interesse proprio" (*EE.SS.* 189) – in altri termini, un processo e una

---

12. Sant'Ignazio descrive la natura e lo scopo degli *Esercizi* come "ogni modo di preparare e disporre l'anima a togliere da sé ogni affetto disordinato; e, dopo averlo tolto, a cercare e a trovare la volontà di Dio nella disposizione della propria vita per la salvezza dell'anima" (*EE.SS.* 1).

dinamica o pedagogia di crescente e sempre più profonda *libertà interiore*. Conseguentemente questo, e soltanto questo, è il processo per mezzo del quale Ignazio prepara l'esercitante a quella finale "Contemplazione per raggiungere l'amore", la quale non è ancora un altro esercizio di più – l'ultimo – del libro degli *Esercizi*, ma un nuovo modo di pregare, cioè, d'essere unito con Dio; come dice Ignazio, "affinché... io possa *in tutto* amare e servire sua divina Maestà" (*EE.SS.* 233) – trovare Dio in tutte le cose, amando Lui in tutte le creature e tutte in Lui, ossia essere sempre in unione con Dio.

Ciò che quindi risalta chiaramente nella dinamica progressiva degli *Esercizi* è che l'atteggiamento iniziale della libertà dell'esercitante nell'abbandonarsi completamente nelle mani di Dio, partendo dalla sua condizione esistenziale all'inizio degli *Esercizi* (cf. *EE.SS.* 5), si è sempre più approfondito attraverso un processo esperienziale a spirale di crescente libertà interiore fino a diventare *esso stesso*, nella "Contemplazione per raggiungere l'Amore", un atteggiamento interiorizzato, assimilato e consolidato per la vita: *libero ormai a trovare Dio in tutte le cose*, ad essere unito a Dio in tutte le cose. In termini concreti, è veramente impressionante notare che proprio l'iniziale "grande animo e liberalità ... offrendogli tutto il proprio volere e la libertà, perché sua divina Maestà disponga tanto di lui/lei, quanto di tutto quello che egli/ella ha, conforme alla sua santissima volontà (*EE.SS.* 5), il che è la vera essenza del *Principio e Fondamento* (cf. *EE.SS.* 23), venga letteralmente ripreso, quasi parola per parola, all'ultimo livello dell'approfondimento a spirale nell'offerta della "Contemplazione per raggiungere l'Amore": "Prendi, Signore, e ricevi tutta la mia libertà, la mia memoria, il mio intelletto e tutta la mia volontà, tutto quello che ho e possiedo... disponi secondo ogni tuo volere..." (*EE.SS.* 234).

Possiamo allora affermare che Ignazio non evidenzia alcun interesse particolare nell'"esercizio" della preghiera per conto di questo "esercizio" stesso, neppure nell'"esercizio" dell'attività apostolico-pastorale per conto di questo "esercizio" stesso. Ma al di là di questi "esercizi" puramente come tali, che si faranno e dovrebbero essere fatti, Ignazio si dichiara e dimostra vigorosamente interessato nel fatto che l'apostolo/pastore sia *interiormente libero*, <u>sia</u> che questi stia pregando <u>sia</u> che stia impegnandosi nell'attività; perché dalla sua esperienza guidata dal Signore, Ignazio ha imparato che è affatto questa esperienza personale e soggettiva di libertà interiore che fa della preghiera, vera e genuina preghiera, e fa dell'attività, vera ed autentica attività, in quanto è questo atteggiamento del cuore libero dell'apostolo o pastore che effettivamente lo unisce con Dio. In altre parole, Ignazio è fortemente interessato a che l'apostolo/pastore sia sempre in unione con

Dio – fortemente interessato a che l'apostolo/pastore sia "uno strumento nelle mani di Dio" come gli piaceva ripetere, uno strumento talmente unito con Dio da "lasciarsi guidare bene dalla sua mano divina" (*Cost.* 813).

È certamente interessante notare che la stessa graduale e progressiva formazione a una "libertà interiore" sempre più profonda che caratterizza la dinamica e pedagogia degli *Esercizi* (come abbiamo or ora sottolineato) è evidenziata anche nelle *Costituzioni della Compagnia di Gesù*: vale a dire, evidenziata nella progressiva formazione alla "libertà interiore" che segna le diverse tappe della graduale incorporazione del gesuita nel corpo universale della Compagnia – una formazione tutta indirizzata a quella sempre maggiore "disponibilità alla missione apostolica" – in altre parole, tutta indirizzata a quella sempre maggiore "libertà interiore" per la missione apostolica, che costituisce il cuore stesso della vita, missione ed obbedienza di ogni singolo gesuita e dell'intero corpo universale della Compagnia di Gesù. Non ci sorprende questo giacché, come è stato ampiamente dimostrato dagli studiosi della spiritualità ignaziana, gli *Esercizi Spirituali* ignaziani sono "l'anima" che pervade e vivifica le *Costituzioni della Compagnia di Gesù*.

Infatti, tutta la pedagogia ignaziana della progressiva crescita spirituale, così come viene sviluppata sia negli *Esercizi* ignaziani che nelle *Costituzioni della Compagnia di Gesù*, può essere descritta come un forgiare lo strumento apostolico mediante un processo di progressiva "liberazione da" per essere più e più "libero per", ossia un processo di progressiva "libertà interiore", che possa abilitare tale strumento a divenire non solo il ricettacolo della vita e dell'amore divino, ma anche il canale e portatore della stessa vita ed amore divino agli uomini e alle donne – uno strumento docile e duttile nelle mani dell'Artigiano Maestro divino..

È possibile, allora, trovare Dio – vivere una giornata di profonda unione con Dio – in mezzo alle attività più impegnative. Poiché l'unione con Dio non deve essere collocata, in primo luogo e principalmente, nella quiete e riposo dell'"esercizio" della preghiera – e come potrebbe esserlo, se la preghiera stessa, che avviene nel cuore[13], richiede che il cuore sia libero interiormente? Neppure che l'unione con Dio in mezzo alle attività febbrili ed

---

13. Il posto della preghiera è *il cuore* nel senso biblico: cf. Jean Laplace, S.J., *Prayer according to the Scriptures* (Brighton, Massachussets 02135), spec. pp.10-16; e Xavier Léon-Dufour, S.J., *Vocabulaire de Théologie Biblique*: "Coeur" (Ed. du Cerf, Paris 1962), col. 136-139. Per una dettagliata spiegazione di questo, cf. Herbert Alphonso, S.J., "'To Love and Serve in All Things': Everyday Life as Prayer", in *Esperienza e Spiritualità* (Miscellanea in onore del R.P. Charles A. Bernard, S.J., a cura di Herbert Alphonso, S.J.), pp. 362-368 (Ristampa,: Editrice P.U.G., Roma 2005).

Herbert Alphonso, S.J.

impegnative debba essere mantenuta e preservata, come ci è stata spesso insegnato, principalmente per mezzo di qualche esercizio artificiale della presenza di Dio, con aspirazioni e preghiere giaculatorie o un qualche "trucco" e stratagemma spirituale del genere (diciamo una sorta di "gioco di prestigio" spirituale!). Non vorrei qui essere frainteso: non ho nulla contro la pratica della presenza di Dio o le aspirazioni o le preghiere giaculatorie …; se ci aiutano, va bene: ma non sono questi mezzi che di per sé ci mantengono in unione con Dio in mezzo all'attività – come mai, davvero, se l'attività richiede spesso l'attenzione di *tutta la persona*, che non si può dividere psicologicamente, tranne naturalmente a rischio di creare, con successo, una specie di schizofrenia spirituale?![14] Il segreto dell'unione con Dio in mezzo all'attività impegnativa, persino frenetica, è da cercarsi nell'incessante abnegazione, rinuncia e spogliazione di sé, con vera libertà interiore, proprio nell'attività stessa del momento – una spogliazione di sé che rende la persona libera e aperta a Dio, al Dio che viene, sempre viene.

A san Giovanni della Croce un giorno viene posta una domanda molto curiosa da parte dei suoi confratelli: "Fra' Giovanni", gli dissero, "come fai ad entrare in estasi?" Forse abbiamo strane immagini dell'estasi: l'essere sospesi a mezz'aria, o sospesi dal soffitto! La risposta di san Giovanni: "Obbedendo!" Non semplicemente l'obbedienza agli ordini dei superiori, egli spiegò, ma l'obbedienza in ogni tempo ed ogni momento – quella continua spogliazione di noi stessi che ci rende docili e duttili, sì, agli ordini dei superiori, ma anche agli avvenimenti, alle cose e alle persone così come si presentano: al fallimento e al successo, alla salute e alla malattia, ai rapporti umani difficili e facili – in una parola, liberi e aperti al Dio che viene incessantemente nella nostra vita per redimerla e trasformarla.

Allora, da dove dobbiamo cominciare per raggiungere l'unità ed integrazione di vita tanto necessaria per la spiritualità apostolico-pastorale? Dalla preghiera o dall'azione, dalla contemplazione o dall'attività? Questo è di poco rilievo, direbbe sant'Ignazio e la sua scuola della "spiritualità ignazia-

---

14. È molto significativo che nelle *Costituzioni della Compagnia di Gesù*, parlando dei giovani gesuiti che restano in formazione dopo il noviziato, sant'Ignazio proponga questa direttiva: "… Finite le prove, mentre sono impegnati negli studi, come bisogna fare attenzione che, per fervore dello studio, non si intiepidiscano nell'amore delle vere virtù e della vita religiosa, così pure non si dovrà dare molto posto, in questo tempo, alle mortificazioni, alle orazioni e alle meditazioni prolungate. Infatti, l'applicazione alle lettere, che si apprendono con intenzione pura di servire Dio e che *assorbono, in un certo senso, tutto l'uomo* (*quodammodo totum hominem requirunt*), non sarà meno, ma più gradito a Dio nostro Signore nel tempo degli studi" (*Cost.* 340).

na". Possiamo iniziare dove vogliamo, perché è necessario sia pregare che impegnarsi in attività. Ciò che è d'importanza cruciale è che in entrambe, e tramite entrambe, operiamo per crescere nella "libertà spirituale interiore", e che in entrambe ci abbandoniamo attivamente all'azione dello Spirito Santo. Purificati e liberati gradualmente, sia nell'azione che nella preghiera, per mezzo di un ascetismo attivo e attraverso prove e tribolazioni interiori, riusciremo ad essere sempre più mossi e diretti dalla luce e forza di Dio. La nostra "contemplazione nell'azione" – il nostro "trovare Dio in tutte le cose" – non sarà pertanto un effetto passeggero di una convinzione teorica fondata sui principi oggettivi della fede, ma una crescente esperienza personale e soggettiva di progressiva libertà interiore in virtù della presenza, dell'azione, e della potenza dello Spirito Santo e dei suoi doni. "Dove c'è lo Spirito del Signore", esclama san Paolo, "lì c'è la libertà" (2 Cor 3:17).

In fin dei conti, così come tutte le altre tensioni inerenti al mistero cristiano – sia "incarnazione ed escatologia" oppure "istituzione e carisma", o ancora "struttura e spirito" o "natura e grazia" – anche questa di "contemplazione ed azione ", di "preghiera e servizio attivo apostolico-pastorale" viene risolta ed integrata **non** per mezzo di un'abile ed accorta teoria dall'esterno, per così dire, **ma** dal di dentro mediante il processo esperienziale soggettivo di una progressiva "libertà interiore", che è il processo esperienziale della crescita e maturazione spirituale cristiana.

L'Urgente Bisogno Oggi di Discernimento, anche Quotidiano

Detto tutto questo, tuttavia, si potrebbe essere turbati da una domanda per così dire fastidiosa. Va benissimo dimostrare, e perfino riconoscere con grande entusiasmo, che Ignazio di Loyola e la spiritualità ignaziana *effettivamente* aiutano l'apostolo e pastore ad essere uniti con Dio e "trovare Dio" in tutte le cose, così unificando ed integrando la loro vita e missione apostolico-pastorale; e questo, grazie alla libertà spirituale interiore, che è la chiave e segreto della crescente maturazione della vita spirituale autenticamente cristiana come Ignazio, istruito nella scuola del suo Divin Maestro e Pedagogo ce l'ha trasmesso sia nei suoi *Esercizi* che nelle *Costituzioni della Compagnia di Gesù*. Ma la domanda, diciamo fastidiosa, che ci si pone è: com'è possibile *in pratica* conservare e mantenere quell'atteggiamento chiave di "libertà interiore" in mezzo al trambusto e ritmo frenetico della vita quotidiana? Anche in questo caso Ignazio si rivela come maestro pedagogo – sempre, però, rammentandoci che "Dio lo trattava come un maestro di scuola tratta un bambino: gli insegnava" (*Racconto del Pellegrino*, n. 27). L'insegnamento d'Ignazio e la sua insistenza sul "esame di coscienza" quotidiano – o l'"esame di consa-

Herbert Alphonso, S.J.

pevolezza", come giustamente lo stiamo chiamando oggi – non è altro che la pedagogia pratica di raggiungere effettivamente la "libertà interiore" nel crogiolo della reale esperienza quotidiana. In verità, l'esame di consapevolezza ignaziano è la ricapitolazione di tutta la dinamica degli *Esercizi*, effettuata e vissuta nel cuore dell'esperienza reale della reale vita quotidiana. Oggi siamo diventati vivamente coscienti del fatto che l'esame di coscienza ignaziano (= esame di consapevolezza), lungi dall'essere un esercizio di mera moralità, è in effetti l'esercizio quotidiano di discernimento spirituale[15]. E la vita odierna – il mondo reale attuale e la Chiesa d'oggi - ha un urgente ed estremo bisogno di discernimento spirituale[16]. Oggi il discernimento spirituale è talmente centrale ed essenziale all'autentico cristianesimo vivo e vissuto che si dice con insistenza che la formazione spirituale cristiana oggi deve essere fondamentalmente e radicalmente una formazione al discernimento.

È a questo punto preciso, quindi, che l'esame di consapevolezza – l'esercizio quotidiano di discernimento, come già accennato – viene sempre più riconosciuto come di prima e capitale importanza nel mondo e nella Chiesa contemporanei, concretamente nella vita realistica quotidiana dell'uomo e della donna d'oggi – per noi, nel contesto attuale del nostro tema, dell'apostolo e pastore attivo. Poiché, come abbiamo accennato in precedenza, questo "esame di consapevolezza" è *la ricapitolazione*, nel crogiolo della reale esperienza quotidiana, della stessa pedagogia e dinamica di "libertà interiore" che viene dispiegata dettagliatamente nel libro degli *Esercizi* ignaziani. Non ci stupisce dunque che questo esame di consapevolezza porti, al pari dello stesso processo pedagogico degli *Esercizi*, a quel "trovare Dio in tutte le cose" che è l'unità ed integrazione tanto anelata esperienzialmente dall'apostolo e pastore attivo.

L'Esame di Consapevolezza[17]

Orbene, in che modo e in quale senso – almeno brevemente – è "l'esame di consapevolezza" il riassunto concentrato di tutta la dinamica e pedagogia essenziale degli *Esercizi* ignaziani, cosicché aiuti effettivamente a rag-

---

15. Cf. Herbert Alphonso, S.J., *La Vocazione Personale: Trasformazione in Profondità per mezzo degli Esercizi Spirituali* (Editrice P.U.G., Roma 3a ed. 2002), pp. 54-55; 67-69.
16. Per una formulazione dell'urgente bisogno di discernimento spirituale nel mondo e nella Chiesa contemporanei, cf. Herbert Alphonso, S.J. (a cura di), *Gli Esercizi spirituali di sant'Ignazio: Linguistica – Storia – Spiritualità* (Pomel, Roma 1998), pp. 79-81
17. Per una spiegazione e comprensione più approfondita dell'"Esame di Consapevolezza", cf. Herbert Alphonso, S.J., *La Vocazione Personale…* (vedere nota 15 sopra), pp. 67-77.

giungere e vivere la "libertà spirituale interiore" al cuore della reale esperienza quotidiana?

Se vogliamo fare un esercizio di discernimento *tipicamente cristiano* (cioè, discernimento *spirituale*, non meramente morale), bisogna cominciare col "ringraziamento" – ossia, col riconoscere che è Dio che, in tutta la nostra esperienza della giornata, veniva a noi con i suoi doni, la sua grazia, la sua vita, il suo amore. Può darsi che non lo abbiamo riconosciuto o trovato, perché non eravamo interiormente "disposti" o "liberi" per un tale incontro; tuttavia Egli difatti veniva a noi attivamente in tutta quella esperienza. Per questo, gli siamo riconoscenti. Ecco come siamo ora *attivamente ricettivi* a Lui e alla sua azione salvifica. Questo, in effetti, è il nostro *Principio e Fondamento*, la nostra disponibilità attiva.

È così, all'interno di questo contesto specificamente cristiano, che iniziamo il nostro esercizio di discernimento. Sappiamo che ciò che caratterizza il discernimento cristiano è il fatto d'essere fondato sull'*esperienza interiore*. Il discernimento spirituale autentico si fa vagliando e setacciando l'esperienza interiore, le "mozioni" o movimenti interiori. Nel linguaggio del Nuovo Testamento, questo processo viene chiamato il "discernimento degli spiriti". E così, questo esercizio quotidiano di discernimento s'inizia, come tale, col raccogliere la nostra reale *esperienza* della giornata, qualunque essa sia, positiva o negativa. Se dobbiamo affrontare o occuparci di questa esperienza per raggiungere, attraverso essa, la vera "libertà interiore", possiamo farlo soltanto diventando prima *consapevoli* di questa nostra esperienza (di qui, l'esame di "consapevolezza"), per poi *accettarla* per quella che è – o piuttosto *accettare la nostra persona* in quella nostra esperienza reale. "Conoscenza" d'una esperienza non è "consapevolezza" della stessa che risiede a un livello più profondo; e "consapevolezza" di per sé non dice "accettazione" della persona che ha quella esperienza, ed "accettazione" della persona che ha quella esperienza non è la stessa cosa di "approvazione" di ciò che questa persona ha detto o fatto. L'"approvazione" o la "disapprovazione" della cosa fatta o detta è un *giudizio*, mentre l'"accettazione" o "non accettazione" è un *atteggiamento* che si colloca nell'ambito dell'affettività. Dio non può "approvare" tante cose che dico o che faccio – di questo sono sicuro; tuttavia, nelle stesse cose sono altrettanto sicuro che Egli mi "accetta" ("accetta" la mia persona tale come sono) incondizionatamente – il Vangelo di Gesù Cristo ne è testimonianza inesorabile ed eloquente. Il fatto è che in ognuno di noi opera quasi spontaneamente un tipo di dinamica interiore di "non accettazione" di noi stessi nella nostra reale esperienza – una "non accettazione" alla quale spesso

siamo stati addirittura scrupolosamente addestrati. O fuggiamo dalla nostra esperienza reale, o ci facciamo spaventare da essa, o ci colpevolizziamo di essa, oppure la reprimiamo e sopprimiamo – tutte forme diverse, come è palese, di "non accettazione" di noi stessi nella nostra esperienza reale. Ma, ci domandiamo, come facciamo ad affrontare o occuparci dell'esperienza reale, se prima ne facciamo, nella nostra persona, una *tabula rasa*? Di qui, la necessità imprescindibile prima di tutto di *accettarci* – accettare la nostra persona – *consapevolmente* nella nostra vera e reale esperienza; dopodiché potremo accostarla effettivamente con un atteggiamento autenticamente cristiano.

Se abbiamo capito e compreso ciò che il Nuovo Testamento ci insegna con tanta coerenza e forza sul carattere distintivo dell'essere "cristiano" o "discepolo di Cristo" (potremo chiamarlo il criterio di discernimento tipicamente "cristiano") – ossia, l'arrendersi o consegnarsi al Signore e, nel Signore, ai fratelli e sorelle[18] (in altre parole, il divenire "liberi" per il Signore e, nel Signore, per i fratelli e sorelle) –, questo precisamente lo possiamo fare <u>ora</u> nell'esperienza reale, nella quale ci abbiamo appena consapevolmente accettato. Riteniamo molto opportuno, a questo punto preciso, richiamare quella frase categorica ignaziana del libro degli *Esercizi*, che in effetti riassume in breve tutta la dinamica degli *Esercizi*: "Pensi, infatti, ciascuno che, in tutte le cose spirituali, tanto più profitterà, quanto più si staccherà dall'amor proprio, dal volere proprio e dal suo interesse proprio" (*EE.SS.* 189) – vale a dire, quanto più sarà "libero interiormente".

Essendo quindi diventati esistenzialmente "liberi" *nel qui, ora e adesso* della nostra esperienza reale, possiamo ora "trovare Dio" ed essere uniti a Lui in questa stessa esperienza nella quale abbiamo accettato la nostra persona consapevolmente. Abbiamo, in effetti, percorso così tutta la dinamica e pedagogia degli *Esercizi* in forma concentrata.

Vorrei solo aggiungere – quasi tra parentesi, poiché non è questa l'occasione di svilupparlo – che, nel mio libretto *La Vocazione Personale: Trasformazione in Profondità per mezzo degli Esercizi Spirituali*[19], ho dimostrato come ognuno di noi ha nella sua *vocazione personale* o identità personale (il nome singolo ed unico con cui il Signore chiama ciascuno di noi) il

---

18. Mt 16:24 ("Se qualcuno vuole venire dietro a me, rinneghi se stesso, prenda la sua croce e mi segua") è solo una espressione fra tante altre – ma questa è scolpita in modo lapidario – di ciò che vuol dire essere veramente "discepolo di Cristo".
19. Vedere nota 15 sopra.

Simposio **Spiritualità e Teologia**

proprio modo unicamente irrepetibile di consegnarsi ed abbandonarsi – il proprio modo di autodonarsi al Signore e, nel Signore, ai fratelli e alle sorelle – in qualsiasi esperienza umana[20]. In altri termini, ognuno di noi ha ricevuto in dono dal Signore il segreto personale di come divenire e rimanere "libero" in tutte le esperienze umane; ognuno di noi ha ricevuto in dono dal Signore il segreto e criterio di discernimento per tutta la gamma della sua esperienza umana. E così, per noi, il passo specificamente "cristiano" dell'"esame di consapevolezza", una volta che abbiamo consapevolmente accettato la nostra persona nella nostra esperienza reale, è quello di rivestirci in profondità dell'atteggiamento della nostra "vocazione personale", che ci libererà da noi stessi per "trovare" il Signore, ossia essere unito col Signore, in e mediante quella reale esperienza concreta. Quindi, la vera esperienza umana di tutti i giorni, la vita concreta quotidiana – ciò che è comune, banale, "ordinario" della vita giornaliera – può in verità diventare, per così dire, la materia greggia dell'incontro vero e dell'unione autentica col Signore.

Conclusione

Abbiamo aperto questo nostro contributo, dopo una breve introduzione, rilevando che l'uomo e la donna d'oggi anelano intensamente ad una vita integrata, rilevando che l'unità ed integrazione vitale di "contemplazione ed azione", di "preghiera e servizio attivo" è al cuore stesso della spiritualità dell'apostolo e pastore attivo. Come non rievocare in conclusione, in questo Anno Paolino, quella formidabile pagina di san Paolo, l'apostolo – l'apostolo per eccellenza – nella quale comunica uno dei più profondi intuiti della sua propria vita spirituale, la sua spiritualità apostolica attiva, e il modo in cui Dio lo ha formato per l'apostolato.

Nella seconda lettera ai Corinzi, capitolo 12, Paolo ci comunica la sua esperienza della "spina nella carne" (v. 7) – con tutta probabilità, come ci dice la maggior parte degli esegeti oggi, si trattava d'una malattia cronica, dei cui attacchi Paolo soffriva periodicamente. Vedendola come un ostacolo al suo ministero apostolico attivo – "un inviato di Satana incaricato di schiaffeggiarmi" (v. 7) – Paolo prega tre volte il Signore affinché Egli l'allontani da lui. Che somiglianza con il suo Maestro nel giardino di Getsemani! La risposta che Paolo riceve è che ciò che vede come un ostacolo al suo ministero attivo è proprio la condizione necessaria, favorevole

---

20. Nello stesso libro, vedere specialmente pp. 34-35; 53-55; 74-75.

Herbert Alphonso, S.J.

ed indispensabile alla fecondità del suo ministero apostolico attivo: "la mia potenza infatti si manifesta pienamente nella debolezza" (v. 9) – una formulazione, nei termini più incisivi, della legge fondamentale della vita spirituale cristiana ed apostolica. Ciò che per Paolo era fonte di scoraggiamento diventa il motivo preciso della sua fiducia, così che egli esploderà in un inno trionfante che vanta la sua debolezza, simboleggiata dalla "spina nella carne". È nell'apostolo spogliato di tutto l'affidamento sulle risorse umane e svuotato di tutto l'affidamento sui sostegni umani che si incarna la potenza di Cristo – "quando sono debole, è allora che sono forte" (v. 10) – quando egli si è svuotato di se stesso e più si svuota di sé, ed è quindi interiormente più libero, più diventa lo strumento efficace della potenza di Dio che agisce dentro ed attraverso lui.

Non desta meraviglia, quindi, che Paolo, in mezzo al vortice delle esperienze più variegate della sua vita e ministero apostolico attivo, riesca a rimanere sempre "vivente per Dio" (Rom 6:11). In fin dei conti, nessuna esperienza diventa un ostacolo all'unione con Dio, al "trovare Dio" (come direbbe Ignazio). Allora chi o che cosa – se possiamo fare l'eco dell'inno trionfante di Paolo all'amore di Dio – quel Dio che fa sì che "tutto concorra al bene di coloro che lo amano", come dice Paolo un po' prima nello stesso brano del capitolo 8 della Lettera ai Romani: "Chi (o che cosa) ci separerà dall'amore di Cristo? Forse la tribolazione, l'angoscia, la persecuzione, la fame, la nudità, il pericolo, la spada? ... In tutte queste cose noi siamo più che vincitori grazie a Colui che ci ha amati. Io sono infatti persuaso che né morte né vita, né angeli né principati, né presente né avvenire, né potenze, né altezza né profondità, né alcun'altra creatura potrà mai separarci dall'amore di Dio che viene a noi in Gesù Cristo nostro Signore (Rom 8:28.35-39).

LA FORMAZIONE SPIRITUALE:
IL CUORE CHE UNIFICA E VIVIFICA L'ESSERE PRETE

Jaime Emilio González Magaña, S.J.

La centralità della formazione spirituale nella vita sacerdotale
Già il Santo Padre aveva sottolineato decisamente l'importanza di questo argomento, quando affermava:

> L'educazione della gioventù – non è mai fuori luogo ripeterlo – è una missione assai ardua. Giustamente è stata chiamata arte delle arti. Molto più ciò si avvera, quando si tratta della gioventù che si volge con animo grande verso il sacerdozio. Orbene, l'educatore dei seminaristi è ben consapevole che la sua preparazione personale all'altissimo ministero deve continuare per tutta la durata del suo servizio. Deve studiare la psicologia degli alunni, deve vivere con gli occhi aperti sul mondo che lo circonda: deve imparare della vita. Ma deve apprendere anche dai libri, dallo studio, dalle esperienze dei confratelli e al progresso delle scienze pedagogiche... Non possiamo nascondere che si sono commessi – e si continua a commettere- degli errori nel campo educativo, con la facile scusa che, a discernere le vocazioni e a formarle convenientemente, bastano il buon senso, l'occhio clinico e soprattutto l'esperienza. Diciamolo con animo afflitto. Una direzione spirituale più illuminata avrebbe risparmiato alla Chiesa diversi sacerdoti non del tutto all'altezza del loro ufficio, mentre le avrebbe procurato un numero decisamente superiore di ecclesiastici santi... Se nel campo della formazione dei seminaristi non giova irrigidirsi su schemi superati, bisogna tuttavia essere ben convinti che permangono in tutto il loro valore i principi fondamentali, senza dei quali tutto l'edificio crollerebbe e andrebbe in rovina. Come pure bisogna accuratamente evitare il pericolo che le riforme marginali per quanto importanti, e talora forse opportune, distolgano l'attenzione da quello che è il problema centrale di ogni educazione seminaristica. Orbene, ciò a cui devono essere principalmente indirizzati gli sforzi è di creare nei giovani una concezione evangelicamente integrale del sacerdozio, ed una coscienza acuta e vibrante del dovere di tendere alla santità[1].

---

1 Giovanni XXIII. Allocuzione ai Convegnisti, radunati nel Convengo sulla *"Formazione spirituale del candidato al Sacerdozio"*, organizzato dal nostro Istituto di Spiritualità il 9 settembre 1962.

Simposio **Spiritualità e Teologia**

Queste parole sono state pronunciate da Sua Santità Giovanni XXXIII il 7 gennaio 1962, a proposito del Convegno organizzato dalla Sacra Congregazione dei Seminari e delle Università degli Studi e il nostro Istituto sulla *Formazione Spirituale del Candidato al Sacerdozio*. Da allora, il problema sembra essere basilare e continua ad esserlo nella riflessione odierna. Il problema di una vera e approfondita formazione spirituale per i candidati al sacerdozio è stato assunto coraggiosamente da tanti esperti. Considerare che la parte più delicata riguarda l'opera della grazia divina, corrisponde pure alle ripetute esortazioni dei Sommi Pontefici, da Leone XIII a Benedetto XVI, che tanto hanno insistito affinché le buone disposizioni dei seminaristi possano trovare nei formatori dello spirito tutta la comprensione e gli aiuti, che li aiutino nel raggiungere quello stato di perfezione, che si chiama santità sacerdotale. La formazione spirituale del prete non può limitarsi all'osservanza dei precetti di Dio e della Chiesa, ma esige un costante esercizio delle virtù cristiane ed una sequela di Cristo, che renda davvero il sacerdote un *alter Christus*, immagine viva del Sommo ed Eterno Sacerdote.

Il termine *"formazione"* viene qui intesso nel senso della lettera di San Paolo ai Galati, quando Egli dice "Figlioli miei, che io continuamente partorisco nel dolore, finché non sia *formato Cristo in voi*. Secondo Schlier "I dolori del parto, che Paolo soffre ora per i Galati una seconda volta, durano finché Cristo non assuma forma in loro, finché il corpo di Cristo non sia in loro completamente nato"[2]. Secondo Cencini *"formare"* significa "proporre una forma, un modo di essere, nel quale il giovane possa riconoscere la sua identità e vocazione"[3]. Per dire semplicemente, significa formare secondo il cuore di Cristo e fare tutto perché i giovani in formazione ed, in generale, i preti, assumano la forma di Cristo pastore. Per formazione spirituale intendiamo strettamente la formazione alla vita interiore, anzi la formazione alla vita interiore praticata nel campo della scelta sacerdotale. Questo campo può essere quello dell'avviamento al sacerdozio o quello della formazione permanente poiché il sacerdote è, per eccellenza, l'uomo di Dio, e l'uomo può dirsi veramente di Dio in misura della sua intima docilità cristiana in relazione ai cenni ed alle comunicazioni spirituali di Dio. Ora, per costante provvidenza divina, anche e soprattutto in tale for-

---

2. SCHLIER, H. (1966), *Lettera ai Galati*, Brescia: Paideia, 221.
3. CENCINI, A. (2002), Voce *"Formazione"*, in *Dizionario di Pastorale Vocazionale*. Roma: Rogate, 524.

Jaime Emilio González Magaña, S.J.

mazione spirituale si richiede il concorso dispositivo pedagogico dell'uomo; disposizione questa che viene da Dio in modo che ai formatori dei seminari e delle case di formazione religiosa, affida la pupilla dei suoi occhi, i più giovani.

Ricordiamo come San Paolo definisce il sacerdote come *homo Dei*, che deve essere un uomo di preghiera, di azione apostolica e di mortificazione. A mio parere, abbiamo dimenticato questo indirizzo, cioè che l'apostolato deve avere le sue fondamenta nella preghiera, nella penitenza e nella mortificazione. Sembra che questa dimensione non sia sottolineata sostanzialmente nel mondo di oggi. È importante anche rilevare un altro punto essenziale nella formazione spirituale dei seminaristi e dei preti: l'amore ad una vita apostolica nel celibato, che richiede un'approfondita preparazione spirituale e certamente psicologica. A giudicare dall'opinione della Congregazione per il Clero, questo è un tema fondamentale. La Congregazione Vaticana afferma che la stragrande maggioranza delle 700 richieste annuali di dispensa delle promesse sacerdotali, provengono prima, dalla mancanza di una vera formazione spirituale, e poi, dai problemi relativi alla vita affettiva e sessuale. Da qui risulta importante affermare, sin dall'inizio, che la formazione spirituale potrebbe cadere nell'errore di guardare la formazione dei seminaristi con occhi umani ciò che deve essere, invece, considerato con occhio divino. O, se si vuole, l'errore consiste nel ridurre ad un problema di facilità, ciò che invece è un problema di nobiltà, di altezza di vita; nel ridurre ad un problema negativo e ristretto di fuga dal peccato, ciò che invece va considerato nell'ottica della positiva ed apostolica donazione di sé a Dio, l'Eterno Amore. Con la formazione spirituale, la Chiesa non intende facilitare la vita apostolica dei sacerdoti, quanto piuttosto adeguarla alla bellezza della loro vocazione e della loro missione, la quale reclama la donazione totale e l'esclusivo orientamento della vita a Dio ed alle anime.

La formazione spirituale consiste nel formare la persona alla sfida di assumere una vita completamente nuova, aperta allo Spirito del Signore, che si comunica mediante il Suo Spirito Santo e ci permette di conformarci a Cristo, come Capo, Pastore e Sposo della Chiesa. Si tratta di formare l'uomo nuovo con un atteggiamento centrale, che consiste nella contemplazione attenta e continuata della vita e missione di Gesù ed il modo come Lui l'ha vissuta a beneficio dei fratelli. Uno degli obiettivi fondamentali di questa formazione consiste nel vivere il nostro inseguire con il

desiderio di riprodurre autenticamente in noi i sentimenti di Gesù e di fare e dire le stesse cose che Lui disse e fece. Crediamo che il primato di tutta la formazione sia unicamente quello della grazia che "è opera dello Spirito ed impegna la persona nella sua totalità. Introduce nella comunione profonda con Gesù Cristo, buon Pastore, conduce ad una sottomissione di tutta la vita allo Spirito, in un atteggiamento filiale nei confronti del Padre ed in un attaccamento fiducioso alla Chiesa. Essa si radica nell'esperienza della croce per poter introdurre, in una comunione profonda, alla totalità del mistero pasquale"[4]. Tuttavia, questa formazione non risulta facile nella società attuale, nella quale alcuni aspetti stanno influendo negativamente sulla configurazione ed il rafforzamento dell'identità sacerdotale. Di qui la convinzione della Chiesa che *"la formazione spirituale costituisce il cuore che unifica e vivifica il suo essere prete ed il suo fare il prete"* [5].

L'urgenza della formazione spirituale davanti a una crisi dell'identità sacerdotale.

Non sono sicuro se sia corretta l'affermazione che abbiamo bisogno di una nuova definizione dell'identità sacerdotale, perché questa non è cambiata. Nella sua più pura essenza, sempre è stata e sarà indissolubilmente vincolata all'unico sacerdozio di Cristo. Nonostante ciò, come risposta all'affermazione di chi sostiene che continuiamo a vivere una crisi la cui origine risale ad alcune decine di anni fa, mi sembra conveniente esporre la possibilità di una nuova formazione spirituale, che ci porterà ad un'identità sacerdotale rinnovata. Secondo me, esistono due possibili cause, che possono spiegare l'esistenza della cosiddetta "crisi". La prima ha iniziato a manifestarsi nel seno stesso della Chiesa, durante gli anni successivi al Concilio Vaticano II. Fu prodotta dagli straordinari cambiamenti introdotti dai documenti conciliari e si prolungò a causa di altri fenomeni sociali contemporanei. A livello teologico, si osservavano due forme diverse nel concepire il ministero sacerdotale: o come continuazione del ministero di Cristo o come un ministero della Chiesa[6]. A questo si aggiunse la riscoperta del ruolo e la missione propria dei laici, ai quali fu affidata una partecipazione più decisa nelle distinte attività ecclesiali.

---

4. Pastores dabo Vobis. *Esortazione Apostolica postsinodale di* Giovanni Paolo II. La Formazione dei sacerdoti nelle circostanze attuali. 25 marzo 1992, n. 45. Find'ora PdV.
5. PdV, 45,3.
6. Greshake, Gisbert (2000). *Ser sacerdote hoy*. Salamanca: Sígueme, 9.

Jaime Emilio González Magaña, S.J.

La seconda causa si identifica con quella che possiamo chiamare "cambiamento di epoca". Ci troviamo in un tempo, che molti hanno chiamato della *"postmodernità"*, sebbene alcuni hanno preferito chiamarlo *"modernità tardiva"* o perfino, *"transmodernità"*[7]. La sua espressione più evidente è stata il processo di secolarizzazione o laicizzazione, che ha condotto ad una rottura e ad un progressivo distacco tra le cose divine e le cose umane, tra la rivelazione e la ragione. Si è aggravata una crescente sostituzione dei principi e valori cristiani con i valori pretesi dalla ragione pura[8]. La società vive gli effetti di questo fenomeno come un processo, che afferma la totale autonomia della ragione, liberata da ogni autorità civile o religiosa e l'indipendenza della volontà nel terreno morale. Si afferma che né la religione né la legge civile possano rappresentare l'autorità morale, bensì solamente la coscienza individuale[9], che va verso la totale autonomia della cosa secolare nella quale l'uomo è il punto di riferimento vitale della realtà. Il mondo si capisce solamente in funzione dell'uomo, cosicché siamo passati da un teocentrismo ad un antropocentrismo esagerato. Come risultato, la religione è stata sostituita dall'economia e da altre realtà, che cercano di spiegare e dare risposte diverse alla realtà ed al senso ultimo della vita[10].

Viviamo un soggettivismo caratterizzato dalla supremazia dell'io sul noi e la ricerca di esperienze che soddisfano il proprio istinto e bisogno. Tutti, ma specialmente i più giovani, presentano la difficoltà a maturare scelte permanenti e definitive. Si cerca di vivere un'appartenenza parziale, temporale, sempre che sia adatta alle proprie circostanze, che convenga, ma sempre senza un'adesione autentica. La crisi dei matrimoni e delle vocazioni sacerdotali e religiose sono una prova di questo. Si vivono rapporti superficiali, fragili, virtuali, via internet o con il cellulare, perché forse altri tipi più reali ci creano paura ed, alla fine, la gente vive isolata e depressa. La società odierna vive situazioni di paurosa frammentazione interiore, che si manifesta nella divisione tra desiderio ed azione, nella difficoltà ad essere fedele alla propria volontà e alle decisioni che si prendono. I desideri delle persone, che vogliono essere amate e l'immaturità affettiva che

---

7. Cf. Voz "Modernidad", en: Diccionario Teológico Enciclopédico (1995). Navarra: Verbo Divino.
8. VALVERDE, Carlos. (1992). *Génesis, estructura y crisis de la modernidad*. Madrid: BAC, 24.
9. KASPER, Walter. (2001). *Introducción a la fe*. Salamanca: Sígueme, 19.
10. Cf. MARDONES, José Maria. (1988). Socialismo y Cristianismo, en *Fe cristiana y sociedad moderna*, N° 19, Madrid.; SM.

si presenta dappertutto, presentano situazioni in cui, uomini e donne vivono con la continua paura di essere se stessi.

D'altra parte, viviamo un pluralismo religioso in cui molti pensano che la religione cattolica non sia più l'unica credibile, nemmeno l'unica vera. Al di là del Cristianesimo, nell'Islam, nel Giudaismo, o nelle grandi religioni asiatiche come il Buddismo o l'Induismo o le tradizionali religioni africane, vediamo tanti fenomeni religiosi, che si esprimono in modo nettamente individualista e intimista. D'altra parte la cosiddetta *"new age"*, o nuova era, è sempre più conosciuta e seguita come movimento spiritualista e sistema metafisico, quasi teologico, che aiuta la gente a trovare pace e tranquillità ai loro problemi[11]. Questo rappresenta una delle sfide più urgenti per la fede cristiana perché si tratta di una questione *religiosa* ed, allo stesso tempo, di una sfida *culturale* che propone teorie e dottrine su Dio, sull'uomo e sul mondo, incompatibili con la fede cristiana[12]. Per di più, in questa società viviamo situazioni di pluralità culturale, al di là delle culture tradizionali, dove l'elemento religioso è molto presente. Si vive un clima di una cultura secolarizzata dove Dio, la Chiesa ed i simboli religiosi non hanno più significato per la vita delle persone. Di questa situazione la Chiesa è preoccupata sin da Giovanni Paolo II, che parlava della urgenza di una nuova evangelizzazione e di tale situazione è preoccupato anche Sua Santità Benedetto XVI, che vuole giustamente portare la Chiesa all'essenziale, cioè all'amore[13].

Presentiamo una debole identità sacerdotale alla società

Ci sono altri fattori che rendono urgente la necessità di riflettere su un profondo rinnovamento della formazione spirituale e della nostra identità sacerdotale. Molti giovani, che iniziano il loro ministero si sono posti la domanda: "Perché essere sacerdote se posso servire nella Chiesa come laico senza dovere rinunciare a tante cose?" Perché devo sacrificare una vita familiare piena od una stabilità economica e professionale quando ci sono tanti laici, che fanno le stesse cose che faccio io? In molti paesi, l'assenza di sacerdoti, fa sì che il carico di lavoro per ogni sacerdote sia eccessivo. La media riguardo all'età è ogni giorno più elevata e per l'amore che

---

11. Cernette, Jean. (2000), *Dizionario delle Religioni*. Casale Monferrato: Piemme Edizioni, 1497-1498.
12. Poupard, Paul. (1996), *Rivista Cultura e Fede*, 1-2.
13. Benedetto XVI. (2006), *Deus Caritas est*. Roma: Libreria Editrice Vaticana, 19-20

Jaime Emilio González Magaña, S.J.

si ha per il ministero, molti sacerdoti vedono diminuita la loro salute fisica e spirituale davanti a tante cose che "devono fare"[14]. Alcuni perdono il senso del loro sacerdozio quando non trovano più il tempo per niente, quando la vita diventa monotona, abitudinaria e si rendono conto che vivono stanchi davanti a tanti e diversi impegni; che non sperimentano pace, né tranquillità, né gioia in quello che fanno. Quando la preghiera si vede spaesata davanti alle crescenti domande del popolo ed al proprio desiderio di rispondere con generosità. Se a questo aggiungiamo la poca risposta della gente, la ridotta partecipazione agli atti di culto, che a poco a poco viene ad essere quasi esclusivamente patrimonio degli anziani, il peso dell'incarico risulta opprimente. Constatiamo che alcuni sacerdoti vivono momenti di tristezza, desolazione e addirittura depressione[15].

In altre occasioni siamo testimoni della vita di molti fratelli, che svolgono la loro missione in paesi poveri e sono sopravvissuti a necessità e povertà[16]. Come può spiegarsi che in pieno secolo XXI milioni di persone continuino a vivere in estrema povertà e addirittura miseria? Come possiamo dare ragione della nostra speranza davanti a milioni di fratelli che, non avendo un impiego degno, devono emigrare nei paesi sviluppati e ricchi con l'illusione di dare una vita migliore alla loro famiglia? Quando si tratta di questi paesi, il sacerdote deve fare presente il Signore, in mezzo ad una situazione che contraddice ogni tipo di fraternità e giustizia. I nostri fratelli credono e manifestano esplicitamente quella fede, ma sono caduti in un'attività frenetica, che neanche li distingue da molti laici impegnati in Organizzazioni non Governative. Molte volte neanche si è ben preparati per assumere la grandezza del compito, ed è allora che vengono i momenti di desolazione e di amarezza.

Se aggiungiamo il problema del celibato, sempre più contestato in una società "erotizzata", il problema dell'identità è maggiore. Sembra che, nonostante la chiarezza ed i pronunciamenti della Chiesa, che ribadisce che la formazione al celibato deve essere positiva, che essa deve metterne

---

14. Cf. RUBIO MORÁN, Luis. (2002). *Nuevas Vocaciones para un mundo nuevo. Laicos, religiosos y presbíteros para una nueva Evangelización*. Salamanca: Sígueme, 247-248.
15. Cf. LETTERA DEI VESCOVI AI SACERDOTI ITALIANI, nel corso della 56ª Assemblea Generale, tenuta a Roma, dal 15 al 19 maggio, 2006.
16. CELAM. *Documento Conclusivo de la V Conferencia General del Episcopado Latinoamericano y del Caribe*. Aparecida, Brasil, Mayo de 2007. Bogotá: CELAM-Paulinas, San Pablo, 51-57.

Simposio **Spiritualità e Teologia**

in luce la bellezza, illustrandone i motivi, che sono la totale donazione a Dio, l'associazione alla Croce di Cristo ed una maggiore disponibilità nel servizio delle anime. Attualmente si stima pochissimo la castità e la decisione libera di vivere una vita di consegna assoluta al Signore. L'elezione di una vita celibe, che prima era tanto lodata ed appoggiata, è oggi motivo di critica e, molte volte, di sospetto circa l'identità sessuale dei sacerdoti. Si sono sottolineati eccessivamente alcuni scandali, ma non si menziona per niente la testimonianza di molti, che vivono una vita completamente felice e dedita al servizio in mezzo a privazioni, e di vero ed autentico sacrificio.

La formazione spirituale, il cuore che unifica e vivifica la formazione dei preti

L'Esortazione Apostolica *Pastores dabo Vobis* colloca la formazione spirituale, dopo la formazione umana e connette la configurazione a Cristo Capo e Pastore con la carità pastorale dei presbiteri, "anima di una forma di vita evangelica"[17]. Poi dedica sei paragrafi[18] alla trattazione di questo tema e afferma che:

La stessa formazione umana, se sviluppata nel contesto di un'antropologia, che accoglie l'intera verità dell'uomo, si apre e si completa nella formazione spirituale. Ogni uomo, creato da Dio e redento dal sangue di Cristo, è chiamato ad essere rigenerato "dall'acqua e dallo Spirito" ed a divenire "figlio nel Figlio". Sta in questo disegno efficace di Dio il fondamento della dimensione costitutivamente religiosa dell'essere umano, peraltro intuita e riconosciuta dalla semplice ragione: l'uomo è aperto al trascendente, all'assoluto; possiede un cuore, che è inquieto sino a che non riposa nel Signore. È da questa fondamentale e insopprimibile esigenza religiosa, che parte e si snoda il processo educativo di una vita spirituale intesa come rapporto e comunione con Dio. Secondo la rivelazione e l'esperienza cristiana, la formazione spirituale possiede l'inconfondibile originalità che proviene dalla « novità » evangelica. Infatti, "essa è opera dello Spirito e impegna la persona nella sua totalità; introduce nella comunione profonda con Gesù Cristo, buon Pastore; conduce a una sottomissione di tutta la vita allo Spirito, in un atteggiamento filiale nei confronti del Padre e in un

---

17. PdV, nn. 21-23.
18. PdV, 45-50.

attaccamento fiducioso alla Chiesa. Essa si radica nell'esperienza della croce per poter introdurre, in una comunione profonda, alla totalità del mistero pasquale"[19].

Questo importante documento non ha fatto altro che continuare l'itinerario descritto dal *Decreto Optatam totius sulla Formazione Sacerdotale* del Concilio Vaticano Secondo che ha sottolineato:

> La formazione spirituale deve essere strettamente collegata con quella dottrinale e pastorale e, specialmente con l'aiuto del direttore spirituale, sia impartita in modo tale che gli alunni imparino a vivere in intima comunione e familiarità col Padre per mezzo del suo Figlio Gesù Cristo, nello Spirito Santo. Destinati a configurarsi a Cristo sacerdote per mezzo della sacra ordinazione, si abituino anche a vivere intimamente uniti a lui, come amici, in tutta la loro vita Vivano il mistero pasquale di Cristo in modo da saperci iniziare un giorno il popolo che sarà loro affidato. Si insegni loro a cercare Cristo nella fedele meditazione della parola di Dio, nell'attiva partecipazione ai misteri sacrosanti della Chiesa, soprattutto nell'Eucaristia e nell'ufficio divino, nonché nel vescovo che li manda e negli uomini ai quali sono inviati, specialmente nei poveri, nei piccoli, infermi, peccatori e increduli. Con fiducia filiale amino e venerino la beatissima vergine Maria, che fu data come madre da Gesù Cristo morente in croce al suo discepolo[20].

Sono convinto che la Chiesa di oggi chiede che i giovani in formazione, i sacerdoti giovani, i sacerdoti adulti, tutti, siamo uomini immersi nel mistero di Dio. Ci chiede che la nostra vocazione ed il nostro apostolato sia un riflesso che agiamo spinti e motivati non da un codice morale esterno, bensì dalla convinzione che nasce dal cuore, che il nostro sacerdozio ha senso, se e solo se, vogliamo seguire Gesù fino alle estreme conseguenze. In questo sta la base della nostra conformazione con Cristo e non solamente un seguire più o meno concetti filosofici o teologici ben imparati nelle case di formazione. La conoscenza di Gesù ed i suoi criteri sono la chiave per realizzare il proposito del Padre nel sacerdozio. Sarà anche la chiave per sapere se la nostra conoscenza ed il nostro amore per Lui sia autenti-

---

19. PdV, pp. 45-46.
20. Decreto Optatam totius sulla Formazione Sacerdotale, 28 ottobre 1965, n. 8.

co; lo stesso criterio sarà valido per confrontare il nostro ministero. La nostra conformazione ed adesione con Gesù Cristo non deve essere solamente a livello intellettuale. Molto si è insistito su questo ed è stato comprovato che non è sufficiente. Neanche deve essere come chi aderisce ad un'ideologia od una verità rivelata od a Gesù stesso, come se fosse una dottrina vuota ed insensata. Neppure si tratta di una mimetizzazione meccanica o statica o di formare un sacerdote come un funzionario, che riceve un salario o di ubbidire come forma servile. Non è un inseguimento volontarista, che germoglia dal senso del dovere; neanche può essere forzato dalle circostanze.

Non bisogna seguire Gesù come si segue un leader, a cui si deve il sacrificio dei suoi sudditi. Neanche bisogna seguirlo come un trionfatore umano, poiché Gesù non cercò mai la grandezza secondo il mondo. Non ci chiede di seguirlo in una forma individualista, indipendentemente della comunità universale. Non si tenta di cercare una santità personale ed intimista, per cui offrirsi agli altri, bensì il contrario. La conformazione con Cristo non si può raggiungere soltanto nel copiare i gesti e gli atteggiamenti esterni. Questo sarebbe anacronistico ed inutile perché seguirlo così, equivarrebbe a non conoscere in profondità il suo progetto ed ignorare le esigenze storiche nelle quali si incarnò e nelle quali viviamo nella società e nella Chiesa di oggi. Non dobbiamo dimenticare che Gesù non ci ha dato delle ricette su un "come" in concreto darGli la nostra risposta e vivere il nostro modo di seguirLo cosicché possiamo applicarle meccanicamente alle nostre circostanze.

La sfida del sacerdote, come quella di ogni cristiano, è formare ed imparare dal Padre, che è amore e che comunica la vita. La sfida della formazione spirituale è – e sarà sempre –, preparare a realizzare il progetto del Padre sullo stile di Gesù. Questo è quello che dobbiamo fare come suoi discepoli: ci realizzeremo come figli di Dio, saremo cristiani, amando come Gesù, che è l'unica via che bisogna percorrere. Il sacerdote imparerà soprattutto il senso vero dell'amore, che consiste nel dare la vita, a coloro che non hanno la vita. Consegnando la vita per i fratelli è l'unica via con cui realizzeremo il progetto del Padre come Gesù. È così che la formazione spirituale implica assumere la conformazione con Cristo come qualcosa di dinamico, in un'attività costante, in una disponibilità continua a lasciarsi portare dallo Spirito di Dio, che è amore ed è consegna incondizionata. Formarsi spiritualmente implica, anche, rinunciare ad ogni ambi-

Jaime Emilio González Magaña, S.J.

zione ed ideale di potere, forza e gloria umana. È ascoltare la voce di Dio, avvicinarsi a Colui che è la via, la verità e la vita. È averlo come unico ideale davvero possibile da raggiungere. È aspirare a conoscerlo come l'unico modello, che può orientare la nostra vita, come è, ed in sintesi, identificarsi pienamente e progressivamente con Lui, che è il Figlio, l'inviato del Padre, l'unico e sommo sacerdote.

Formare spiritualmente significa mettere la nostra speranza solo nel Signore

Una formazione spirituale adeguata ai nostri tempi deve sottolineare una vita intensa di preghiera come "la prima e fondamentale forma di risposta alla Parola..., che costituisce senz'alcun dubbio un valore ed un'esigenza primaria della formazione spirituale"[21]. Il sacerdote deve essere formato come maestro di preghiera, "un aspetto non certo secondario della missione del sacerdote è quello di essere 'educatore di preghiera'. Ma solo se il sacerdote è stato formato e continua a formarsi alla scuola di Gesù orante, potrà formare gli altri a questa stessa scuola. Questo chiedono gli uomini al sacerdote: 'Il sacerdote è *l'uomo di Dio*', colui che appartiene a Dio e fa pensare a Dio'"[22]. In una società del rumore, della fretta, dell'attivismo, il sacerdote deve essere formato in un silenzio esterno, che può favorire il silenzio interno e, pertanto, la contemplazione, la meditazione e il discernimento[23]. La preghiera ed il silenzio sono le migliori vie, che possono portare il seminarista ed il sacerdote a cercare l'Eucaristia come il centro della propria vita e del proprio ministero ed il vertice della preghiera cristiana. Nessuna altra attività deve stare al di sopra della celebrazione, che deve essere sempre il momento più importante della giornata[24]. Anche se ai nostri giorni, il sacramento della riconciliazione non è del tutto stimato -e forse proprio per questo-, la formazione spirituale deve insistere nel suo valore ed urgente necessità. Così ci indica il Magistero della Chiesa: "In una cultura che, con rinnovate e più sottili forme di auto-giustificazione, rischia di perdere fatalmente il 'senso del peccato' e, di conseguenza, la gioia consolante della richiesta di perdono e dell'incontro con Dio 'ricco di misericordia', urge educare i futuri presbiteri alla virtù della penitenza, che è sapientemente alimentata dalla

---

21. PdV, 47,4.
22. PdV, 47,4.
23. PdV, 47,5.
24. PdV, 48,3.

Simposio **Spiritualità e Teologia**

Chiesa nelle sue celebrazioni e nei tempi dell'anno liturgico e che trova la sua pienezza nel Sacramento della Riconciliazione"[25].

In una società come la nostra, dove, insieme alla perdita del senso del peccato, si vive un individualismo feroce, è conveniente, inoltre, formare nella disponibilità alla consegna della propria vita. Il sacerdote di oggi deve considerare che è chiamato ad avvicinarsi alla povertà, alla generosità, all'umiltà ed al servizio come lo ha fatto il samaritano della parabola evangelica. Il sacerdote deve prepararsi addirittura per essere vicino al dolore, alla malattia e alla morte. Allo stesso modo di Cristo, che si spogliò liberamente della sua condizione divina per essere servo, e non temere il contatto col lebbroso, i peccatori, le donne o i bambini. La formazione spirituale deve creare un sacerdote secondo lo stile di Gesù, perché: "Infatti, non abbiamo un sacerdote che non sappia compatire le nostre infermità, essendo stato Lui stesso provato in ogni cosa, a somiglianza di noi, escluso il peccato" o "Perciò doveva rendersi in tutto simile ai fratelli, per diventare un sommo sacerdote misericordioso e fedele nelle cose che riguardano Dio allo scopo di espiare i peccati del popolo"[26]. Come dice l'Esortazione Apostolica Pastores dabo Vobis:

> Di qui scaturiscono il senso dell'ascesi e della disciplina interiore, lo spirito di sacrificio e di rinuncia, l'accettazione della fatica e della croce. Si tratta di elementi della vita spirituale, che spesso si rivelano particolarmente ardui per molti candidati al sacerdozio cresciuti in condizioni relativamente comode e agiate e resi meno inclini e sensibili a questi stessi elementi dai modelli di comportamento e dagli ideali veicolati dai mezzi di comunicazione sociale, anche nei paesi dove più povere sono le condizioni di vita e più austera la situazione giovanile. Per questo, ma soprattutto per realizzare sull'esempio di Cristo buon Pastore la "radicale donazione di sé" propria del sacerdote, i Padri sinodali hanno scritto: "È necessario inculcare il senso della croce, che sta al cuore del mistero pasquale. Grazie a questa identificazione con Cristo crocifisso, in quanto servo, il mondo può ritrovare il valore dell'austerità, del dolore ed anche del martirio, dentro l'attuale cultura imbevuta di secolarismo, di avidità e di edonismo"[27].

---

25. PdV, 48,4.
26. Eb. 4,15; 2,17.
27. PdV, 48,4.

Jaime Emilio González Magaña, S.J.

È vero che in una società come la nostra non è facile assumere e vivere con allegria una chiara identità sacerdotale. Tuttavia, questa è precisamente la nostra principale sfida. In mezzo a situazioni di oscurità, ed addirittura di morte, i sacerdoti sono chiamati ad essere segni di luce e di speranza. Gesù, Sommo ed Eterno Sacerdote, ci invita ad essere precisamente fermento di una vita nuova, perché le ombre ci avvolgono e, molte volte, ci fanno vedere la realtà differente, senza Dio. Non bisogna temere di domandarci che cosa pensa la gente di noi, allo stesso modo in cui Gesù domandò ai suoi discepoli: "Chi dice la gente che io sia?"[28] In questa domanda Gesù ci pone l'importanza di una formazione, che assicura la questione dell'identità come tutto quello che caratterizza ciascuno di noi come individuo singolo ed inconfondibile. Ciò che impedisce gli altri di scambiarci per qualcun altro. L'identità sacerdotale, come quella di qualsiasi persona, comporta da una parte l'identità oggettiva cioè il suo riconoscimento, ciò che fa sì che gli altri la riconoscano come tale e non come altra, cioè l'identità per gli altri. Dall'altra vi è la nostra identità soggettiva, l'identità per sé, la percezione che la persona ha delle sue caratteristiche. Quindi le nostre identità, la soggettiva e l'oggettiva, sono quelle che determinano chi e come siamo.

Mi sembra che, per sviluppare un'autentica formazione spirituale, che possa rinnovare profondamente la nostra identità sacerdotale, ci sono presentate due sfide fondamentali: una si presenta dal punto di vista psicologico, perché non dobbiamo vergognarci della nostra vocazione così come non ci vergogniamo delle nostra famiglia o della nostra razza. Come Gesù che, in compagnia di sua madre e di suo padre Giuseppe, ha dovuto imparare la loro lingua, la loro cultura giudaica, giorno dopo giorno, "crescendo in sapienza, in statura e grazia davanti a Dio e davanti agli uomini"[29] Così, ogni volta che cerchiamo di conoscere di più la nostra identità psicologica, la nostra personalità, lo stile del nostro comportamento, il nostro carattere[30], conoscere, assumere ed amare la nostra identità sacerdotale in questi tempi difficili, tutto ciò potrebbe tradursi in uno stile di vita capace di rispondere con amore a situazioni di conflitti o discriminazioni. In un secondo momento, mi sembra che dal punto di vista teologico, ci viene lanciata la sfida ad essere trasportati dalla carità pastorale, facendo lo stes-

---

28. Mc 8,27; Mt 16,13; Lc 9,18.
29. Lc 2,51.
30. RAVAGLIOLI, Alessandro Maria. (2006). *Psicologia*. Bologna: EDB, 169-174.

so movimento di Gesù "il quale pur essendo di natura divina, non considerò un tesoro geloso la sua uguaglianza con Dio; ma spogliò se stesso, assumendo la condizione di servo e divenendo simile agli uomini; apparso in forma umana, umiliò se stesso facendosi obbediente, fino alla morte e alla morte di croce"[31]. Io formulerei queste due sfide nel seguente modo:

Contro la tentazione di avere ed apparire, siamo chiamati a vivere nella semplicità e nell'oscurità

È evidente che non è facile vivere le nostre promesse sacerdotali di povertà, obbedienza ed un celibato allegro e pieno in una società, che presenta i parametri del successo completamente differenti, ed addirittura radicalmente opposti. Ovviamente abbiamo il diritto a vivere degnamente, a curare la nostra salute personale, il nostro benessere ed il nostro riposo. Tuttavia, è sommamente difficile trovare dei parametri precisi per vivere il nostro ministero in un'ottica cristiana ed in accordo con la nostra vocazione. Da qui l'urgenza di formare un sacerdote di oggi, che sia un uomo di continuo esame, abituato a discernere la volontà di Dio ed a smascherare le trappole del cattivo spirito. È necessario che siamo attenti a non cadere nella tentazione di vestire bene, di curare il nostro corpo e di preoccuparci eccessivamente davanti ai segni normali del nostro invecchiamento e della nostra consegna apostolica: l'obesità, la calvizie, le rughe, la diminuzione delle forze o la memoria, ecc. Altre volte, può presentarsi la tentazione di vivere molto comodamente e seguire un ritmo di impegni sociali, che ci spingono ad una vita senza disciplina, né ordine personale e, ovviamente, lontano completamente dal silenzio, dalla tranquillità e dalla pace per pregare, discernere, meditare...

D'altra parte, è conveniente che non dimentichiamo che la nostra identità sacerdotale non sta nei beni che possediamo o nei titoli accademici che abbiamo ottenuto all'università. È molto facile che cadiamo nell'inganno. La nostra gente ci cerca, in primo luogo, come uomini di Dio ed ovviamente ha il diritto di ricevere da noi un esempio di fede assoluta ed incondizionata nella sua Provvidenza. Tutto quello che sappiamo o abbiamo è sempre molto relativo se lo paragoniamo con la possibilità di essere testimoni dell'amore di Dio, l'unico Assoluto. L'identità sacerdotale non dovrebbe cercarsi, neanche, in determinati ministeri che, anziché metterci

---

31. Fil 2, 5-8.

al servizio del popolo, fanno sì che ci serviamo di essi per un beneficio personale. Il sacerdote dei nostri giorni è chiamato ad identificarsi con quello che ci dice la prima lettera ai Corinzi: "...mentre i giudei chiedono i miracoli e i Greci cercano la sapienza, noi predichiamo Cristo crocifisso, scandalo per i Giudei, stoltezza per i pagani, ma per coloro che sono chiamati... predichiamo Cristo potenza di Dio e sapienza di Dio"[32].

La testimonianza di molti fratelli sacerdoti mi permette di affermare che un rinnovamento della nostra identità può essere fortemente fondato se ci abituiamo a meditare sul mistero dell'Incarnazione e della Nascita del Figlio di Dio. Quando, cioè, contempliamo come il Figlio di Dio confermi la decisione del Padre in un bel messaggio di discesa, di oscurità, di anonimato. Come sacerdoti siamo chiamati a rendere attuale il mistero dell'Incarnazione, che si fa realtà per la compassione di Dio, il quale soffre per il dolore del suo popolo e ciò è semplicemente frutto dell'amore esistente nel cuore dello stesso Dio. Così ci è data la buona notizia: Dio è diventato presente nella nostra vita e continua ad essere presenza salvante che ci invita - come i pastori e ai magi - a condividere la buona notizia con gli altri. È una presenza che non è onnipotenza, saggezza, prepotenza, arroganza, autosufficienza... è - semplicemente - amore leale[33].

Nell'Incarnazione del Figlio di Dio, noi sacerdoti abbiamo la possibilità di scoprire Dio come Qualcuno profondamente personale, che ci invita ad identificarci con Lui in modo tale che lo viviamo, lo sentiamo, lo conosciamo e lo amiamo per seguirlo con un impegno, che va fino alla fine dei nostri giorni. Ancora, ci invita ad identificarci con un altro grande mistero, indissolubilmente unito a esso ed alla Nascita di Gesù, ed è questo: la vita nascosta del Figlio di Dio[34] Per la contemplazione di questo mistero non abbiamo nessun dato, ma possiamo lasciarci colpire solo dalle persone, che accompagnano Gesù per trenta anni e che ci sono presentate come opportunità per dare fondamento al nostro ministero, quando apparentemente tutto ci è avverso. E questo può riuscire solo con le parole, che ispira una vita di silenzio, di solitudine, di disciplina ed un atteggiamento continuo di preghiera. Oggi, quando tutto è rumore, fretta, quando è tanto

---

32. 1 Cor 1,22-24.
33. Cf. Prologo di San Giovanni.
34. Cf. Lc 2,39-40; 50-52.

Simposio **Spiritualità** e **Teologia**

facile cadere in un attivismo che è asfissia e toglie la pace, l'allegria e la speranza, risuona l'invito di Gesù affinché anche il presbitero partecipi alla sua stessa vita. Nella semplicità ed oscurità di un piccolo paese nascosto di Galilea, Dio impara ad essere uomo. E con Lui come testimoni, ci é offerta l'opportunità anche a noi di cercare le radici di una nuova spiritualità, che non è dettata dalla più alta saggezza umana, bensì dalla grazia, che ci è stata regalata in Gesù e che viene da Dio stesso.

In mezzo ad una famiglia, in una casa semplice, con i suoi genitori lavoratori, Dio incarna quello che deve realizzare in questo mondo. È lì che impara a comprenderci, a parlare il nostro linguaggio, a solidarizzarsi con i nostri dubbi, le nostre paure, il nostro passato, l'insicurezza del presente e l'incertezza del futuro. È circonciso, introdotto nel suo popolo e nella religione ebraica... come uno in più, senza nessun privilegio. È fatto figlio di Abramo, pertanto vive nella fede la sua stessa vita[35]. È pioniere e consumatore della fede. Gesù, inoltre, è presentato al tempio e compie le prescrizioni della Legge come qualunque ebreo, senza nessuna preferenza. Si fa uno fra i tanti, ubbidisce, impara ad essere servo[36]. E questa è la stessa chiamata che avviene anche ora, per noi sacerdoti che ci sentiamo tanti insicuri.

Gesù apprende la sua missione dalla routine, dalla quotidianità, da quello che è insignificante o irrilevante, nel più completo anonimato. Si fa uomo in mezzo ai problemi del suo paese, si va abituando ai problemi, che incontrerà, quando inizierà la sua missione. Come tante volte abbiamo dovuto fare anche noi sacerdoti. Per questo motivo, è molto importante che ci domandiamo: era necessario un apprendistato di tanti anni? Sono convinto che nella risposta troveremo un profondo e bel messaggio del Signore: Gesù tace tutte le falsificazioni della vita, che circolano tra gli uomini e con quello gran silenzio c'invita a smascherare gli inganni del mondo e della società.

Il silenzio di Gesù e l'oscurità di Nazaret ci rivelano il senso autentico di una vita, che sia completamente felice. Mentre il mondo affonda in una depressione crescente, schiavo dell'edonismo e del consumismo, in una

---

35. Eb. 12,1-3.
36. Cf. Eb. 2,10-18; 4,15-16; 5,7-10.

Jaime Emilio González Magaña, S.J.

solitudine suicida... Mentre tenta di convincerci che la felicità si raggiunge mediante una sessualità, che enfatizza soltanto l'univocità della genitalità, lontana dall'impegno, dall'amore vero, dal sacrificio. Quando contempliamo il mondo immerso in rivalità e guerre assurde... è lì, precisamente, che noi sacerdoti siamo chiamati ad essere testimoni di una vita differente, profondamente umana, allegra, libera e impegnata coi fratelli. Abbiamo già le basi per costruire una spiritualità più completa in quello che l'allora Cardinale Ratzinger ci diceva nel memorabile lunedì 18 aprile 2005, nella Missa Pro Eligendo Pontefice: "La piccola barca del pensiero di molti cristiani è stata non di rado agitata da queste onde - gettata da un estremo all'altro: dal marxismo al liberalismo, fino al libertinismo; dal collettivismo all'individualismo radicale; dall'ateismo ad un vago misticismo religioso; dall'agnosticismo al sincretismo e così via"[37]. O quando aggiungeva che: "Ogni giorno nascono nuove sette e si realizza quanto dice San Paolo sull'inganno degli uomini, sull'astuzia che tende a trarre nell'errore (Cf. Ef 4, 14). Avere una fede chiara, secondo il Credo della Chiesa, è spesso etichettato come fondamentalismo. Mentre il relativismo, cioè il lasciarsi portare 'qua e là da qualsiasi vento di dottrina', appare come l'unico atteggiamento all'altezza dei tempi odierni. Si va costituendo una dittatura del relativismo, che non riconosce nulla come definitivo e che lascia come ultima misura solo il proprio io e le sue voglie[38].

Il silenzio della vita nascosta del Figlio di Dio costituisce una consolazione per l'immensa maggioranza dei nostri fratelli sacerdoti, che deve vivere nell'anonimato, senza rilievo nessuno, senza fama, saggezza, potere, senza prestigio, quasi senza niente ed essendo testimoni di un'enorme felicità. Come la semplicità, il silenzio, la solitudine, la gioia e la fedeltà di Maria!

Contro la tentazione dello scoraggiamento e l'amarezza, siamo chiamati alla santità

La sfida ad approfondire la nostra identità sacerdotale è un fatto dinamico, cioè, ci dovremmo identificare continuamente con quello che siamo e vogliamo arrivare ad essere. Siamo e maturiamo secondo il modo in cui facciamo la sintesi della nostra esistenza, quando assumiamo il rischio di

---

37. RATZINGER, Joseph, Cardinale. Omelia nella Missa pro Eligendo Romano Pontifice, nella Patriarcale Basilica di San Pietro, Lunedì 18 aprile, 2005.
38. RATZINGER, Joseph, Cardinale. Opus cit.

integrare la nostra soggettività con la nostra obiettività. Quando integriamo la nostra debole umanità con la presenza di Dio nella nostra vita; la nostra vocazione come un dono ricevuto di Dio e contemporaneamente come qualcosa che siamo chiamati a conquistare tutti i giorni. Il nostro sacerdozio non si costruisce isolatamente, ma, sono i nostri fratelli, la Chiesa, che continuano a dare consistenza al nostro essere ed agire.

Non possiamo - né dobbiamo -, vivere il nostro ministero sacerdotale in un continuo atteggiamento di amarezza o frustrazione. Questo si contagia e ci porta a situazioni di incapacità nell'assumere la nostra missione quotidiana. Siamo stati chiamati ad essere testimoni della speranza, a dare l'immagine di uomini di Dio, che credono nella possibilità di essere se stessi, con le nostre luci e le nostre ombre, aperti sempre alla correzione fraterna e ad una vita di crescente maturità. Solamente così, potremo fare credibile la nostra missione di essere portatori di una buona notizia al popolo di Dio. La nostra identità si fortificherà, quando comprenderemo che prima siamo stati chiamati ad essere sacerdoti e poi a realizzare il nostro ministero, facendo uno sforzo serio di unire la nostra azione con una vita spirituale seria e profonda[39]. Questo, senza dubbio, ci permetterà di vivere un'unità di vita autentica, che farà credibile la nostra missione come via che ci conduce alla santificazione. Come diceva Sant'Ignazio di Loyola, siamo stati chiamati a cercare Dio in tutte le cose e tutte le cose in Lui. E non bisogna avere paura di affermare con decisione che l'identità del sacerdote sarà oggi fortemente irrobustita se lottiamo per esseri santi, come tanti fratelli durante la storia.

D'altra parte, davanti alla situazione della società odierna nella quale potremmo cadere nella tentazione di sentirci fuori luogo, abbiamo l'opportunità di rendere vitale il messaggio evangelico di "stare nel mondo", senza "essere" del mondo. Ed anche questo, ovviamente, è facile. Oggi, quando l'essere sacerdote non rappresenta ormai una missione di rilevanza sociale e molto meno di prestigio, possiamo basare la nostra vita e le nostre opzioni sulla missione di Gesù, che era anche in contraddizione con il suo tempo e che neanche ebbe un riconoscimento universale[40]. Mai come oggi possiamo essere testimoni che, nella misura in cui andremo "contro

---

39. Cf. *Presbyterorum Ordinis*, n. 14.
40. Cf. Mc 8,28.

corrente", ci staremo conformando di più a Colui, che ci ha chiamati. E questo in forma semplice, nella quotidianità e nella semplicità del nostro ministero. Quello che potrebbe essere un segno di fallimento, ci offre la possibilità di fortificare la nostra identità sacerdotale se ci domanderemo: per chi faccio quello che faccio? A chi ho fatto le mie promesse sacerdotali? Credo veramente in quello che predico?

Quanto più sperimenteremo la nostra debolezza ed i nostri limiti, tanto più avremo maggiore bisogno di credere più nell'opera di Dio che nelle nostre forze. Che terribile sarebbe se l'opera di Dio dipendesse dalle nostre capacità! Il sacramento ricevuto ci dà l'opportunità di fidarci della promessa, che il Signore ci ha fatto. Egli stesso agisce ed agirà come Capo della sua Chiesa[41] e ci aiuterà solo a portare avanti l'opera, che gli appartiene, perché siamo convinti che: "Il presbitero, infatti, in forza della consacrazione che riceve con il sacramento dell'Ordine, è mandato dal Padre, per mezzo di Gesù Cristo, al quale come capo e pastore del suo popolo è configurato in modo speciale, per vivere e operare nella forza dello Spirito Santo a servizio della Chiesa e per la salvezza del mondo"[42].

Contro la tentazione del isolamento, siamo chiamati a vivere un'autentica e rinnovata carità pastorale.
Secondo il Documento "La Formazione dei Presbiteri nella Chiesa Italiana", "il principale fattore caratterizzante l'attuale generazione giovanile appare il *soggettivismo*, con il suo frutto avvelenato, il narcisismo, che porta a vedere il ministero come un piedistallo per l'affermazione del proprio io (autoreferenzialità, mentre invece 'il presbiterato è *per il ministero ecclesiale* e non per una dignità personale"[43]. Il ministero, infatti, non è un premio né una conquista. È un dono, non un merito. Non è proprietà dei singoli presbiteri ma "ministero", cioè servizio, qualunque sia il grado gerarchico. Come un sintomo della patologia dell'io individualista, si presenta il *leaderismo, o il managerialismo*. E, "in questi casi non c'è da meravigliarsi, ma c'è molto da patire! se l'esercizio del ministero diventa routine agitata e convulsa, una croce da portare con molta pena e poco senso, e

---

41. Giovanni Paolo II, Esortazione Apostolica *Pastores dabo Vobis*, n. 15.22.24.43.49.72.
42. Giovanni Paolo II, Opus cit. n. 12, b.
43. Conferenza Episcopale Italiana (2007) - *La Formazione dei Presbiteri nella Chiesa Italiana. Orientamenti e norme per i Seminari*. Città del Vaticano: Libreria Editrice Vaticana, n. 14.

non invece un servizio, per quanto sofferto, un 'sacrificio', ossia, una 'cosa sacra' benedetta e sensata, appassionante e attraente"[44]. È precisamente per questa importanza che la Chiesa ha ribadito che:

Il principio interiore, la virtù che anima e guida la vita spirituale del presbitero in quanto configurato a Cristo Capo e Pastore è *la carità pastorale*, partecipazione della stessa carità pastorale di Gesù Cristo: *dono* gratuito dello Spirito Santo, e nello stesso tempo *compito e appello* alla risposta libera e responsabile del presbitero. Il contenuto essenziale della carità pastorale è il *dono di sé*, il *totale* dono di sé *alla Chiesa*, ad immagine e in condivisione con il dono di Cristo. « La carità pastorale è quella virtù con la quale noi imitiamo Cristo nella sua donazione di sé e nel suo servizio. Non è soltanto quello che facciamo, ma *il dono di noi stessi*, che mostra l'amore di Cristo per il suo gregge. La carità pastorale determina il nostro modo di pensare e di agire, il nostro modo di rapportarci alla gente. E risulta particolarmente esigente per noi... Il dono di sé, radice e sintesi della carità pastorale, ha come destinataria la Chiesa[45].

Tutto ciò esige che rinnoviamo continuamente la nostra carità pastorale affinché si traduca nei piccoli gesti attraverso i quali la gente può riconoscere i tratti del Signore, sia nella parrocchia più importante, sia nei più appartati e poveri posti di missione; nel servizio nella Santa Sede, nel seminario o nell'università, e, naturalmente, nella celebrazione dei sacramenti, specialmente nell'Eucaristia[46]. In tutti gli ambiti, c'è un forte richiamo della nostra gente a riconoscere in noi uomini, che manifestano la tenerezza e l'amore di Dio nel loro ministero. Esattamente come fece Gesù nel modo di servire le moltitudini affamate, nella forma di amare disinteressatamente, con una consegna totale, completa, fino alle ultime conseguenze. Le nostre comunità non meritano i nostri visi tristi, amareggiati o frustrati. Gli uomini sperano che siamo testimoni credibili, che parliamo di quello che abbiamo visto e sentito dal Signore mediante una vita di preghiera, disciplina e sacrificio, anche se oggi non si parla più di tutto ciò.

Non cercano professionisti saggi, che si esprimono con un linguaggio elevato e che dicono di sapere tutto di tutto, perché la cosa più importan-

---

44. LAMBIASI, Francesco. (2008). *La Formazione Spirituale, cuore della Formazione dei futuri presbiteri*. In: PANIZZOLO, Sandro. A cura di. *Il Prete e la sua Formazione*. Bologna; EDB, 39.
45. PdV, 23, 1-3.
46. PdV, 21, b.

Jaime Emilio González Magaña, S.J.

te per chi evangelizza è la saggezza, che nasce da una relazione vitale stretta con Cristo ed il suo Vangelo. Si tratta di un sapere, che non è puramente scienza, bensì profonda esperienza di vita, capace di far comprendere e discernere, vivere ed agire, con risorse che superano quelle della pura saggezza umana[47]. Uomini peccatori, sì, ma decisi a trasmettere l'esperienza, che ci dà il contatto intimo, appassionato con Gesù e che ci dispone a condividerlo tutto, nonostante le sofferenze, avendo il centro della nostra esistenza solo in Lui e cercando di tradurre in vita i consigli evangelici[48].

Non possiamo parlare di un'autentica identità sacerdotale rinnovata se non riflettiamo sul modo in cui si articolano i rapporti tra noi. Siamo stati chiamati a cercare di essere ogni giorno più uomini di comunione che sentiamo con, in e dalla Chiesa. La gente è stanca di vederci divisi, che non ci amiamo tra noi o che non perdiamo nessuna opportunità per parlare male gli uni degli altri ed esprimere pubblicamente le nostre differenze, diffidenze e debolezze. Siamo molto criticati -con fondamento - per la nostra invidia ed il poco riconoscimento, che abbiamo per il successo dei nostri fratelli nel sacerdozio. In questo aspetto dobbiamo crescere molto di più e chiedere perdono per il danno, che ci siamo procurati.

Abbiamo bisogno gli uni degli altri; è urgente che impariamo a riconoscere che abbiamo carismi differenti e che, grazie a Dio, questo è quello che ha permesso alla Chiesa di continuare a servire attraverso i secoli. Non solamente siamo stati chiamati a formare un solo corpo, bensì a dimostrarlo nella pratica ed in tutto quello che diciamo e facciamo. È imprescindibile, inoltre, che impariamo a collaborare tra anziani, tra i meno vecchi ed i più giovani ed appoggiarci sull'esperienza di alcuni e la generosità ed entusiasmo di altri. Un'identità sacerdotale solida deve presentarci come veri amici, come ci diceva allora il Cardinale Joseph Ratzinger in quella memorabile Eucaristia Pro eligendo Pontefice[49].

In una società che è avida di scandali, dobbiamo appoggiarci, crescere in amicizia e fiducia tra tutti, diocesani e religiosi. In questo modo, fortifiche-

---

47. COMISIÓN EPISCOPAL DEL CLERO, (1987). *Sacerdotes para evangelizar*. Madrid: Edicep, 115.
48. Cf. RUBIO MORÁN, Luis, (2002). *Nuevas Vocaciones para un mundo nuevo...*, Opus cit. 258-289.
49. RATZINGER, Joseph, Cardinale, Omelia nella Missa Pro Eligendo Romano Pontifice, nella Patriarcale Basilica di San Pietro, Lunedì 18 aprile, 2005.

remo la nostra comunione ed eviteremo quella terribile solitudine, nella quale molti dei nostri fratelli vivono e tutto ciò "perché il sacerdote non si trova unicamente come un cristiano tra gli altri cristiani della sua comunità, ma inoltre lo caratterizza la comunione con altri discepoli che hanno ricevuto l'incarico ministeriale"[50]. Alla fine, sviluppare la nostra identità sacerdotale basando la nostra azione sull'amicizia e sulla comunione ci permetterà di incoraggiare i giovani a seguire la nostra vocazione come qualcosa, che veramente vale la pena per il mondo di oggi. Il cuore del seminarista o dello studente religioso non può essere forzato per sviluppare gli stessi sentimenti di Cristo, il Signore. Deve essere evangelizzato, purificato e liberato per potere scoprire la bellezza della proposta di una consacrazione a una vita celibe e pienamente vissuta.

Il frutto della carità pastorale è la missione: il frutto, non l'appendice estrinseca o il supplemento avventizio[51]. Così afferma la *Pastores dabo Vobis* nel capitolo II, quando sottolinea che "La retta e approfondita conoscenza della natura e della missione del sacerdozio ministeriale è la via da seguire, e il Sinodo di fatto l'ha seguita, per uscire dalla crisi sull'*identità del sacerdote*". Questa sarà la principale sfida per un'autentica formazione spirituale oggi perché:

È questo il volto di Cristo sul quale gli occhi della fede e dell'amore dei cristiani devono stare fissi. Proprio a partire da e in riferimento a questa 'contemplazione' i Padri sinodali hanno riflettuto sul problema della formazione dei sacerdoti nelle circostanze attuali. Tale problema non può trovare risposta senza una previa riflessione sulla meta alla quale è ordinato il cammino formativo: la meta è il sacerdozio ministeriale, più precisamente il sacerdozio ministeriale come partecipazione nella Chiesa del sacerdozio stesso di Gesù Cristo. La conoscenza della natura e della missione del sacerdozio ministeriale è il presupposto irrinunciabile, e nello stesso tempo la guida più sicura e lo stimolo più incisivo, per sviluppare nella Chiesa l'azione pastorale di promozione e di discernimento delle vocazioni sacerdotali e di formazione dei chiamati al ministero ordinato[52].

---

50. GRESHAKE, Gisbert. (2006). *Ser sacerdote hoy*. Salamanca: Sígueme, 459.
51. LAMBIASI, Francesco, Opus cit. 42.
52. PdV, 11,2.

Jaime Emilio González Magaña, S.J.

Così, se la formazione spirituale è il "cuore" della formazione al presbiterato, la carità pastorale è davvero il "centro" di quel cuore[53]:
Il principio interiore, la virtù che anima e guida la vita spirituale del presbitero in quanto configurato a Cristo Capo e Pastore è *la carità pastorale*, partecipazione della stessa carità pastorale di Gesù Cristo: *dono* gratuito dello Spirito Santo, e nello stesso tempo *compito e appello* alla risposta libera e responsabile del presbitero. Il contenuto essenziale della carità pastorale è il *dono di sé*, il *totale* dono di sé *alla Chiesa*, ad immagine e in condivisione con il dono di Cristo. "La carità pastorale è quella virtù con la quale noi imitiamo Cristo nella sua donazione di sé e nel suo servizio. Non è soltanto quello che facciamo, ma *il dono di noi stessi*, che mostra l'amore di Cristo per il suo gregge. La carità pastorale determina il nostro modo di pensare e di agire, il nostro modo di rapportarci alla gente. E risulta particolarmente esigente per noi..."[54].

Questo dovrebbe caratterizzare il nostro lavoro pastorale, cioè un amore totale e sponsale, decisivo al Signore e alla sua Chiesa, fino alla morte. Così, la nostra testimonianza ed identità sacerdotale, ci permetteranno di diffondere la certezza che è possibile vivere la nostra consegna e missione apostolica con gli stessi atteggiamenti di Gesù. E questo non si riesce solamente con l'esposizione sistematica e logica di una teoria più o meno bella. Non c'è strada, che incide di più sulla vita dei giovani che il predicare con l'esempio e condividere l'allegria di una vita donata, coi sentimenti di un amore vero, di amicizia, consegna, sacrificio, generosità, compassione, abnegazione e perdono. Non c'è formazione più efficace di quella di invitare i più giovani a fondare la vita e le opzioni sulla speranza trasformata dall'unica certezza reale, che possiamo avere nella vita sacerdotale: se siamo stati discepoli dell'unico Signore, alla fine della nostra missione, troveremo la croce come Lui, e come Lui resusciteremo ad una vita piena in Lui.

---

53. LAMBIASI, Francesco, Opus cit. 43.
54. PdV, 23.

L'INCARNAZIONE DEL VERBO, DIALOGO, SPIRITUALITÀ

CARLOS COUPEAU S.J e DONNA ORSUTO

Introduzione
Questa breve riflessione, *L'incarnazione del Verbo, dialogo e spiritualità* sarà presentata in un modo dialogico. Dialogico in due sensi: in primo luogo, alternandoci nella presentazione, come due professionisti amici che dialogano. In secondo luogo, abbiamo pensato di usare, oltre alle parole, anche l'arte come mezzo di comunicazione. Tale scelta è motivata dalla convinzione che l'arte costituisca un importante veicolo per il dialogo. Siamo quindi grati al Centro Aletti per averci concesso di attingere ad alcune delle sue opere d'arte.

La riflessione si articola in due parti: nella prima parte, essa sarà incentrata sul dialogo a partire dal Concilio Vaticano II. Nella seconda, chiederemo che cosa ci dicono le Sacre Scritture rispetto al dialogo tra Dio e noi e, specificamente, quali atteggiamenti sono importanti ai fini del dialogo stesso. *Ne suggeriamo quattro*. L'ispirazione per questi quattro atteggiamenti è il frutto di una lettura meditata del dialogo di Gesù con quattro persone diverse, nel Vangelo di Giovanni.

Dialogo dopo il Concilio Vaticano II
Il Concilio Vaticano II si pone nel senso della continuità rispetto ai concili precedenti, senza però cadere nell'immobilismo. Un libro pubblicato di recente, *What Happened at Vatican II*[1] dello storico John O'Malley mette in evidenza alcuni elementi di novità, introdotti a partire dalla terminologia stessa degli atti del Concilio Vaticano II. La terminologia conciliare appare più nel senso della positività, come risulta dall'assenza di parole come "alienazione", "esclusione", "inimicizia" che invece figuravano a volte nei concili precedenti. Nella terminologia del Concilio Vaticano II, categorie come "Popolo di Dio", "dialogo", "collegialità," "fratelli e sorelle," "sacerdozio di tutti i credenti," "cooperazione," o persino "partnership" (come piena responsabilità di tutti), esprimono rapporti che O'Malley definisce "orizzontali", distinguendoli da quei rapporti espressi dalla terminologia tradizionale e che O'Malley chiama "verticali."[2]

---

1. J. O'MALLEY, *What Happened at Vatican II*, Cambridge, MA. Harvard University Press, 2008.
2. J. O'MALLEY, *What Happened at Vatican II*, 49-50.

Volendo riportare questo contributo ai fini della nostra riflessione, possiamo enucleare, dai nuovi termini, la parola "dialogo" e rilevare come essa ricorra più di sessanta volte negli Atti del Concilio Vaticano II. Quale è stato, dunque, "l'iter" di questo termine nella terminologia conciliare?

A tal fine, possiamo fare riferimento allo sviluppo dello schema della costituzione *De Ecclesia*. Nel 1962, il primo schema non venne accolto positivamente dalla maggioranza dei padri conciliari e il Santo Padre Giovanni XXIII chiese al Cardinal Léon-Joseph Suenens di predisporne uno diverso. A seguito di questa richiesta, il Cardinale, il 4 dicembre 1962, presentò ai padri conciliari uno schema in cui si faceva riferimento al dialogo della Chiesa al suo interno (*ad intra*) e al dialogo della Chiesa all'esterno (*ad extra*), cioè la Chiesa in quanto comunità nel mondo ed in relazione con il mondo. Da questo schema avrebbe preso vita la futura costituzione dogmatica *Lumen Gentium*. Fondamentalmente, Suenens accennava a tre "dialoghi": dialogo all'interno della Chiesa, dialogo con i fratelli e le sorelle "adesso non visibilmente uniti con la Chiesa" e dialogo con il "mondo moderno".

Poco più tardi moriva Giovanni XXIII e gli succedeva Paolo VI, che scrisse la sua prima enciclica, *Ecclesiam Suam*, nell'arco di un anno.[3] Se ci soffermiamo sul testo dell'enciclica, notiamo che il termine "dialogo" appare più di 50 volte, trattandosi di un enciclica incentrata, appunto, sul dialogo nella Chiesa e della Chiesa con gli altri. Dopo la pubblicazione di *Ecclesiam Suam*, la categoria "dialogo" ebbe un potente influsso sui dibatti fra i padri conciliari. Per esempio, il termine, assente nella prima bozza del 1963, diventerà la parola chiave del decreto finale sull'ecumenismo, *Unitatis Redintegratio* e il principio ispiratore della costituzione pastorale *Gaudium et Spes* che contempla il rapporto tra la Chiesa e il mondo.

Dialogo: Verso quattro atteggiamenti cristiani

Non possiamo fermarci a considerare il contesto storico, né le fonti filosofiche cui il Cardinal Suenens e Paolo VI si erano ispirati, per assumere la categoria dialogo e introdurla nel linguaggio ecclesiastico. Ci pare più interessante, ai fini della presente riflessione, affermare che il dialogo va oltre le strategie.

Il dialogo è il normale dispiegarsi della nostra fede in Cristo, poiché la stessa incarnazione è il dialogo di Dio con l'umanità. Il dialogo del Dio

---

3. *Ecclesiam Suam*, 6 agosto 1964, *AAS* 56 (1964): 609-59.

Carlos Coupeau S.J e Donna Orsuto

della Rivelazione si svolge con il suo Popolo attraverso la storia della salvezza e con la persona umana singola, come si può rilevare nella Bibbia.

Nel libro, *Dio in cerca dell'uomo*, Armido Rizzi ci sfida a ripensare il tema della "ricerca di Dio" nella spiritualità, domandando se forse ci siamo soffermati troppo nella ricerca di Dio da parte dell'uomo.[4] Secondo Rizzi, non abbiamo riflettuto sufficientemente su come la formula *ricerca di Dio* scaturisca dalla tradizione filosofica per una spiritualità particolare, quella di taglio platonico e neoplatonico. La fede ci mostra Gesù, Figlio di Dio, alla *ricerca dell'uomo*.

Dio parla agli uomini. Jean Pierre Sonnet, professore di Teologia Biblica presso la Pontificia Università Gregoriana, ci fa notare la qualità del Dio della Rivelazione che parla.[5] Ci colpisce il dato che l'asina di Balaam parli, o che lo faccia il serpente dell'Eden. Tuttavia, non ci colpisce abbastanza che si dica che il Dio d'Israele parla. Prima di tutto, perché dovrebbe parlare Dio? Dio rompe il suo silenzio per trasformare le cose. La Parola di Dio non è una parola oziosa, ma la parola che attua ciò che dice. Allora, se prima ci si domandava perché Dio dovrebbe *parlare*, adesso dovremmo domandarci perché Dio dovrebbe parlare *all'uomo*. Infatti, il Dio della rivelazione si intrattiene a parlare con le donne e con gli uomini.

Infine, e in aderenza con il prologo al Quarto Vangelo, Sonnet insiste sul fatto che la parola di Dio trasforma colui che l'ascolta. In particolare, Sonnet sottolinea che l'alleanza sgorga dal dire di Dio che si fa dare una risposta dall'uomo.[6] Anzi, che Dio parla per tirare l'uomo fuori dal silenzio, Dio parla per creare l'uomo mediante la sua risposta. Certo, non è che Dio domandasse ad Adamo "Dove sei?" perché non sapeva dove egli si nascondesse, o a Caino "Perché sei irritato?" perché ignorava i suoi piani. Dio si mette in dialogo con noi per farci parlare, come un padre parla al suo bambino finché egli non impari ad articolare un proprio linguaggio.

I dialoghi di Gesù. Nel Nuovo Testamento, nel Quarto Vangelo, più precisamente, abbiamo individuato i racconti di quattro dialoghi tra Gesù di Nazareth e diversi personaggi. Pensiamo al dialogo di Gesù con la Samaritana, e con il paralitico alla Porta delle Pecore.[7] Vogliamo soffermar-

---

4. A. Rizzi, *Dio in cerca dell'uomo*, Cinisello Balsamo: Paoline, 1987, 40-47.
5. J.P. Sonnet, «Du personnage de Dieu comme être de parole» in *Bible et théologie : L'intelligence de la foi*, a cura di F. Mies, 15-35, Namur: Presses Universitaires de Namur e Lessius, 2006, 16.
6. J.P. Sonnet, «Du personnage de Dieu comme être de parole», 24-27.
7. Questi due sono come tanti altri dialoghi, dentro e fuori questo vangelo. Servono a illustrare, per esempio, i dialoghi con Andrea e l'altro discepolo di Giovanni Battista, con Filippo e Natanaele, pure con Maria, sua madre, a Cana, o quel confronto notturno con Nicodemo, o con il cieco nato, ecc.

ci anche su altri due dialoghi che contraddistinguono la presenza del Risorto. Abbiamo scelto due apparizioni: la prima a Maria Maddalena e la seconda a Simone, figlio di Giona.

Questi quattro racconti ci aiutano a sostenere che Dio vuole parlare non solo con il Suo popolo in generale, ma con delle persone singole. Questi racconti, inoltre, ci servono per accennare a quattro caratteristiche o atteggiamenti per un dialogo ispirato a Gesù Cristo.

Prima della Risurrezione: dislocazione e assunzione del rischio
Gesù non parla soltanto alla moltitudine, prende anche la parola per avviare un dialogo con delle persone particolari e, nel Vangelo di Giovanni, questi dialoghi hanno spesso un significato simbolico.

- La Samaritana (Gv 4, 1-29) o dislocazione geografica e spirituale.
L'incontro di Gesù con la Samaritana è ben noto a noi tutti. La bibliografia relativa a questo passo è vasta e, come ha scritto Sandra Schneiders, un'alunna molto nota di questo Istituto,

> In nessun altro luogo del Quarto Vangelo c'è un dialogo di tale intensità e profondità teologica... In questa scena straordinaria, la donna non è semplicemente "una spalla" che suggerisce una battuta al momento giusto per il discorso di Gesù, è piuttosto una vera dialogue partner...[8]

Se da una parte accettiamo con la Schneiders che la Samaritana è "una vera partner nel dialogo" con Gesù, riteniamo anche che l'iniziativa di questo dialogo appartiene completamente a Lui: Gesù "inizia" la conversazione con questa donna. Come nota R. Alan Culpepper, "Lui era un Ebreo; lei era una Samaritana. Lui era un leader rispettato; lei era una contadina di un villaggio, con quattro matrimoni alle spalle. Le barriere tra Gesù e la Samaritana attraversano quattro livelli: genere, nazionalità, razza e religione. Nel corso della conversazione, le quattro barriere cadono e si crea la comunità."[9]

---

8. S. SCHNEIDERS, *Written that You May Believe. Encountering Jesus in the Fourth Gospel* NewYork: The Crossroad Publishing Company, 2003, 141. Altri titoli include G. FERRARO, "Aspetti del dialogo di Gesù con la donna di Samaria (Gv 4:1-26)," *Studia Missionalia* 43 (1994): 1-18.
9. R. A. CULPEPPER, *The Gospel and Letters of John,* Nashville: Abington, 1998, 139.

Gesù supera i confini giungendo a quelli "geograficamente emarginati", considerati fuori dai confini del Popolo di Dio. Alcuni ricercatori suggeriscono una lettura simbolica di questo viaggio, come inteso a mostrare la missione della Chiesa post-resurrezione verso la Samaria. Senza dubbio, il brano può leggersi su vari livelli. Sant'Agostino, per esempio, ce ne offre un'interessante interpretazione, nel suo *Commento al Vangelo di S. Giovanni*.
 Gesù, dunque, stanco per il viaggio, stava così a sedere sul pozzo [di Giacobbe]. *Era circa l'ora sesta* (Gv 4, 6). Cominciano i misteri. Non per nulla, infatti, Gesù si stanca; non per nulla si stanca la forza di Dio; non per nulla si stanca colui che, quando siamo affaticati, ci ristora, quando è lontano ci abbattiamo, quando è vicino ci sentiamo sostenuti. Comunque Gesù è stanco, stanco del viaggio, e si mette a sedere; si mette a sedere sul pozzo, ed è l'ora sesta quando, stanco, si mette a sedere. Tutto ciò vuol suggerirci qualcosa, vuol rivelarci qualcosa; richiama la nostra attenzione, ci invita a bussare. Ci apre, a noi e a voi, quello stesso che si è degnato di esortarci dicendo: *Bussate e vi sarà* aperto [Mt 7, 7]. *È per te che Gesù si è stancato nel viaggio.*"[10]
Sant'Agostino ci incoraggia a metterci al posto di questa donna e a riconoscere il dono dell'iniziativa di Gesù. Egli usa questa scena come catalizzatore per riflettere profondamente sul significato dell'incarnazione, invitandoci a prendere coscienza del fatto che Gesù è uno che ci cerca, che viene a noi, che supera ogni confine per intrattenerci in dialogo.

 Vediamo Gesù pieno di forza e lo vediamo debole; è forte e debole: forte perché *in principio era il Verbo, e il Verbo era presso Dio, e il Verbo era Dio; questo era in principio presso Dio.* Vuoi vedere com'è forte il Figlio di Dio? *Tutto fu fatto per mezzo di lui, e niente fu fatto senza di lui;* e tutto senza fatica. Chi, dunque, è più forte di lui che ha fatto tutte le cose senza fatica? Vuoi vedere ora la sua debolezza? *Il Verbo si è fatto carne e abitò fra noi* (Gv 1, 1-3.14). La forza di Cristo ti ha creato, la debolezza di

---

10. *In Io. Ev. tr.* 15, 6.10-17 in *Opere di Sant'Agostino Commento al Vangelo e alla Prima Epistola di San Giovanni* (Nuova Biblioteca Agostiniana), ed. latino-italiano V. XXIV/1, pp. 350-35. *Iesus ergo fatigatus ex itinere, sedebat sic super fontem. Hora erat quasi sexta. Iam incipiunt mysteria. Non enim frustra fatigatur Iesus; non enim frustra fatigatur Virtus Dei; non enim frustra fatigatur, per quem fatigati recreantur; non enim frustra fatigatur, quo deserente fatigamur, quo praesente firmamur. Fatigatur tamen Iesus; et fatigatur ab itinere, et sedet, et iuxta puteum sedet, et hora sexta fatigatus sedet. Omnia ista innuunt aliquid, indicare volunt aliquid; intentos nos faciunt, ut pulsemus hortantur. Ipse ergo aperiat et nobis et vobis, qui dignatus est ita hortari ut diceret: Pulsate, et aperietur vobis.* **Tibi fatigatus est ab itinere Iesus.** [L'enfasi e mia]

Cristo ti ha ricreato. La forza di Cristo ha chiamato all'esistenza ciò che non era, la debolezza di Cristo ha impedito che si perdesse ciò che esisteva. Con la sua forza ci ha creati, con la sua debolezza *è venuto a cercarci* [11].

Come la Samaritana, abbiamo bisogno di ascoltare la Sua parola, "dammi da bere". È soltanto a questo punto che possiamo entrare in quel profondo dialogo con Lui che trasforma le nostre vite.

Per Sant'Agostino, la Samaritana "è figura della Chiesa" e nuovamente siamo invitati a prestare particolare attenzione al protagonista del dialogo:

Ascolta, adesso, chi è colui che chiede da bere. Gesù rispose: Se conoscessi il dono di Dio e chi è che ti dice "dammi da bere", l'avresti pregato tu, ed egli ti avrebbe dato un'acqua viva (Gv 4, 10). *Chiede da bere e promette da bere. È bisognoso, come uno che aspetta di ricevere, ed è nell'abbondanza, come uno che è in grado di saziare. Se conoscessi - dice - il dono di Dio. Il dono di Dio è lo Spirito Santo. Ma il Signore parla alla donna in maniera ancora velata, solo a poco a poco penetra nel cuore di lei. Intanto la istruisce. Che c'è di più soave e di più amabile di questa esortazione: Se tu conoscessi il dono di Dio e chi è colui che ti dice "dammi da bere", l'avresti pregato tu ed Egli ti avrebbe dato un'acqua viva?*[12]

---

11. *In Io. Ev. tr.* 15, 6 in *Opere di Sant'Agostino Commento al Vangelo e alla Prima Epistola di San Giovanni* (Nuova Biblioteca Agostiniana), ed. latino-italiano V. XXIV/1, p. 350. Invenimus fortem Iesum, et invenimus infirmum Iesum; fortem et infirmum Iesum: fortem, quia *in principio erat Verbum, et Verbum erat apud Deum, et Deus erat Verbum: hoc erat in principio apud Deum*. Vis videre quam iste Filius Dei fortis sit? *Omnia per ipsum facta sunt, et sine ipso factum est nihil*; et sine labore facta sunt. Quid ergo illo fortius, per quem sine labore facta sunt omnia? Infirmum vis nosse? *Verbum caro factum est, et habitavit in nobis*. Fortitudo Christi te creavit, infirmitas Christi te recreavit. Fortitudo Christi fecit ut quod non erat esset: infirmitas Christi fecit ut quod erat non periret. Condidit nos fortitudine sua, **quaesivit nos** infirmitate sua. [l'enfasi è mia]
12. *In Io. Ev. tr.* 15, 12 in *Opere di Sant'Agostino Commento al Vangelo e alla Prima Epistola di San Giovanni* (Nuova Biblioteca Agostiniana), ed. latino-italiano V. XXIV/1, p. 356. "Denique audi quis, petat bibere. *Respondit Iesus et dixit ei: Si scires donum Dei et quis est qui dicit tibi. Da mihi bibere, tu forsitan petisses ab eo, et dedisset tibi aquam vivam*. Petit bibere, et promittit bibere. Eget quasi accepturus, et affluit tamquam satiaturus. *Si scires*, inquit *donum Dei*. Donum Dei est Spiritus Sanctus. Sed adhuc mulieri tecte loquitur, et paulatim intrat in cor. Fortassis iam docet. Quid einim ista hortatione suavius et benignius? *Si scires donum Dei, et scires quis est qui dicit tibi, Da mihi bibere, tu forsitan peteres, et daret tibi aquam vivam…*"

Carlos Coupeau S.J e Donna Orsuto

Gesù non "darà" soltanto l'acqua viva, Lui "è" la fonte dell'acqua viva. Questo concetto è splendidamente simbolizzato nel mosaico mostrato dove Gesù è divenuto parte del pozzo. Lui è la fonte dell'acqua viva. Cosa ci dice questo brano, rapportandolo al dialogo? In primo luogo, dobbiamo premettere che esso, contestualizzato, non riguarda direttamente il dialogo ma, piuttosto, l'annuncio della Buona Novella agli emarginati della Samaria. Allo stesso tempo, con Sant'Agostino, possiamo calarci nella realtà della Samaritana e riconoscere che Gesù ha preso l'iniziativa, ha percorso l'arduo cammino, quella strada verso il Calvario, fino alla morte in croce. Questo è il contesto del Suo "dialogo" anche con noi.

Come la Samaritana, siamo invitati ad aprirci a Lui e a lasciarci condurre verso l'esperienza trasformatrice di una conoscenza più profonda della Sua e della nostra identità. Soltanto a questo punto, come lei, saremo pronti ad annunciare agli altri la Buona Novella.

Una nota finale: questa scena si svolge nel contesto di due eventi che avranno luogo a Cana. Il secondo capitolo di Giovanni inizia con le nozze di Cana e il capitolo 4, 43-54 si conclude con una guarigione in Cana. Essa è parte dello sviluppo letterario in Giovanni, capitoli 2 - 4 che è pervaso dai simboli nuziali e che inizia con le nozze di Cana. Inoltre, la forma della narrazione è un "tipo" che segue un consueto modello biblico. In questo caso, guardando ai racconti scritturali del primo testamento, ben noti ai destinatari del Vangelo, c'è un modello o un paradigma di racconti che descrivono l'incontro presso un pozzo, di futuri coniugi i quali svolgono un ruolo centrale nella storia della salvezza. Accade a Rebecca, anche Giacobbe incontrò Rachele ad un pozzo. Inoltre, Mosè accolse Zippora come sua moglie ad un pozzo. Se alle nozze di Cana, Gesù era il vero sposo che portava il buon vino al banchetto, adesso Lui incontra la Samaritana al pozzo più famoso in assoluto, il pozzo di Giacobbe, in Samaria e viene come sposo della Nuova Israele.[13] In questo dialogo, al pozzo di Giacobbe, l'Amante Divino rompe tutte le barriere e inizia un dialogo che trasforma la Samaritana, che ha la forza di trasformare il popolo samaritano, che può quindi trasformare pure voi e me. Ancora, tutto questo è meravigliosamente illustrato nel mosaico, dove il mantello blu (colore dell'acqua) ricade morbidamente e sembra quasi abbracciare la Samaritana[14].

---

13. S. Schneiders, *Written that You May Believe*, 135ss.
14. "Breviter dico: aqua illa, Iudaicus populus erat; quinque porticus, Lex. Quinque enim libros scripsit Moyses. Ero aqua quinque porticibus cingebatur, sicut ille populus Lege coercebatur. Aquae perturbatio, in illo populo est Domini passio." Sant'Agostino, *Sermo* 123.3, cfr. 125.2 ; *In Ioannis*, 17.2.

- *Il paralitico (Gv 5, 1-15) o assunzione del rischio di parlare.*

Il nostro secondo esempio viene dall'incontro di Gesù con il paralitico, in Giovanni 5, 1-15. Gesù salì a Gerusalemme con occasione della festa, era il sabato. Gesù era giunto alla Porta delle Pecore, a fianco alla piscina dei cinque portici, un riferimento ai libri della legge secondo la tradizione cristiana.[13] Un versetto, aggiunto tardivamente, ci spiega ancora che vi si radunava un gran numero d'infermi e paralitici. Allora, prendendo l'iniziativa, Gesù si rivolse a uno, nemmeno a caso. Da poco lo aveva osservato; aveva inteso il messaggio che il suo corpo disteso per terra trasmetteva: "Signore, abbi misericordia di me". Infatti, quell'uomo, erede dell'Antica Alleanza, si rammaricava della sua alienazione: per trentotto anni era stato malato (cf. Dt 2, 14).

> ...il mio proposito: spiegare il significato dei trentotto anni di quell'infermo.... Due sono i precetti della carità che il Signore raccomanda: *Amerai il Signore Dio tuo con tutto il tuo cuore, con tutta la tua anima, con tutta la tua mente; e amerai il prossimo tuo come te stesso. A questi due precetti si riduce tutta la Legge e i Profeti.* A ragione quella povera vedova che mise due spiccioli nel tesoro del tempio per offerta a Dio, diede tutto ciò che aveva per vivere; così, per guarire quell'infermo ferito dai briganti, l'albergatore ricevette due monete; così, Gesù passò due giorni presso i Samaritani per rafforzarli nella carità.... Ora, se il numero quaranta significa perfezione della legge, e se la legge non si compie se non mediante il duplice precetto della carità, ti fa meraviglia che quell'uomo fosse infermo da quarant'anni meno due?[15]

Gli esegeti affermano che il nome di questa piscina, *Betesda,* deriva dal fatto che c'erano due sorgenti che a volte si versano nella piscina. Contempliamo, allora, ambedue queste sorgenti che da lungo tacciono. Sentiamo, quindi, l'approssimarsi del gorgoglio delle acque che si agitano nella piscina per un attimo [...]. Ambedue i zampilli ci calmano. Formano una bella immagine per farci addentrare nel dialogo tra il Padre e il Figlio, per capire l'azione dello Spirito, che si dirige verso il paralitico. Giovanni presenta Gesù come chi, avendo visto e avendo provato pietà, fa risorgere

---

15. Sant'Agostino, *In Ioannis* 17.6 "...volo exponere, quare numerus ille trigesimus octavus languoris sit potius quam sanitatis... In his duobus praeceptis tota Lex pendet et Prophetae. Merito et illa vidua omnes facultates suas, duo minuta misit in dona Dei: merito et pro illo languido a latronibus sauciato, stabularius duos nummos accepit unde sanaretur: merito apud Samaritanos biduum fecit Iesus, ut eos caritate firmaret... Si ergo quadragenarius numerus habet perfectionem legis et Lex non impletur nisi in gemino praecepto caritatis; quid miraris quia languebat qui ad quadraginta, duo minus habebat?

Carlos Coupeau S.J e Donna Orsuto

l'acqua nel Sinai e fa adesso fluire l'acqua della grazia su quella piscina, ove la legge non guariva. Gesù domanda: "Vuoi guarire?"
Non ostavano le difficoltà che stavano per venirgli addosso. Gesù commosse il paralitico nel suo essere di creatura: "Prendi il tuo lettuccio", "cammina". Ecco che le acque della carità cominciano ad agitarsi. Sant'Agostino interpreta

> Che meraviglia, dunque, se il prossimo è simboleggiato nel legno del lettuccio, dal momento che Cristo fu simboleggiato nella rupe? (cf. *Es* 17, 6)... Cosa dice l'Apostolo? *Portate i pesi gli uni degli altri, e così voi adempirete la legge di Cristo.* La legge di Cristo è la carità. E la carità non si compie se non portiamo i pesi gli uni degli altri[16].

Ecco la commozione, poiché il sabato, giorno di riposo, non era un tempo in cui la legge permetteva di prendere un lettuccio. In realtà, però, la legge non era funzionale a risanare gli infermi, ma a svelarne l'esistenza e a metterli in vista[17].

Gesù, nonostante ciò, era venuto risolutamente per celebrare la festa e accettò di rischiare; quando guarì il paralitico sapeva che era sabato. Anche il paralitico rischiò: per fare come Gesù comandava, lui doveva prendere il lettuccio e andarsene. Più tardi, infatti, il paralitico rischiò di nuovo e dovette schierarsi con i giudei.

Il dialogo, inizialmente interrotto alla porta della città, è quindi ripreso nel Tempio. Osserviamo un processo per cui il paralitico avanza da quella Porta nel Tempio, al sud della Porta delle Pecore. Lì, il paralitico finalmente ritrova Gesù. Questo spostamento fisico è segno dello spostamento spirituale: dal lamento alla lode, dallo stare sdraiato tra gli ammalati a mettersi in piedi dinanzi a Dio, da una vita da servo, infine, ad un'assunzione di responsabilità per gli altri e ad un cammino verso Dio.

Senza questi due amori – afferma Agostino – non si può adempiere la legge.[18] Il fatto che Gesù non si rivolga al paralitico per nome, che neppure l'agiografo dia un appellativo diverso da "paralitico," ci permette di intuire la mancata risposta dell'uomo immobilizzato all'invito di Gesù.

---

16. "Quid ergo [mirum] in grabato, obsecro te? Quid, nisi quia ille languidus grabato portabatur, sanus autem grabatum portat? Quid dictum est ab Apostolo? "Invicem onera vestra portate, et sic adimplebitis legem Christi. Lex ergo Christi caritas est, nec caritas impletur nisi invicem onera nostra portemus." SANT'AGOSTINO, *In Ioannis*, 17.9.
17. SANT'AGOSTINO, *Sermo* 125.2.
18. SANT'AGOSTINO, *Sermo* 125.10.

"Non lo conosco," affermerà più tardi senza aver mai pronunziato una parola di ringraziamento: amava se stesso. Contrariamente a quanto accade con la donna samaritana, né il paralitico, né i giudei credettero in Gesù. Inoltre, il racconto serve a confermare il verso del prologo di Giovanni: "eppure il mondo non lo riconobbe."

Questo dialogo ci fa notare come Gesù contempli l'altro, piuttosto che guardarlo superficialmente. Gesù capisce il messaggio che proviene dal corpo del paralitico, sdraiato e in silenzio. Riteniamo poi, che la Parola di Gesù, accolta dal paralitico, basti ad operare ciò che le acque della legge non riuscirono a fare. Gesù si rende conto della situazione di quell'uomo, lo invita a parlare di ciò che veramente gli sta al cuore, viene, quindi, incontro alla mancanza di aiuto, mettendosi al suo servizio. Quando il paralitico pensava "non ho nessuno che m'immerga," ecco che Gesù si mostra disponibile anche per immergere se stesso nelle acque della Passione, per lui.

Dal dialogo interrotto con il suo Popolo, rappresentato dalla Samaritana e dal paralitico, passeremo adesso al dialogo con i discepoli. La Parola di Dio "che dimorava" nel Primo Testamento è stata rifiutata dagli increduli, mentre la Parola incarnata - "parola abbreviata" la chiama San Paolo (Rm 9, 28) - che si manifesta nei dialoghi con Gesù Cristo, è stata accolta dai discepoli e continua a trasformarli dopo la risurrezione.

Dopo la risurrezione : accoglienza e umile purificazione

Le acque del pozzo di Samaria e della piscina di Betesda ci indirizzano verso il battesimo dello spirito; è il dono del Risorto.

Dopo la risurrezione, Gesù continua ad avere l'iniziativa del dialogo. Anzi, è solo lui che detiene l'iniziativa nei dialoghi. Gesù interpella altri uomini e altre donne. Ne prendiamo due. Innanzitutto, notiamo che adesso non sono più dei personaggi anonimi. Gesù li chiama per nome: "Maria," "Simone." Ad entrambi rivolge delle domande: "Donna, perché piangi?" "Simone di Giovanni, mi ami?"

- Maria Maddalena (Gv 20, 1-29) o l'accoglienza

La scena dell'incontro di Maria Maddalena con il Signore Risorto, può, secondo Sandra Schneiders, dividersi in tre parti. Nella prima, Maria sta fuori il sepolcro piangendo [*klaiousa*] (vv 11-15). Nella seconda parte, un verso estremamente semplice e lapidario, è incentrato sul volgersi (*strapheisa*) di Maria verso Gesù. È il "punto cardine" dell'aprirsi del dialogo con Maria (v.16). La parte finale culmina con l'annuncio (*angelousa*) del

Kerygma pasquale, quando Maria proclama che ha visto il Signore e diffonde la Buona Novella che Gesù le affida.

Nella *prima parte*. È buio, quando Maria si dirige alla tomba e sta piangendo. Forse, come alcuni suggeriscono, questa "oscurità crepuscolare" sovrasta sia il "paesaggio interiore" di Maria (sta piangendo) sia il giardino (è buio). L'incontro di Gesù nel giardino con una donna, il suo rivolgersi a lei come "donna" e "l'affacciarsi" di lei in lacrime alla tomba, dovrebbe spingerci ad osservare, ad immergerci nel significato più profondo della scena.

Per esempio, l'azione di "spuntare" tra le lacrime, espressa dal termine *parekypsen*, ricorre raramente nel Nuovo Testamento. Sorprendentemente, come nota Sandra Schneiders, esso è usato nella versione greca del Primo Testamento (*Septuaginta - i Settanta*), nel Cantico dei Cantici 2, 9 nella descrizione della ricerca dell'amato. Questa scena del giardino evoca insieme il racconto della creazione nella Genesi – nel giardino Dio passeggia e intrattiene in dialogo la prima coppia – e il Cantico dei Cantici, "che al tempo in cui questo Vangelo era scritto, era inteso come l'inno dell'Alleanza intervenuta tra Dio e Israele. In questo giardino della nuova creazione e della Nuova Alleanza, Gesù – che è insieme il liberatore promesso della nuova creazione e lo sposo della nuova Israele – incontra la donna, che rappresenta, simbolicamente, la comunità giovannea, la Chiesa e il nuovo popolo di Dio."[19]

Il mosaico che noi vediamo coglie il secondo momento, il punto di svolta. Sappiamo dal Vangelo che da una parte, Maria sta cercando Gesù, ma è così accecata dal suo dolore che non lo riconosce. In questo stato di vuoto spirituale e di disperazione, Maria è concentrata nel ritrovamento del "corpo perduto." Di nuovo, come nota Schneiders,

---

19. S. Schneiders, *WrittenThat You May Believe*, 216-217. Seguo la sua interpretazione.

[i]l punto di svolta è descritto in un solo versetto. "Gesù le disse: «Maria!»". Allora in versetto 14, voltatasi (*strapheisa*) verso di Lui, gli disse in ebraico: «Rabbunì!», che significa: Maestro![20]

La svolta è più di un fisico volgersi. Lo interpretiamo come qualcosa di molto più profondo. È il volgersi spirituale che si verifica per il fatto che Gesù l'ha chiamata per nome. Quando Lui la chiama, lei lo riconosce.

Infine il Signore glorificato investe Maria Maddalena del compito di annunciare ai discepoli la Buona Novella. Come nota Schneiders,

> Il messaggio non è "sono risorto" o "Io vi precederò in Galilea". Il significato è che tutto si è compiuto. L'opera di Gesù è completa ed i suoi frutti sono disponibili per i suoi discepoli. Nel prologo del Vangelo, Giovanni annunzia al lettore che "il Verbo si fece carne" per conferire il potere di diventare figli di Dio a coloro che credevano in lui[21].
>
> Adesso l'opera di Gesù è completata attraverso la sua glorificazione, coloro che credono in lui sono diventati figli di Dio. Sono fratelli e sorelle di Gesù, al cui Padre ascende e che ora è il loro Padre."[22]

In un terzo momento, Maria Maddalena, come risulta dal versetto 18, annuncia la Buona Novella. L'episodio, iniziato quando lei era nel dolore, nell'oscurità spirituale, e piangente, si è trasformato: dalla disperazione che appartiene al passato, vi è la svolta verso la nuova vita offerta dal Signore Glorificato che vive adesso con il Padre. Ora, lei va, annunciando con gioia, ciò che le è stato rivelato.

Per concludere, tutta la scena ha luogo in un giardino, richiamandoci alla Genesi e al Cantico dei Cantici. Gesù, il vero Giardiniere e il vero Amato, incontra Maria Maddalena, che rappresenta la Nuova Israele.

Che frutto possiamo trarre dal dialogo tra il Signore Risorto e Maria Maddalena? Simbolicamente, lei rappresenta la comunità giovannea che incontra il suo Signore glorificato ed è la testimone, presso la comunità stessa, di quanto Dio ha operato per lei, attraverso la glorificazione di

---

20. S. SCHNEIDERS, *Written That You May Believe*, 217.
21. S. SCHNEIDERS, *Written That You May Believe*, 225.
22. S. SCHNEIDERS, *Written That You May Believe*, 221.

Carlos Coupeau S.J e Donna Orsuto

Gesù. Quello che lei fa, il suo agire è il modello di ogni discepolo che incontra, nella preghiera, il Signore Risorto. Noi, pure, siamo invitati ad imitarla, *cercando, volgendoci, annunciando*. *Cercando*, questo ardente desiderio di ricerca dell'Amato, che trova il suo più vicino parallelo nell'immagine nuziale del Cantico dei Cantici. *Volgendoci*, il volgersi spirituale, la conversione o la trasformazione derivante dall'ascolto di Gesù che ci chiama per nome. *Annunciando*, la chiamata impellente a condividere con gli altri l'incontro con il Signore Risorto.

- *Simone di Giovanni (Gv 21, 13-23) o purificazione umile*
Possiamo immaginare le lacrime di Maria non sono della stessa natura delle altre acque purificatrici già considerate al pozzo di Giacobbe o alla piscina di Betesda. Infatti, esse sgorgano dall'amore. A differenza delle acque profonde del pozzo, o delle acque immobili della piscina, esse si trasformano in carità.

Il pianto, però, rivela che Maria è ancora agganciata al Dio *da raggiungere con lo sforzo umano*, così come i samaritani intorno al pozzo di Giacobbe, come i malati ed i paralitici di Betesda ... o come i discepoli-pescatori, così vicini ma ancora distanti dalla sponda sulla quale appare Gesù risorto nel lago di Galilea. Anche al lago, di nuovo, il dialogo irrompe a cominciare dalla domanda: "Avete dei pesci?"

Il dialogo tra il Risorto e Pietro, nel capítolo 21, si sviluppa in due momenti. Al centro della prima sezione, il Risorto sembra domandare a Pietro riguardo agli altri apostoli. Perché Gesù domanda tre volte a Pietro e altrettante volte gli da la commissione di pascere i *suoi* agnelli? Perché in questo dialogo, Gesù chiede a Pietro di seguirlo, quando era ovvio che anche Tommasso detto Didimo o i figli di Zebedeo lo avrebbero seguito?

Tutti gli apostoli avevano ricevuto il pane e il pesce dal Risorto. Allora, prendendo la parola, Egli si rivolge a Pietro per domandargli: "Mi ami?" La domanda "Mi ami più di costoro?", non mette in risalto la specificità di questo discepolo? Alla risposta di Pietro, il Risorto giunge a dare un mandato specifico per questo apostolo. Il dialogo sembra interessante anche circa le tre dimensioni dell'amore. Per sentimenti, per capacità e per disponibilità, è pronto Pietro per la trasformazione che seguirà al dialogo? Come le lacrime per Maddalena, la tristezza che assale Pietro prima della terza risposta manifesta la mancanza di disponibilità, c'è qualcosa da purificare. In seguito, il mandato di stendere le mani verso l'altro contrasterà con le mani fiacche ai fianchi del pescatore, nel mosaico della *Redemptoris Mater*. Perciò, al centro della seconda parte (Gv 21, 20) osserviamo Pietro voltatosi, distratto... e, allora, il Risorto deve rinnovare l'invito: "Tu, seguimi!"

Il dialogo in queste due parti si sviluppa secondo tre interventi del Risorto: interpellanza, annunzio, mandato. Prima viene la triplice domanda. Poi, l'annunzio con l'invito alla sequela, che finisce con la lamentela di Pietro riguardo a Giovanni. Perché gli annunzia che dovrà stendere le mani ad altri che lo cingeranno e lo condurranno? Infine e dopo aver accertato a Pietro che la sua vocazione è individuale, il rinnovamento dell'invito, semmai più energica: "Tu, seguimi!"

Lo schema presuppone il peccato di Pietro e si sviluppa attraverso la purificazione del suo amore in carità. Possiamo quasi sentire il silenzio di Pietro prima di rispondere "Tu sai tutto; tu sai che ti amo." Lo schema si chiude quando l'amore raggiunge la maturità. Una sequela matura vincerà di fronte alle tentazioni future. L'apostolo maturo è stato fortificato dall'amore e può obbedire pienamente. Questa triplice prova era necessaria affinché – dice sant'Agostino – la lingua non fosse meno soggetta all'amore di quanto fosse stata alla paura. Infatti, Pietro morirà martire: "Preannunciò la tua passione colui che aveva annunciato il tuo tradimento".[23]

La triplice domanda "Mi ami?" è manifestamente indirizzata prima di tutto a chi imperfettamente lo amava e soltanto dopo ai seguaci del Signore e a chi succede a Pietro nel suo ministero.

La prima parte finisce con il test che misurerà la motivazione per il dialogo pietrino: "Seguimi!" Dunque, nella seconda parte di questo dialogo, segnata dal fatto che Pietro si è voltato, egli domanda al Signore il destino del discepolo amato e la risposta del Signore finisce con lo stesso imperativo della prima parte, semmai intensificata dall'uso del vocativo: "*Tu*, seguimi!"

La triplice domanda "Mi ami?" è seguita dal duplice invito "Seguimi!" Le domande approfondiscono la motivazione di Pietro per il dialogo, persino coi suoi nemici. Pietro deve progredire gradualmente da un semplice inconscio sentire attraverso la volontà di amare, fino all'abbandono paziente e meritevole, nella carità e nella provvidenza del Signore. Per il triplice dialogo, il coraggioso ma un po' inconscio Pietro è inabissato nella profondità dell'amore. Il dialogo lo purifica secondo un percorso parallelo alle *viae* che le tre domande preannunziano. All'inizio di questa purificazione, la tristezza annunzia che Pietro non vi raggiungerà facilmente. Alla fine, l'unione nel mistero alluminerà la propria passione.

Mi ami più di costoro?" La domanda dovrebbe far riflettere anche noi che ci avventuriamo nel dialogo con gli altri. Non è più Gesù che chiede a Pietro

---

23. "Passurum te ipse praedixit, qui te praedixerat negaturum." Sant'Agostino, In Ioannis, 123.4

ma sono gli altri che chiedono a noi. Coloro che non lo conobbero domandano a noi: Eppure, mi ami? Loro che non l'hanno conosciuto domandano a noi che lo abbiamo conosciuto nel Tabore, a noi che lo abbiamo abbandonato nel dialogo del Getsemani, in somma, rinnegandolo fino a tre volte.

La reiterazione della domanda attiva il meglio di noi stessi. L'atteggiamento umile nei confronti degli altri: vogliamo restare in dialogo e, perciò, alla fine, ci rattrista ammettere che da soli non ce la facciamo. Abbiamo paura della croce?

"Stenderai le tue mani e un altro ti cingerà". L'espressione "un altro" si riferisce a colui con cui Pietro si dovrà mettere in dialogo. Il diverso, lo straniero. Tendere una mano all'altro significa rischiare. Anzi, stendere tutte e due le mani a un altro significa che il dialogo, una volta avviato, ci porta a scoprire il mistero inaspettato dell'altro, non sempre piacevole. Dove oggi non vogliamo andare (a motivo delle nostre paure), un giorno alcuni seguiranno il Signore (per la grazia cristificante). Lui Che prende la Parola è il Verbo crocifisso. Il Risorto è stato ucciso. Appunto, perché Gesù si confrontò con i violenti "il mondo non lo riconobbe; i suoi non l'hanno accolto."

Infine, "seguimi" ripetuto una seconda volta non può essere soltanto un semplice invito. Da una parte, noi siamo la Samaritana e il paralitico e Maria Maddalena e Pietro: abbiamo ricevuto la grazia di ascoltare il nostro nome dalle labbra di Gesù, dall'altra, il Risorto invita anche noi ad imitarlo, mettendoci in dialogo con le donne, con i paralitici, con i samaritani, con i traditori che lo abbandonarono.

Conclusione: "Non avere paura" – Trasformazione

Giovanni Evangelista non aveva in mente di parlare del dialogo ecumenico, del dialogo ebreo-cristiano o interreligioso, o del dialogo con gli atei. Dopo il Concilio Vaticano II, invece, noi abbiamo la responsabilità del dialogo. Non possiamo far dire al Quarto Vangelo che Gesù sia in dialogo, se per dialogo ci riferiamo all'uso di questo termine nel dialogo contemporaneo.

L'espressione dialogo asimmetrico è preferibile. Possiamo affermare con Giovanni che "senza il Verbo niente è stato fatto di tutto ciò che esiste." Giovanni non parla di "dialogo fra uguali," come emerso dalla nostra riflessione. Egli, infatti, racconta servendosi di diversi "dialoghi," poiché il Verbo darà una qualità sicuramente asimmetrica agli scambi fra il Figlio di Dio giovanneo e le quattro figure presentate. Attraverso questi esempi, vediamo il Signore alla ricerca degli uomini e delle donne. L'iniziativa è sua, ma chiede anche una risposta.

Simposio **Spiritualità** e **Teologia**

Per Gesù, Dio si fa vicino. Giovanni presenta Gesù che invita al dialogo. Lo fa prestandosi allo scambio verbale ed esprimendo il senso delle Scritture. Ne deriva che per Gesù, in Gesù, Dio si è fatto vicino. Abbiamo visto Gesù dislocarsi, rischiare, confortare, confermare... tutto per venire incontro alla debolezza umana. Più che in nessuno altro, il Gesù giovanneo prova la triplice debolezza di Pietro; lo rinforza lì dove era debole, lo mortifica per spingerlo alla resistenza dell'umile.

Attraverso gli esempi tratti dal Vangelo di Giovanni, mostriamo che ancor prima che la Samaritana, il paralitico, Maria Maddalena o Pietro cercassero Dio, la Parola li aveva raggiunti. Misteriosamente, però, la Parola non li trasformerà uniformemente. Qui possiamo soltanto accennare al fatto che chi sperimenta la Pasqua con il Signore risorgerà alla sua manifestazione nella Gloria.

Per la grazia. Il simbolo dell'acqua ci serve per esplorare la diversità della grazia operante la trasformazione. L'acqua non manca in ciascun racconto, ma raggiunge il battesimo nello Spirito solo nei due ultimi dialoghi. Il tema dell'acqua ritorna di dialogo in dialogo: acqua per placare la sete dello straniero (nel racconto della Samaritana) e acqua per purificare l'emarginato (nella guarigione del paralitico). Dopo la risurrezione, il simbolo dell'acqua lo ritroviamo nelle lacrime di Maria e anche nel lago della pesca missionaria, rispettivamente. Si tratta dell'acqua riparatrice e di quella della vasta missione.

Li Trasforma nello spirito. Il Vangelo racconta la trasformazione che il Verbo opera in chi risponde, a seconda della sua risposta, data nel dialogo. "Se tu conoscesi il dono di Dio e chi è colui che ti sta a parlare" – afferma il Gesù di Giovanni – "tu gli avresti chiesto, ..." E, infatti, la Samaritana domandava poco dopo: "Signore, dammi quest'acqua." Ugualmente, il paralitico appare guarito e fisicamente trasformato durante il dialogo con Gesù. E Maddalena pure, che voleva trattenere il Signore lo lasciò andare e diventò *apostola apostolorum*. Ma non erano posseduti pienamente dallo Spirito del Risorto, quelli che ancora non l'avevano amato pienamente. Maddalena, invece, sì, e anche Pietro, che, alla fine, diventerà l'uomo audace che stenderà le sue mani rispondendo al "Seguimi" di Gesù.

In questo nostro tempo, di fronte alle sfide contemporanee, vi invitiamo a non dimenticare questi dialoghi di Gesù e ad insistere nel chiedere l'acqua viva. È questa l'acqua che riempie i cuori purificandoli, quella memoria che comunica la speranza per portare avanti la missione, in dialogo con gli altri.

LO STUDIO DELLA SPIRITUALITÀ NELLA TEOLOGIA
Rogelio García Mateo, S.J.

La Teologia è costituita come il corpo dottrinale della fede cristiana, all'interno del quale esistono diverse metodologie, aree, temi e obiettivi, che purtroppo non sempre sono coordinati nel modo migliore, già da qualche tempo che si parla del bisogno di una riforma dello studio della Teologia[1]. Nel dare inizio all'Assemblea Plenaria della Congregazione per L'Educazione Cattolica (21 gennaio, 2008) il PP Benedetto XVI indica la necessità e l'opportunità di una riforma degli studi ecclesiastici e della formazione nei seminari, rilevando che occorre "un'adeguata formazione alla vita spirituale, che renda le comunità cristiane, in particolare le parrocchie, sempre più consapevoli della loro vocazione e capaci di rispondere, in modo adeguato, alla domanda di spiritualità che viene specialmente dai giovani".

Origine e sviluppo di una nuova disciplina teologica

Per la patristica, pregare, pensare e predicare sono dimensioni che s'implicano mutuamente. Infatti, il carattere della teologia dei Padri è non aver separato intelligenza e cuore, la riflessione teologica e la preghiera[2]. Invece, con l'incorporazione del metodo aristotelico a partire d'Abelardo († 1142) la teologia si formalizza in un intricato processo di "tesi", "questioni", "disputazioni", ecc., lasciando alla teologia monastica i temi spirituali e mistici[3]. Poi la distinzione post-tridentina tra *forum internum* e *forum exter-*

---

1. Già nel 1954 K. Rahner denunciava la dispersione dell'insegnamento teologico (cf il suo articolo *Gedanken zur Ausbildung der Theologen*, in "Orientierung" (1954), poi ripreso nel libro *Sendung und Gnade*, Tyrolia, Insbruck 1961, 334-358). Dopo il Vaticano II, ossia, in seguito alla promulgazione del Decreto sulla formazione sacerdotale *Optatam totius*, Rahner tornò sullo stesso tema in modo ancor più critico, nel 1968 e nel 1969, sostenendo che l'ordinamento degli studi teologici era da tenere farraginoso e assai poco sollecito dell'unità della teologia. Cf. G. Lorizio / S. Muratore (edd.), La frammentazione del sapere teologico, San Paolo, Cinisello Balsamo 1998, 101-104. In questo volume sono pubblicati gli Atti del Simposio che su questo tema fu organizzato dalla Rivista *Rassegna di Teologia*, dalla Facoltà di Teologia del Laterano e delle Edizioni San Paolo, (6-7 dicembre 1996).
2. J. Leclercq, Esperienza spirituale e teologia. Alla scuola dei monaci medievali, Jaca Book, Milano 1990, 133.
3. C. Stercal, Il "divorzio" tra teologia e mistica. Rilettura di una tesi storiografica, in "Annali di Scienze Religiose", 4, 1999, 403-415.

Simposio **Spiritualità e Teologia**

num nell'ordine morale e giuridico[4] fomentò ancora di più la separazione dell'insegnamento della teologia, come appartenente al "foro esterno", dalla vita spirituale, appartenente al foro interno; così lo studio della teologia si svolge fino ad oggi nelle aule dell'Università, del Collegio o del Seminario, mentre la formazione spirituale avviene piuttosto nella cappella, nel confessionale, nelle case di ritiro e nell'uffizio del Padre Spirituale. Vita di preghiera e di pietà si discostò dalla riflessione teologica, giungendo spesso a opporvisi. Basta leggere alcuni brani di uno dei libri spirituali più diffusi qual l'*Imitazione di Cristo* per costatare tale situazione.

"Il povero contadino che serve il Signore, è senza dubbio migliore del superbo sapiente che contemplando il corso delle stelle trascura la propria salvezza (...) Anche se sapessimo tutte le cose del mondo, ma non avessimo la carità (...) Modera dunque l'eccessivo desiderio di sapere, poiché spesso dà gran distrazione e inganno (...)" (Libro I, cap. 2).

È lo studio nemico della vita spirituale? Non di rado si sente l'opposizione fra studio e vita spirituale. Certo, vi è un modo di studiare superficiale che non cerca la verità e che immerge la mente fra errori risvegliando un desiderio orgoglioso del sapere teologico. Questo modo di studiare, che ha provocato la critica del Kempis, ovviamente non favorisce la vita spirituale né nessun tipo di fede, inducendo a valutare la preghiera e ogni pratica spirituale quale impedimento per arrivare a una vera e profonda riflessione teologica.

Si deve invece riconoscere che il vero studio attua la capacità della ragione per conoscere perfezionando la persona. Ogni conoscenza umana è una partecipazione del bene intellettivo che Dio ha dato all'uomo, facendolo a immagine della sua sapienza infinita[5]. Il sapere autentico è quindi sempre prezioso per la vita spirituale: allarga la visuale del credente e lo protegge di un possibile fondamentalismo[6].

Francesco di Sales scrive la sua *Introduzione alla vita devota*, rivolgendosi a tutti i credenti. Egli insiste sul fatto che la vita spirituale per formarsi ha bisogno della preghiera personale e di nutrirsi di pietà imperniata sul

---

4. Cf. C. CORRAL, V. DE PAOLIS, G. GHIRLANDA (a cura di), Nuovo Dizionario di Diritto Canonico, San Paolo, Cinisello Balsamo, 1993, 536-538.
5. San Bernardo di Chiaravalle distingue quattro scopi nello studio: a) la scienza per la scienza è solo curiosità; b) la scienza per la fama è vanità; la scienza per la ricchezza è merce; c) la scienza per la propria edificazione è saggezza; d) la scienza per l'edificazione degli altri è carità (cf. *In Cant. Cantic.*, sermo 36).
6. Cf. GIOVANNI PAOLO II, Fides et ratio, Lettera enciclica circa i rapporti tra fede e regione, 45-48.

culto e sui sacramenti. Sebbene P. Berulle tocchi nelle sue opere quasi tutti gli argomenti della teologia scolastica riferiti alla spiritualità, non è riuscito a fare un'esposizione del rapporto tra teologia e vita spirituale.[7] La vita spirituale si allontana sempre di più dall'ambito della teologia accademica, che impegnata particolarmente sul fronte della controversia protestante, riuscì a creare distinzioni molto precise, ma con una visione dottrinalistica della fede, intesa come patrimonio di verità rivelate, trascurando i dinamismi conoscitivi e operativi del credente; il che relegò la spiritualità all'ambito della devozione, della pietà, privata o popolare, e della psicologia[8].

Intanto, nel 1830, A Rosmini pubblica *Massime di perfezione cristiana*, in cui evidenzia che la chiamata alla perfezione evangelica dell'amore sorge dall'intimo del credente rendendo nuova la sua vita, un'esistenza spirituale collegata con la riflessione teologica[9]. Altrettanto offre l'opera di J. H. Newman, ma insistendo sulla inabitazione dello Spirito, il quale giustifica, purifica, illumina, unisce il credente con Dio[10]. Entrambi pensatori rinnovavano, sebbene in modo diverso, metodi e prospettive che superano la scissione esistente fra riflessione teologica ed esperienza spirituale; il loro influsso rimasse però fino al Vaticano II marginale, anzi, com'è noto, spesso ostacolato.

Nell1901 il gesuita Augustin Poulain sosteneva nel suo libro *Des graces d'oraison. Traitè de thélogie mystique* che l'esperienza religiosa, in particolare quella mistica, dovesse essere interpretata psicologicamente[11]. Secondo lui, il teologo dovrebbe limitarsi a illustrare i fenomeni mistici (visioni, estasi, stigmati, ecc.) per verificare la loro autenticità e ortodossia.

Inoltre, Poulain difendeva la gratuità straordinaria della vita mistica in opposizione a A Saudreau, che nel suo libro *Les degrés de la vie spiritelle* (Paris 1896) sosteneva la chiamata universale alla vita mistica, come un sviluppo normale della grazia del battesimo[12]. Di quest'opinione è anche il domenicano J. Arintero che, applicando il concetto di "evoluzione vitale"

---

7. R. DEVILLE, La scuola francese di spiritualità , Cinisello Balsamo (MI) 1990.
8. Ci furono alcuni tentativi di rimediare questa situazione, per es., quello di V. CONTENSON, Theologia mentis et cordis (1668), a quanto sembra senza successo.
9. Cf. C. DEBORA, Antonio Rosmini asceta e mistico, Vicenza 1980.
10. Cf, G. VELOCCI, Newman. Sulla preghiera, Milano 1995.
11. Nella linea psicologica si trovano anche A. Gardeil, e J. Marechal.
12. C. GARCÍA, La "cuestión mística" y la escuela carmelitana, in *La Teologia spirituale*. Atti del Congresso Internazionale OCD pp. 141-167.

alla Chiesa e alla vita del cristiano, afferma che l'"evoluzione mistica" del cristiano è parte integrante della "evoluzione mistica" ecclesiale.
Quest'apertura dell'ecclesiologia alla mistica parte dall'enciclica di Leone XIII sullo Spirito Santo *Divinum illud munus* (1897). Le idee di Arintero sull'unità tra perfezione, santità e mistica influiscono notevolmente nella prima rivista di spiritualità *Vie spiritelle* (1919) e nell'opera del primo professore della prima cattedra di spiritualità, Garrigou-Lagragne. Per Arintero non ci sono due vie o cammini di santità, uno ascetico e l'altro mistico, ma due tappe del medesimo cammino[13].

La discussione sulla mistica comportò dunque la domanda di come apprendere l'esperienza del vissuto spirituale dal punto di vista teologico. Questo tipo di domanda collocò già all'inizio del XX secolo la problematica che fino ad oggi ci occupa: il rapporto tra teologia ed esperienza spirituale. Proprio su questo, i cosidetti modernisti (Loisy, Le Roy, Tyrrel) tentarono di dare una risposta, superando la concezione dottrinalistica della rivelazione intesa come insieme di verità dogmatiche rivolte all'intelletto. Invece, la rivelazione divina nella Bibbia, rilevavano i modernisti, produce un'esperienza nuova che coinvolge tutta la persona, non soltanto l'intelletto[14]. Nella posizione modernista però l'"esperienza" cui è ridotta la rivelazione consiste in un'esperienza individuale, ineffabile e perciò totalmente inoggettivabile, quindi il rischio del soggettivismo religioso è inevitabile[15]. Di qui è evidente che la reazione al carattere prevalentemente oggettivista e concettualista della teologia può portare facilmente a un altro eccesso: quello del soggettivismo o del relativismo religioso.

La reazione di san Pio X nei confronti dei modernisti si trova nell'enciclica *Pascendi* (settembre 1907) che equipara il modernismo a un sistema agnostico che nega la possibilità di conoscere Dio con la ragione[16]. L'istituzione della Cattedra di ascetica e mistica due anni dopo (novembre, 1909) con il motu proprio *Sacrorum Anstititum* sembra, di fatto, una risposta costruttiva alla problematica modernista. Questa Cattedra metteva per prima volta lo studio della spiritualità, sotto il titolo di *Teologia ascetica e mistica*, come parte integrante degli studi ecclesiastici. Poi Pio XI con la

---

13. A. Alonso, Padre Arintero, un maestro di vita spirituale, Roma 1975.
14. M. Guasco, Modernismo. I fatti, le idee, i personaggi, San Paolo, Cinisello Balsamo 1995.
15. Tale posizione ricorda quella del filosofo F. Schleiermacher (1768-1832) che riteneva che la religione fosse basata sul sentimento di dipendenza assoluta, disgiunta dai dogmi. Cf..Der christliche Glaube, Berlin 1960.
16. Denzinger-Hünnermann 3475-3500.

Rogelio García Mateo, S.J.

Costituzione Apostolica *Rerum scienziarum Dominus*[17] (AAS, 23 (1931) 271) dichiarò l'ascetica e la mistica materie obbligatorie nelle Facoltà di Teologia[18]. Comunque furono istituite cattedre specializzate di Spiritualità, prima all'Agelicum nel 1917, sotto la guida del P. R. Garigou-Lagrange, e poi alla Gregoriana nel 1918, iniziativa lodata dal Papa Benedetto XV in una lettera al rettore O. Marchetti (AAS, 12 (1920), 29-31). Noto propulsore di questa cattedra sarà P. J. de Guibert; poi verrà quella del Teresianum sotto la guida del P. Gabriele di S. Maria Maddalena.

Nell'ambito benedettino si trova la figura di dom Columba Marmion, abate di Maredsous in Belgio, che proponeva una rinnovazione spirituale spiccatamente biblica - cristocentrica con il suo libro *Cristo vita dell'anima* (1917). In ottobre 1919 a un congresso di professori universitari l'abate di Maria Laach, I. Herwegen pronunciò il suo discorso *Il rinnovamento della nostra vita interiore dallo spirito della liturgia*, considerato il manifesto programmatico del movimento liturgico[19]. In questo contesto appare l'opera di R. Guardini *Lo spirito della liturgia* (1918). Tutto ciò fece che la liturgia avesse un posto chiaro nel pensiero teologico moderno. L'unione stretta fra la liturgia e rinnovamento biblico è attestata dalla rivista *Bibel und Liturgie* (1926). Anche il movimento patristico s'inserisce in questo rinnovamento con la collana *Sources chrétiennes*, fondata e diretta da J. Danielou con la collaborazione di H. de Lubac e H. Rahner. Da menzionare sono anche gli studi letterari di H. Bremond sul sentimento religioso in Francia[20].

Conseguenza immediata di questi nuovi studi sono i manuali e le diverse riviste che su la spiritualità appaiono allora. Da rilevare è il progetto e l'inizio del *Dictionaire de Spiritualité ascetique e mystique*, il cui primo volume fu apparso nel 1932; sono stati pubblicati insieme 19 volumi, l'ultimo è apparso nel 2000. Si tratta senza dubbio dell'opera più larga e importante che avviamo fino ad oggi sullo studio della spiritualità. Questa benemeri-

---

17. AAS, 23 (1931), 271.
18. Ciononostante l'attuale Costituzione Apostolica *Sapienza Christiana* (1979), non parla della teologia spirituale, ma le norme applicative mettono tra le discipline obbligatorie del primo ciclo (corsi istituzionali) la "teologia morale e spirituale". L'ordinamento degli studi teologici fino ad oggi tende a vederla in ottica complementare. Cf. J. STRAUSS, Esigenze didattiche nell'insegnamento della teologia spirituale, in C. A. BERNARD (a cura di), La spiritualità come teologia, Cinisello Balsamo (MI) 1993, 255-272.
19. Cf. I. HERWEGEN, Alte Quellen neuer Kraft, Düsseldorf 1920, 3-21.
20. H. BREMOND, Histoire littéraire du sentiment religieux en France depuis la fin des guerres de religions jusqu'à nos jours, Paris 1916-1936, 12 voll.

ta opera offre il migliore esempio per mostrare che lo studio della Spiritualità può raggiungere un notevole livello di disciplina universitaria.

Negli anni1925-1935, l'attenzione si concentrò sull'identità e la posizione della nuova disciplina fra le diverse materie e metodi teologici già esistenti, come mostra l'oscillazione del suo nome fra la denominazione "Teologia ascetica e mistica" e "Teologia spirituale", sebbene non si escludano altre proposte, per esempio, *Teologia della perfezione cristiana*.

Nel 1925 esce la prima pubblicazione di Henri de Lubac: una recensione al libro di AA. VV. con il titolo *Qu'est-ce que la mystique*? (Cahiers de la Nouvelle Journée, III, 1925). Si tratta di cinque studi. È, però, l'articolo di M. Blondel, *Le problème de la mystique*, che attira tutta la sua attenzione, perché mette in risalto il fatto che il Blondel, a differenza della psicologia, del positivismo e della teologia neoscolastica, guarda la mistica cristiana come un'esperienza in cui le potenze umane della conoscenza, in particolare, la ragione, lungi dall'essere superate dalla grazia infusa, sono attivamente presenti. Il Blondel, secondo de Lubac, riesce a superare le barriere che separavano lo stato mistico dalla ragione naturale, ma senza banalizzare l'importanza della grazia divina. Nel 1933 appare sulla rivista "Études"un articolo di de Lubac sulla distinzione di Bergson tra religione statica e religione dinamica, lui rileva che rimane da dimostrare come il dogma cristiano, verità vivente e vissuta, esprime una vita spirituale – manifestata da Cristo - che sta alla base della religione dinamica, che a sua volta è manifestazione del *surnaturel*, del desiderio naturale di conoscere Dio nella sua gloria[21].

P. Teihard de Chardin nel 1927 pubblica il suo conosciuto libro *Milieu divin*, che come rileva de Lubac, vorrebbe essere una riscoperta dello spirito ignaziano: "Io sogno un nuovo san Francesco o un nuovo sant'Ignazio, che verrebbe a presentarci il nuovo genere di vita cristiana (più mescolata al mondo e, insieme, più distaccata) di cui abbiamo bisogno"[22]

In quest'ambiente di riscoperta dell'esperienza mistica appare per prima volta l'edizione completa e critica del manoscritto autografo d'Ignazio di Loyola, chiamato *Diario spirituale*[23]. Si tratta di due quaderni di 13 e di 12 fogli. Il primo va dal 2 febbraio al 12 marzo 1544; il secondo, dal 13 marzo

---

21. H. DE LUBAC, Mistica e mistero cristiano, Jaca Book, Milano 1978, 265 s.
22. H. DE LUBAC, Il pensiero religioso del Padre Teilhard de Chardin, Jaca Book, Milano 1983, 19.
23. Cf Monumenta Historica Societatis Iesu. Constitutiones, a cura di A. Codina / D. Fernández vol. I. Roma 1934.

Rogelio García Mateo, S.J.

1544 al 27 febbraio 1545. La novità di questi quaderni è che ci presentano Ignazio dotato di grandi doni mistici, come rileva nell'Introduzione J. de Guibert, che fino adesso erano in sostanza sconosciuti; il che ha cambiato l'immagine stereotipa che lo vedeva innanzitutto sotto il prisma del rigore ascetico o della pratica organizzativa, e ha aperto la strada per una nuova interpretazione della sua persona e opera. Così l'anno seguente alla pubblicazione del *Diario*, uscì l'articolo di Hugo Rahner *Die Vision des hl. Ignatius in der Kapelle von la Storta*[24], e nel 1937 suo fratello Karl sorprende con l'articolo *Die Ignatianische Mystik der Weltfreudigkeit*[25], che tratta della mistica di Ignazio sulla gioia del mondo, un tema che da qualque tempo era quasi impensabile nella spiritualità ignaziana, e nella spiritualità in genere.

Erich Przywara, considerato uno dei grandi pensatori del cristianesimo, che aveva cominciato studiando l'opera del cardinale Newman, pubblica nel 1938 il primo di tre volumi sulla teologia degli Esercizi ignaziani sotto il titolo *Deus semper maior. Teologie der Exserzitien* che stabilisce, come il titolo indica, una stretta relazione tra il "Magis" ignaziano e il "Deus semper maior" di Sant'Agostino, nel senso che il dinamismo del "ad maiorem Dei gloriam" sbocca nell'insondabile mistero del Dio sempre maggiore, che ciononostante si rivela nel Cristo, chiave degli esercizi.

Come vediamo, da una concezione della spiritualità separata dalla riflessione teologica, si comincia a passare a una trattazione più agganciata al metodo teologico. Questo è stato anche il richiamo del benedettino Anselm Stolz che nel 1936 pubblicò il libro *Theologie der Mystik* nel quale prende distanza di A. Poulain, A. Mager e Gabriele de Santa Maria Maddalena che trattavano la mistica come strettamente legata alla psicologia. Al suo parere, invece, doveva essere il metodo teologico a guidare l'interpretazione della mistica. La proposta di Stolz, però, non respingeva lo studio psicologico del mistico; lui intendeva piuttosto ricondurre l'esperienza mistica nell'ambito dell'antropologia teologica come effetto dell'azione della grazia santificante, dell'inabitazione e dei doni dello Spirito Santo[26]. Qui appare ormai una problematica che fino ad oggi rimane attuale, cioè, riuscire a trovare un equilibrato rapporto tra psicologia e teologia

---

24. In *Zeitschrift für Ascese und Mystik*, 10 (1935), 17-
25. Ibid 12 (1937) 21-34.
26. Cf. F. A. BRESSAN, Lo sfondo mistico della teologia. La lezione breve di Anselm Stolz, Messaggero, Padova 2004.

nello studio della spiritualità. In questo senso Stolz fece una chiara distinzione, che Arintero già aveva accennato, tra la mistica e i fenomeni che la possono accompagnare come visioni, audizioni, apparizioni, stimmate, estasi, miracoli, ecc., che non significano segni inequivocabili dell'autenticità della mistica. È piuttosto l'*agape* l'espressione della sequela di Cristo, a consentire al mistico di accedere alla via unitiva con il Dio trinitario. Tal ermeneutica della mistica favorì ovviamente il suo inquadramento teologico.

Questi chiarimenti rispondevano, dall'altra parte, al bisogno d'interiorità di quel periodo, sia nel senso di trovare un'essenzialità della vita cristiana rispetto alle diverse pratiche devozionali; sia nel senso della reazione a un'attività caritativa, che trascurava la preghiera. Così si arrivava a trovare un fondamento teologico alla pietà cristiana. Il titolo dell'opera di A. Tanquerey, *Dogmes géneratuers de la pietà* (Parigi 1926) esprime bene questa preoccupazione. In questo modo l'esperienza mistica viene vista non come un fenomeno straordinario per pochi, ma come una possibilità aperta a tutti, malgrado che di fatto sono pochi coloro che la vivono.

Una metodologia apologetica e controversista era la nota dominante nella teologia accademica che argomentava quasi esclusivamente con le definizioni dogmatiche e che per questo fu chiamata *Denzinger-Theologie*. In questo modo di fare teologia si trascurava la base biblica e storica della fede e la sua dimensione esperienziale (*fides qua*). La reazione portò verso il 1930 a creare un nuovo tipo di teologia, chiamata *Teologia kerigmatica*, che si metteva accanto alla accademicamente prescritta, con l'obiettivo di essere più vicina alla realtà pastorale della fede. In questa maniera si colse la questione metodologica capitale: la teologia accademica non riesce a stare al servizio di un annuncio attuale del vangelo che incontri l'uomo odierno. Così emergono approcci teologici più attenti a valorizzare la dimensione biblica, liturgica e spirituale della fede[27], e allo stesso tempo, sotto l'influsso del personalismo e dell'esistenzialismo appare nella riflessione teologica un tratto personalistico ed intersoggettivo della relazione tra Dio e l'uomo[28].

---

27. Tra gli autori più importanti sono da menzionare: O. Casel,, J.A. Jugmann, R. Guardini, K. Adam, Y. Congar, St. Lyonnet, L. Cerfaux.
28. Qui sono da annoverare G. Marcel, E. Mounier, R. Guardini, K. Rahner. Alcuni autori riescono a prendere i nuovi risultati della ricerca teologica e fare una presentazione nuova della figura di Gesù, ad esempio: K. ADAM, Jesus der Christus (1933), R. GUARDINI, Der Herr (1942).

Rogelio García Mateo, S.J.

Dal 1937 si formalizza la discussione sulla natura del metodo teologico con la scuola domenicana di Le Saulchoir, in cui erano protagonisti A Gardeil e soprattutto M.-D. Chenu, e con quella dei gesuiti di Lyon-Fourvière che aveva come guida a J Danielou, autore del programma di questa scuola *Les orientations présentes de la pensée religieuse*[29], de Lubac, von Balthasar e altri. Danielou scriveva: [30] «Rinnovata alle fonti profonde della vita religiosa, vivificata dal suo contatto con le correnti del pensiero contemporaneo, la teologia deve per essere viva, rispondere infine a una terza esigenza: essa deve tener conto dei bisogni delle anime».

La questione metodologica era anche di massima importanza per la Spiritualità. D'una parte, sorge la tendenza rappresentata dalla rivista domenicana *La vie Spirituelle ascétique e mystique* (Parigi 1919 ss.) che chiede che la teologia spirituale rimanga esclusivamente sul piano astratto, speculativo della riflessione dogmatica[31]. Diverso, invece, è il metodo proposto dalla posizione gesuitica nella rivista *Revue d'Ascétique e Mystique* (Toulouse 1920 ss.), per la quale la teologia, occupandosi della spiritualità deve giungere alla comprensione di un dato sperimentale. Per questo, metodo positivo (anche psicologico) e metodo speculativo devono integrarsi mutamente.

Il carattere teologico - pratico della nuova disciplina induce a considerare la Spiritualità in concorrenza con la Morale. Di fronte ad una teologia morale che si mostrava direttiva dell'agire, cercando d'argomentare le norme fondamentali per la vita cristiana, cioè, i dieci comandamenti, la teologia spirituale appariva anche come direttiva nel discernimento della perfezione cristiana secondo i consigli evangelici – due modi diversi di arrivare al medesimo fine? Il dibattito è ancora in corso, ma si sta arrivando a un dialogo sereno sia per il rinnovamento della Morale; sia per la migliore specificazione della Spiritualità[32]. L'interrogativo fondamentale resta tuttavia quello della riferibilità della teologia all'esperienza, aperto dal modernismo e dalle due riviste francesi, vale a dire, come possa il teologo, rimanendo fedele al suo metodo, occuparsi dell'esperienza religiosa?

---

29. In *Etudes* 249 (1946), 5-21.
30. Ibid., 17.
31. Un esempio dell'applicazione di questo metodo è il libro di Royo Marin, Teología de la perfección cristiana, BAC, Madrid 195
32. Cf M. Vidal, Morale e spiritualità dalla separazione alla convergenza, Cittadella, Asissi 1998.

Non era facile il ricorso all'esperienza dopo la vicenda del modernismo e dopo l'enciclica *Humani generis* (1950)[33]. È stato J. Mouroux, che nel 1952 pubblicò il libro *L'experience chrétienne. Introduction à une théologie*, a fare per primo il tentativo di precisare l'ambito proprio dell'esperienza cristiana a partire da quella religiosa. Per Mouroux, una vera esperienza implica tutta la persona secondo tutti i suoi livelli (intellettivi, volitivi, sensitivi, ecc), integrandoli coerentemente. Più che sperimentare o prendere contatto immediato con gli oggetti esterni al soggetto, come direbbe l'empirismo; una vera esperienza umana significa un *modo personale di rapportarsi agli oggetti*, irriducibile a un solo livello; ad esempio, spiegare l'esperienza religiosa soltanto dal piano dei sentimenti, come faceva Schleiermacher e poi il modernismo, escludendo la parte intellettiva, volitiva e comunitaria della persona. Invece, un'autentica esperienza religiosa consiste nel prendere coscienza di un rapporto personale con il divino, sentito, pensato, voluto e impegnato in relazione con gli altri[34].

Il rapporto personale con Dio non elimina la sua trascendenza di *mistero* (p. 27), però non in senso di un muro insuperabile, ma come una porta aperta all'infinito. Dio non può essere sperimentato come un oggetto. Questo non sarebbe Dio, ma un feticcio. L'esperienza di Dio è possibile in questa vita soltanto come una presenza *mediata* dagli effetti e dalle azioni che Dio stesso comunica attraverso la sua grazia o le sue opere; per la fede cristiana, attraverso l'opera salvifica di Cristo. Questo lo trova Mourou espresso nel decreto del concilio di Trento sulla giustificazione, in cui si parla dell'esperienza di essa non come qualcosa di empirico – psicologico, ma in senso sostanziale e dinamico (p. 45). Infatti, la grazia divina, secondo il Tridentino, trasforma interiormente il credente rendendo possibile un rapporto interpersonale con Dio che accetta l'uomo nella sua amicizia attraverso il Figlio[35].

La vita cristiana, pur realizzandosi nel vissuto quotidiano delle singole persone e comunità, possiede tuttavia un Credo comune (*fides quae*) (p.

---

33. Rievocando le conseguenze che questa enciclica significò per la teologia Balthsasar racconta che de Lubac aveva progettato un quadro teologico che avrebbe dovuto contenere i risultati moderni dell'esegesi, della patristica, della liturgia, della storia e della riflessione filosofica. Cf. H.-U. von Balthasar, Il padre Henri de Lubac. La tradizione fonte di rinnovamento, Jaca Book, Milano 1986. 12s.
34. Mouroux distingue tre piani: 1) l'empirico, luogo delle esperienze non riflesse, superficiali e parziali, con il quale di solito inizia ogni esperienza umana; 2) lo sperimentale, ossia quello delle esperienze scientifiche; 3) "esperienziale", quello dell' esperienza personale. Cf. p. 24-27.
35. *Denzinger*, 1530.

371). Ne segue, secondo Mouroux, che si può parlare dell'oggettività o meno di un'esperienza religiosa personale del cristiano, sebbene la sua varietà appare illimitata.

Un anno prima di Mourroux, nel 1951, D. Barsotti pubblicò la sua opera fondamentale, *Il mistero cristiano nell'anno liturgico*, in cui sviluppa, sotto l'influsso di Odo Casel, la nozione di *mistero*, partendo da Paolo, che, secondo Barsotti, "si compiace di considerare il Mistero come oggetto di conoscenza e di costruire così, nella visione di questo Mistero, la più profonda e alta teologia cristiana" (p. 9). Barsotti, però, continua rivelando che la conoscenza di Paolo sul Mistero «non è una conoscenza puramente nozionale ed astratta (...). Propriamente non si può dire che egli costruisca una teologia: la sua è una testimonianza di una sovrumana esperienza. Per riconoscere, anzi per conoscere veramente l'Unità del Mistero divino è necessario per l'uomo esservi immerso» (ibid).

Questi studi non chiarificarono pienamente la problematica dell'esperienza, ma significarono un superamento del sospetto di modernismo che implicava il parlare d'esperienza in teologia. Così il concilio Vaticano II, inaugurato dieci anni dopo l'apparizione di questi libri, ha utilizzato il termine "esperienza" diverse volte nei suoi documenti[36].

Lo studio della Spiritualità alla luce del Vaticano II.
L'esperienza della fede

L'evento del Vaticano II ha inciso profondamente nella teologia e nella vita spirituale di tutti credenti, laici, chierici e consacrati. Sebbene non abbia promulgato nessun testo sulla spiritualità, nonostante ciò, una lettura dei documenti del Vaticano II trova presto argomenti, spunti, considerazioni che costituiscono un'autentica guida per ubicare, allargare e approfondire non pochi temi della Teologia spirituale. Il Concilio rinnovò schemi e prospettive e riportò una visione della fede cristiana più biblica, più pneumatica, più esperienziale, più consapevole della chiamata universale alla santità, più storico-salvifica, capace di parlare al mondo contemporaneo. Tutto ciò comportò e comporta tuttora che le diverse scuole o tradizioni spirituali – benedettina, carmelitana, francescana, ignaziana, domenicana, ecc.- dovrebbero ripensare ovvero aggiornare la loro spiritualità, secondo il Decreto *Perfectae Caritatis*: "Il rinnovamento della vita

---

36. Il sostantivo *experiencia* ricorre 32 volte e il verbo *experior* 17 volte; la maggior parte nella *Gaudium et spes*, 8 volte nella *Dei Verbum*.

religiosa comporta ritorno alle fonti di ogni forma di vita cristiana e allo spirito primitivo degli istituti, e nello stesso tempo l'adattamento degli istituti stessi alle mutate condizioni dei tempi" (n.2).

Il primo documento del Vaticano II, la costituzione liturgica *Sacrosanctum Concilium* afferma nella sua prima riga come il Concilio non è stato convocato per definire un dogma o per condannare qualche eresia, ma "per far crescere ogni giorno di più la vita cristiana tra i fedeli". Questo scopo primordiale del Vaticano II dovrà rimanere anche obiettivo fondamentale della teologia postconciliare, in particolare della Spiritualità. Infatti, questa disciplina è impegnata nella ricerca del mondo interiore della fede come un suo compito specifico, orientando sul suo sviluppo, sulle sue mete; previene attraverso il discernimento contro le facili illusioni pseudo – spirituali e pseudo - mistiche; rileva che la chiamata universale alla santità è un compito possibile solo per opera dello Spirito.

La vita cristiana non si riduce solo ai contenuti di fede né a norme morali. Non basta un rapporto con Dio che resta nella conoscenza dottrinale, nel dovere, nell'azione altruista o nell'impegno socioculturale; esiste un "di più", un'esperienza del divino, senza la quale la fede cristiana non sarebbe pienamente incorporata nella vita del credente. O, come diceva K. Rahner, il cristiano del futuro sarà un mistico o non ci sarà[37]. Infatti, con tale affermazione, ovviamente iperbolica, Rahner vuole proprio rilevare l'importanza e l'urgenza di non rimanere nell'articolazione dogmatico-morale o socio-politica bensì di entrare intensamente nell'ambito del vissuto spirituale, dell'esperienza religiosa, del rapporto personale con Dio. È simile a quello in cui Benedetto XVI tanto insiste, cioè che la fede cristiana non si riduce ad accettare un pacco di verità dottrinali o di norme morali, ma soprattutto a incontrare l'amore di Dio in Gesù Cristo: "All'inizio dell'essere cristiano non c'è una decisione etica o una grande idea, bensì l'incontro con un avvenimento, con una Persona, che dà alla vita un nuovo orizzonte e con ciò la direzione decisiva"[38].

La Spiritualità cerca proprio, come suo compito principale, di tematizzare e di riflettere questo incontro personale e comunitario dell'uomo con Dio. La stessa rivelazione biblica emerge da tante esperienze personali e comunitarie: Abramo, Mosè, il popolo di Israele, Davide, i profeti, Maria, Gesù, gli

---

37. Cf. K. RAHNER, Teologia dell'esperienza dello Spirito. Nuovi saggi VI, Paoline, Roma 1978, 523-26.
38. Deus Caritas est, 1

apostoli. Tutti ebbero in modo e in grado diverso profonde esperienze religiose che sono alla base della dottrina cristiana della fede. Tali esperienze saranno quindi come prototipi per la vita spirituale del cristiano e dovranno essere presse sul serio nello studio della Spiritualità. Qui è da menzionare il lavoro fatto dal cardinale Carlo Maria Martini che sotto diversi aspetti ha presentato numerose figure bibliche, rilevando la loro dimensione spirituale.

La fede nel Dio di Gesù produce in ogni cristiano una relazione personale con lui, propria e irrepetibile, alla quale non si deve mai rinunziare, altrimenti il cristianesimo diventerebbe una sorta di collettivismo religioso. D'altra parte, la vita spirituale personale ha il pericolo di svolgersi troppo soggettivamente, dimenticando la dimensione comunitaria e celebrativa del credere. Bisogna quindi accentuare che non ci sono due strade per il conseguimento dello stesso risultato: una che consisterebbe nella celebrazione liturgica, l'altra che si appoggerebbe nella propria attività religiosa. È pericolo molto diffuso considerare la vita liturgico- sacramentale secondaria quando l'attività interiore giunge a un alto grado; allo stesso modo sarebbe anche sbagliato celebrare la liturgia o i sacramenti senza l'adeguata disposizione interiore. Il coltivare la vita interiore, lungi da staccare della celebrazione liturgica, la fa più intensa[39].

Nel cammino spirituale di molte figure della spiritualità, si manifesta che esse hanno coltivato intensamente la vita sacramentale e hanno vissuto numerose grazie mistiche durante la celebrazione liturgica. Ignazio di Loyola ha vissuto alte esperienze mistiche durante o intorno alla celebrazione eucaristica, come mostra il suo "Diario spirituale". Teresa d'Avila ha ricevuto la sua esperienza di mistica nuziale nella ricezione della comunione. Tutto ciò mostra che fra vita spirituale personale e celebrazione liturgica comunitaria c'è una relazione inscindibile.

La dimensione esperienziale della fede trova conferma e argomento nella *Dei Verbum*. Qui la rivelazione viene collocata in una prospettiva personalistica e cristocentrico-trinitaria, non si tratta di una comunicazione di verità divine, astratta dal credente e dal mondo (DV 2). Normalmente, l'inizio del processo di fede si ha con una certa proposizione esterna, "fides ex auditu". La fede è certamente conoscenza e adesione a un contenuto rivelato, annunziato, oggettivo, in maniera tale che l'uomo non lo può conoscere da se stesso.

---

39. In questo senso spiega Tommaso: «Come il corpo è ordinato a Dio mediante l'anima, così il culto esterno è ordinato a quello interiore. Ora, il culto interiore consiste nell'unione intellettiva e affettiva dell'anima con Dio» Sth, I- II, 101, a. 2.

"A Dio che rivela è dovuta l'*obbedienza della fede* (cfr. Rom 16, 26; 2Cor 10, 5-6), dichiara la *Dei Verbum*, con la quale l'uomo si abbandona a Dio tutt'intero liberamente, prestandogli 'il pieno ossequio dell'intelletto e della volontà' e acconsentendo volontariamente alla rivelazione data da lui. Perché si possa prestare questa fede, è necessaria la grazia di Dio che previene e soccorre e gli aiuti interiori dello Spirito Santo, il quale muova il cuore e lo rivolga a Dio, apra gli occhi della mente, e dia 'a tutti dolcezza nel consentire e nel credere alla verità'. Affinché poi l'intelligenza della rivelazione diventi sempre più profonda, lo stesso Spirito Santo perfeziona continuamente la fede per mezzo de suoi doni" (DV 5).

Così si corrobora come la fede cristiana non è unicamente adesione a proposizione concettuale e dottrinale della rivelazione divina; è anche azione interna, illuminatrice e dolcificante di Dio, nello Spirito Santo, che parla internamente al credente, motivando, attraendo, muovendo tutta la persona, tanto razionalmente quanto affettivamente. In oltre, la *Dei Verbum* fa notare che l'intelligenza della rivelazione, lungi da raggiungere uno stato fermo di comprensione definitiva, costituisce piuttosto un processo dinamico sempre da approfondire di più in modo tale che "lo stesso Spirito Santo perfeziona continuamente la fede per mezzo dei suoi doni".

Questa impostazione della Rivelazione, nella sua duplice dimensione oggettiva e soggettiva (*fides quae* e *fides qua*), ha un significato essenziale per cogliere l'importanza dello studio della Spiritualità nella Teologia. In questo senso, Padre Castellano afferma che lo studio della rivelazione divina "postula quello che diventa oggetto proprio della 'teologia spirituale', cioè la conoscenza e l'accoglienza della verità e della vita di Dio, la risposta alla Rivelazione". E continua:

"La 'teologia' non può non essere 'teologia spirituale' nel senso di una teologia della risposta vitale alla rivelazione-comunicazione di Dio (...) Da una nuova impostazione, come quella della *Dei Verbum*, nasce anche un nuovo rilancio della natura e del metodo della teologia spirituale, sia che si voglia donare alla teologia anche il doveroso riscontro dell'esperienza, sia che si lasci alla teologia spirituale la sua funzione di studio scientifico della accoglienza della verità, vita della rivelazione di Dio in un cammino personale, comunitario e sociale"[40].

---

40. J. CASTELLANO CERVERA, Teologia Spirituale, in G. CANOBBIO, P. CODA, La teologia del XX secolo, un bilancio, vol 3, Prospettive pratiche, Città Nuova, Roma 2003, 240.

Il cammino comunitario della spiritualità trova nella grande Costituzione del Vaticano II, la *Lumen gentium*, la più ricca visione della Chiesa come radicata sulla comunione trinitaria, sacramento della salvezza operata da Gesù, popolo di Dio e corpo di Cristo. Il mistero della Chiesa non può essere semplice oggetto di conoscenza teorica, deve essere un fatto vissuto, frutto di meditazione e impegno nel servizio ecclesiale. Con tutta possibilità l'antiaffetto ecclesiale espresso nella frase "Gesù sì, chiesa no" viene da un'esperienza di Chiesa troppo giuridica e poco spirituale, dall'incapacità di comunicare e di testimoniare il mistero ecclesiale nella sua totalità umana e divina. Qui è da menzionare il libro di de Lubac, *Meditation sur l'Eglise* (Parigi 1952), che tematizza la radice e il fondamento ecclesiale della spiritualità cristiana.

Nella loro ricchezza i documenti del Vaticano II hanno segnato ormai lo studio della Spiritualità in molti aspetti esplicitamente o implicitamente. Le pubblicazioni su questa materia apparse nel postconcilio fino ad oggi fanno riferimento spesso ai brani del Vaticano II, ma non tanto con una visione comprensiva generale bensì in modo selettivo: per confermare o allargare temi, argomenti o schemi che provengono da altronde. Occorre tuttora una sistematizzazione generale dello studio della Spiritualità non solo accogliendo ma partendo dal Vaticano II e dal Magistero postconciliare che rileva la centralità della Parola di Dio, tanto nella liturgia come nella meditazione personale e il *ritorno alle fonti* dei grandi maestri della vita spirituale, senza dimenticare il dialogo con il mondo di oggi.

Con il Vaticano II, possiamo dire l'esperienza della fede ha ricuperato il diritto di cittadinanza nella dottrina del Magistero e, per tanto, nella teologia cattolica. Questo è stato particolarmente percepito dalla teologia spirituale, in modo tale che si può affermare che precisamente l'esperienza nelle diverse significazioni – umana, religiosa, cristiana – è considerata oggi come la qualifica più specifica della sua metodologia[41].

Certo, "esperienziale", come già detto, ha un significato molto largo. Anche una riflessione speculativa appartiene all'esperienza. Il cristianesimo è fin dall'inizio la storia d'innumerevoli esperienze, religiose, speculative, culturali, politiche, ecc. La Spiritualità studia, però, l'esperienza nell'accezio-

---

41. Senza la pretesa di essere esaustivo, J. M. GARCÍA ha raccolto alcune descrizioni di teologia spirituale dal 1965 fino ad oggi, appartenenti a diversi paesi, e constata come l'aspetto esperienziale acquisti sempre più importanza nella concezione della identità di questa disciplina. Cf. J.M. GARCIA, La teologia spirituale oggi . Verso una descrizione del suo statuto epistemologico, in *La Teologia Spirituale*. Atti del Congresso Internazionale OCD, Roma 2001, 208-212.

ne soggettivamente più in rapporto con Dio uno e trino, raccogliendo perlomeno una base che consenta una comprensione adeguata, sebbene molte esperienze religiose siano descritte in maniera parziale o esagerata, dando troppo valore ai fenomeni miracolosi. Certo, l'esperienza sensibile è un punto di partenza. Su questo scriveva il Prefetto della Congregazione della Fede nel 1986: "Il cammino della fede comincia dall'esperienza sensibile e l'esperienza sensibile è, in quanto tale, pregnante di fede e capace di trascendenza". L'esperienza sensibile della fede, però, non si esaurisce a questo livello bensì si apre a nuove forme di esperienze. Così continua Ratzinger:

«La fede comincia dall'esperienza, ma non può essere limitata a un'esperienza semplicemente data; essa provoca una dinamica delle esperienze ed essa stessa crea nuove esperienze. Il Dio sempre più grande non può essere riconosciuto che nel superamento verso una realtà sempre più grande nella correzione costante delle nostre esperienze. È così che la fede e l'esperienza costituiscono la continuità di una linea che deve andare sempre più lontano. Solo accompagnadosi al superamento continuo della fede si potrà realizzare in definitiva una vera esperienza della fede»[42].

Dalla sua parte, la teologia della liberazione, sebbene in alcuni aspetti abbia esagerato il compito sociopolitico della fede, non si può meno che riconoscere il suo merito di aver mezzo in primo piano la dimensione liberatrice di essa[43].

Dio come soggetto della teologia: i Santi, i suoi migliori interpreti

Accanto a Gesù, che resta sempre, come Parola di Dio e donatore del suo Spirito, l'unico Modello e Maestro della spiritualità cristiana, c'è tutto un elenco di cristiani e cristiane che, perché hanno seguito il Maestro fino in fondo, anche loro diventano maestri. Questi sono particolarmente i Santi. La santità divina è il termine verso il quale si svolge ogni vita umana in senso cristiano, come rileva il Vaticano II[44].

"Santo" in senso proprio è solo Dio che si è rivelato nel suo Cristo (Att 3, 14)[45]. Nel battesimo per primo e poi negli altri sacramenti, particolar-

---

42. J. RATZINGER, Fede ed esperienza, in ID, Elementi di teologia fondamentale. Saggi sulla fede e sul mistero, Brescia 1986, 82-85.
43. G. GUTIERREZ, Bere al proprio pozzo. L'itinerario spirituale di un popolo, Brescia 1984. R. GARCÍA MATEO, Die Methode der Theologie der Befreiung. Zur Überwindung des Erfahrungsdefits in der Theologie, in *Stimmen der Zeit*, 204 (1986) 386-396.
44. *Lumen Gentium* 39.
45. "Santo" traduce il termine ebraico "kadosh", che significa il totalmente diverso, altra realtà da tutto quello che possiamo conoscere, Sam 2, 2; Is 6, 3. Cf. "Santità" in P. ROSSANO, G. RAVASI, A. GHIRLANDA (a cura di), Nuovo dizionario di Teologia Biblica, Paoline, Roma 1988.

mente, nell'eucaristia il Dio Santo uno e trino dona se stesso al credente, viene ad abitare in lui (Gv 14, 23). Non si tratta solo della remissione dei peccati bensì di una grazia santificante che produce un'intrinseca rinnovazione del credente che lo rende già in questa vita partecipe della gloria divina mediante l'opera salvifica di Cristo nell'effusione del suo Spirito (Gal 6, 15; 1Piet 1,4)[46].

Che tale santità cristificante (Gal 2, 19-20), centro di ogni spiritualità cristiana, non rimane una semplice teoria o una bella dottrina, è testimoniato dalla vita di tanti cristiani e cristiane, principalmente da quelli che sono dichiarati *Santi*. Infatti, i santi mostrano con i fatti della loro vita che le esigenze della fede in Cristo non costituiscono un eroismo titanico irrealizzabile, e che il messaggio evangelico non è un'utopia o un ideale impossibile d'essere vissuto; inoltre, attraverso di loro la santità irraggiungibile del Dio totalmente altro si rende vicina nella bontà, nella carità o nella giustizia umane. Così considerati, i santi non sottraggono nulla al teocentrismo della santità divina, ma anzi costituiscono una più ampia glorificazione di Dio poiché in questo modo si glorifica Lui operante nei suoi santi.

Nel 1950 H.Urs von Balthasar pubblicava il suo libro su Teresa di Lisieux dove si presenta come la vita di un santo è "esistenza teologica". "Esistenza teologica" significa, secondo Balthasar, che nel santo si attua la riconciliazione tra teologia e santità: giacché essa, perché è accoglimento vissuto della sequela di Cristo, è simultaneamente interpretazione viva, esistenziale del suo mistero; il che significa anche una proposta concreta per stabilire i rapporti tra il vissuto della fede e la teologia.

Nei tempi odierni, lamenta Balthasar teologia e santità si sono sviluppate indipendentemente l'una dall'altra. Soltanto in rari casi i santi sono ancora teologi, perciò essi sono stati relegati alla zona della devozione, dimenticando il loro compito teologico[47]. Il suo recupero richiede però, rileva Balthasar, un modo diverso di trattare la vita dei santi: non tanto secondo uno sviluppo biografico - psicologico, quanto una fenomenologia della azione divina in loro. La loro esistenza ha un valore non solo testimoniale ma anche ispirativo poiché si sono lasciati impadronire dallo

---

46. Questo aspetto trasformante viene rivelato dal concilio di Trento: "La giustificazione non è soltanto la remissione dei peccati, ma anche la santificazione e il rinnovamento dell'uomo interiore per mezzo dell'accoglimento libero della grazia e dei doni , per cui l'uomo da ingiusto che era diventa giusto e da nemico di Dio diventa amico" (Denzinguer 1528)
47. H.U. VON BALTHASAR, Sorelle nello Spirito, Milano 1974, 22.

Spirito, proprio per questo sono di massimo interesse per la Chiesa e per il mondo[48].

La concezione del Santo quale evangelo vivente rileva come la fede cristiana non è riducibile alla dottrina dogmatica né all'azione socio-culturale ma identificabile, più precisamente, con la totalità del mistero di Cristo, la cui permanenza nel tempo è più manifesta dalla testimonianza dei cristiani, in particolare dei martiri, perché con la loro offerta si conformano e manifestano la fede in Cristo crocefisso e risorto. Con il martirio "il discepolo è reso simile al maestro che liberamente accetta la morte per la salute del mondo, è a lui si conforma nell'effusione del sangue" (LG, 42). Il martirio appartiene all'essenza della fede cristiana che commemora e celebra la morte sulla croce di un martire come origine della vera vita. A questo riguardo K. Rahner afferma:

«Se ci chiede dove sta nella vita dell'uomo quel punto dove l'apparenza è assolutamente vera e la verità assolutamente apparente, dove è il punto dove tutto concorda: l'azione e la passione, la realtà più ordinaria e la più incomprensibile, quanto è più divino, l'oscura peccaminosità del mondo e la grazia di Dio che l'abbraccia nella misericordia, il culto e la realtà, si deve rispondere nel martirio. Qui e soltanto qui»[49].

Il termine *martirio* significa testimonianza ed è fondamentale nell'ambito giuridico. P. Ricoeur negli studi ermeneutici rileva però una profonda differenza tra la testimonianza giuridica e il martirio: una persona diviene martire perché è un testimone della fede fino a perdere la vita, invece in un processo non è il testimone che rischia la sua vita ma l'imputato. La testimonianza giuridica è tanto più accettabile, quanto più è il distacco dai fatti descritti; mentre quella martoriale, continua Ricoeur, è un *engagement* del testimone, pienamente comprensibile solo all'interno di una fede religiosa o laica[50].

La testimonianza di Cristo fu origine di altre testimonianze. Infatti, il martirio cristiano non ha come causa primordiale un dogma, una morale o un'azione politica, ma la fede in Cristo. Ignazio di Antiochia chiede ai cristiani di Roma di non impedirgli l'immolazione: «Se non parlerete in mio favore, io diventerò parola di Dio. Se invece amerete questa mia vita

---

48. A. SICARI, Hans Urs von Balthasar: teologia e santità, in K. LEHMANN / W. KASPER, Hans Urs von Balthasar, Figura e Opera, Piemme, Casale di Monferrato, 1991, 251-268.
49. K. RAHNER, Sulla teologia della morte. Con una digressione sul martirio, Brescia 1965, 94.
50. P. RICOEUR, L'herméneutique di témoignage, in E. CASTELLI (ed.), La testimonianza, Padova 1972, 42 s.

nella carne, rimarrò una voce qualsiasi"[51]. Il Vaticano II ha ripresentato questo ruolo dei Santi dichiarando che in loro Dio stesso ci parla (LG, 50). Essi, perciò, oltre che modelli di vita, sono "teodidattici". Detto con la *Dei Verbum* (n 8): "Cresce la comprensione tanto delle cose quanto delle parole trasmesse, sia con la riflessione e lo studio dei credenti, i quali le meditano in cuor loro (Lc 2, 19), sia con l'intelligenza attinta dall'esperienza profonda delle cose spirituali, sia per la predicazione di coloro i quali con la successione episcopale hanno ricevuto un carisma sicuro di verità". Da questo testo, in cui si legittima, come luogo d'interpretazione della Scrittura, insieme con la riflessione teologica e il ruolo del Magistero, l'esperienza dei santi, Giovanni Paolo II fece un appello: " È ora che l'esperienza e il pensiero dei Santi siano più attentamente e sistematicamente valorizzati per l'approfondimento delle verità cristiane"[52]. Inoltre, il ruolo dei santi per un'autentica intelligenza della Parola di Dio è stato rilevato da Benedetto XVI:

«I santi sono gli autentici interpreti della Sacra Scrittura. Il significato di un'espressione si rende comprensibile in modo più chiaro proprio nelle persone che ne sono state completamente conquistate e l'hanno realizzata nella propria vita. L'interpretazione della Scrittura non può essere una faccenda puramente accademica e non può essere relegata nell'ambito esclusivamente storico. La Scrittura porta in ogni suo passo un potenziale di futuro che si dischiude solo quando le sue parole vengono vissute e sofferte fino in fondo»[53].

L'interpretazione esistenziale e teologica dei santi ha cominciato, purtroppo soltanto in casi particolari, a essere presa sul serio da alcuni teologi come de Lubac, Barsotti, Balthasar, i fratelli Rahner, non solo per illuminare i dinamismi della dottrina teologica bensì per cogliere le diverse esperienze del mistero di Dio da parte di quelli che si lasciano guidare dal suo Spirito. Comunque c'è ormai una letteratura crescente di studio dell'esperienza della fede, messa a fuoco soprattutto nel vissuto dei santi[54]. La pubblicazione più larga in questo senso è sicuramente il libro di F.- M. Lethel del 1989 *La theologie des saints*. Occorre, a suo avviso, ridisegnare lo studio della teologia secondo quattro versanti - mistico, pratico, speculativo e simbolico – distinti e al tempo stesso connessi. Il santo, di conseguenza,

---

51. IGNAZIO DI ANTIOCHIA, Lettera ai Romani, cap. 2, 2.
52. GIOVANNI PAOLO II, Insegnamenti, XXI (1998), vol 2, Città del Vaticano 200, 988.
53. J. RATZINGER / BENEDETTO XVI, Gesù di Nazareth, Roma 2007, 102.
54. CH. A. BERNARD, Il Dio dei mistici, 3 volumi, Cinisello Balsamo 1996ss.

costituisce un *locus theologicus* previlegiato in quanto rappresenta un anello vitale di congiunzione con il centro della Teologia, la Parola di Dio in Cristo[55]. In questo senso Benedetto XVI rivolgendosi alla Commissione Teologica Internazionale (6 ottobre, 2006), ha parlato di Dio non tanto oggetto quanto soggetto della teologia:

«San Tommaso d'Aquino, con una lunga tradizione, dice che nella teologia Dio non è l'oggetto del quale parliamo. Questa è la nostra concezione normale. In realtà, Dio non è l'oggetto; Dio è il soggetto della teologia. Chi parla nella teologia, il soggetto parlante, dovrebbe essere Dio stesso. E il nostro parlare e pensare dovrebbe solo servire perché possa essere ascoltato, possa trovare spazio nel mondo il parlare di Dio, la Parola di Dio».

Questa considerazione era motivata dal santo di quel giorno, San Bruno. Il Papa ricorda che la missione del fondatore della Certosa fu silenzio e contemplazione, mentre la vocazione del teologo, continua il Papa, è piuttosto parlare: "Nelle parole rendere presente la Parola, la Parola che viene da Dio, la Parola che è Dio".

Ovviamente, il Papa rileva che senza l'incontro personale con Dio nel silenzio della preghiera, come i Santi hanno fatto in alto grado, il lavoro teologico perde molto della sua fonte e riduce il divino in modo esplicito o implicito a mera oggettualità, da conoscere solo teoricamente: Dio è in questo modo trasformato in una nozione, in un oggetto. Il teologo sta riflettendo su concetti. Quando l'uomo soltanto riflette su Dio, in realtà non lo raggiunge giacché la sua conoscenza del divino rimane sempre, anche nell'alta speculazione come, ad esempio, quella di Hegel, parziale, analogica.

Non si tratta quindi di una radicale teologia negativa, di un tacere totale bensì di una contemplazione del divino, che rileva evidentemente come "di Dio parla bene soltanto Dio" ma anche l'uomo quando viene ammaestrato da Dio. Questo è il caso, come vediamo, dei Santi, in particolare i mistici. Così, ad esempio, Ignazio di Loyola, parlando della sua esperienza mistica a Manresa, dice: "In questo periodo Dio lo trattava come un maestro di scuola tratta un bambino, quando gli insegna"[56]. Poi, ciò nonostante, lui assolve uno studio filosofico - teologico regolare per circa tredici anni e fonderà inoltre collegi e università[57]. Questo mostra anche quan-

---

55. M. Naro, Studio della teologia e santità, in *Rassegna di Teologia* 44 (2003) 428-446.
56. I. De Loyola, Gli Scritti, a cura di M. Gioia, UTET, Torino 1977, Autobiografia, n. 27.
57. Cf. R Garcia Mateo, Ignacio de Loyola. Su espiritualidad y su mundo cultural, Mensajero, Bilbao 2000, 161-206.

to può essere fecondo partire dalla sapienza divina senza dimenticare l'azione umana. Altrettanto si trova nella Santa mistica d'Avila quando dice che cercava confessori e padri spirituali "letrados", cioè, con una solida formazione teologica[58].

Da tutto ciò diviene chiaro che prendere sul serio la concezione teologica di cui il Papa parla alla Commissione Teologica Internazionale, da una parte, e dall'altra, la necessità "di un'adeguata formazione spirituale", espressa alla Congregazione per l'Educazione Cattolica, chiederebbe una strutturazione degli studi teologici, in cui la dimensione spirituale della fede (*fides qua*) dovrà avere un ruolo molto più centrale di adesso, prendendo una presenza concreta nei corsi istituzionali del *primo ciclo*[59]. La mancanza di teologia spirituale nei corsi istituzionali ci obbliga poi a cominciare in pratica da zero nel *secondo ciclo*.

È comunque d'auspicare caldamente che la riforma riesca a stabilire un *curriculum* formativo in cui il rapporto fra pensare e pregare, fra studio teologico e vita spirituale, fra "teologia di tavolino" e "teologia in ginocchio" divenga sempre più diretto e profondo, in modo tale che l'oggetto della teologia non dimentichi il suo Soggetto.

---

58. Cf., Libro de la vida, cap 5, n. 3.
59. Come si dice sopra, nella nota 329, la Costituzione Apostolica *Sapienza Christiana* (1979) non prevede esplicitamente la teologia spirituale nella formazione teologica, ma le norme applicative mettono tra le discipline obbligatorie la "teologia morale e spirituale". L'ordinamento degli studi teologici tende a vederla in ottica complementare.

DIRE DIO
TEOLOGIA MISTICA O TEOLOGIA DELLA MISTICA?

Luigi Borriello, ocd

Premessa

Alla domanda si può rispondere proponendo in forma assertiva il rapporto tra "Il soggetto mistico e la parola che racconta l'esperienza divina ricevuta in dono". Più esplicitamente, potremmo formulare il rapporto in questi termini: la mistica, intesa come vita di Dio nel credente, è una realtà misteriosa della quale non si può parlare quando non la si possiede e della quale non si parla quando la si possiede, perché la polarità tra limitatezza umana e inaccessibilità di Dio, incalcolabile, è un tratto caratteristico della vita divina, il Mistero assoluto per eccellenza. Accogliere l'esperienza di Dio significa accettare l'inaccessibilità del suo mistero. Chi, come il mistico lo incontra in un rapporto dialogico d'amore, incontra il totalmente Altro, una Persona estranea alla sfera umana, ragion per cui in prima istanza è portato a tacere, chiuso com'è in una sorta di intimismo. In seguito, quando prende coscienza del rapporto-evento accaduto con Colui che lo oltrepassa e trascende, egli si apre alla parola, - con la stessa apertura ontologica al Mistero - per dire Dio. A quanto avviene in quel momento fa eco il Concilio Vaticano II quando collega l'azione storica, in cui e attraverso cui Dio si rivela nel Figlio, dichiarando: «Questa Tradizione che viene dagli Apostoli progredisce nella Chiesa con l'assistenza dello Spirito Santo: cresce infatti la comprensione tanto delle cose quanto delle parole trasmesse, sia con la riflessione e lo studio dei credenti che le meditano nel loro cuore, sia con l'intelligenza interiore delle cose spirituali che *sperimentano*, sia per la predicazione di coloro che con la successione nell'episcopato hanno ricevuto un carisma sicuro di verità» (*Dei Verbum* 8).

Ed è proprio l'incontro con Cristo Parola fatta carne che rende possibile l'esperienza di Dio inaccessibile, indicibile, e spinge altresì il mistico a parlarne. Questo perché Incarnazione significa che Dio fa il suo ingresso nella storia dell'uomo, assume la sua quotidianità e sopporta egli stesso il peso dell'estraniazione che inevitabilmente fa parte dell'uomo. Dio sta al di sopra della sfera dell'uomo rimanendo se stesso, è vero, ma entra nell'esistenza umana per condividere l'esistenza dell'uomo rimanendo sempre se stesso. È per questo motivo che si può affermare che il mistico, chiamato a vivere le verità di fede, è chiamato altresì a parlare di Dio che lo inabita, consapevole che può parlare solo in virtù dell'umanità, comunicativa, relazionale, di Gesù. Così l'esistenza umana del soggetto mistico, luogo della percezione delle verità di Dio, dell'umanità e del cosmo, diventa testimonianza del Dio e dell'uomo stesso. Questa esistenza umana ha, per così dire, due poli: il mondo in cui l'uomo è ed il Mistero assoluto che egli vive in sé ma che non può raggiungere con le sue sole forze, il Mistero divino che gli si sottrae ma che egli esprime. Biblicamente e teologicamente parlando, difatti, «il concetto (*Begriff*) "Dio" non è un afferrare (*Ergreifen*) Dio con cui l'uomo s'impossessa del mistero, bensì è un lasciarsi afferrare (*Sich-ergreifen-Lassen*) da un mistero presente e sempre sottraentesi. Tale mistero rimane mistero anche quando si dischiude all'uomo e precisamente così fonda permanentemente l'uomo come soggetto. Su questo fondamento può poi naturalmente emergere il cosiddetto "concetto di Dio", il discorso esplicito su di lui, la parola "Dio" e quel che con essa intendiamo e cerchiamo di dirci riflessamente, e ovviamente all'uomo non è neppure lecito sottrarsi alla fatica di questo concetto riflesso... Dal momento che l'esperienza originaria di Dio non è un incontro con un singolo oggetto *accanto* ad altri, ma invece Dio è colui che si sottrae in maniera assoluta e sovrana all'esperienza trascendentale del soggetto umano, possiamo parlare di Dio e dell'esperienza di Dio, della creaturalità e dell'esperienza della creatura, nonostante la diversità di ciò che intendiamo di volta in volta indicare, in *un'unica* affermazione»[1]. Sulla base di quest'affermazione si può affermare che i mistici possono dire ciò che Dio è per loro e, a un tempo, ciò che Dio è in se stesso, perché essi, i mistici, sono la presenza viva in mezzo al popolo di Dio di un particolare carisma ecclesiale, quella della *epignosis* (*Fil* 1, 9) che è conoscenza superiore del mistero di Dio mediante lo Spirito. Essi sono al servizio della Chiesa intera. Sono la testimonianza del Dio vivente che porta, anche mediante la loro vita, alla piena comprensione della verità (cf *Dei Verbum* 8).

La *teologia della mistica*, cioè la riflessione sistematica della vita di Dio comunicata all'uomo (= teologia mistica), è tenuta a chiarire questo rapporto come problema di fondo. Più propriamente è chiamata a rispondere al seguente quesito: in che rapporto sta il mistico con Dio che si manifesta

---

1. K. RAHNER, *Corso fondamentale sulla fede. Introduzione al cristianesimo*, Cinisello Balsamo (MI) 1990, 84.

come vicinanza assoluta? Se e quando accade tale unione d'amore, il mistico è in grado di descrivere - oggettivamente - la sua esperienza soggettiva, interiore? La teologia riflette su questa esperienza unica e fondamentale per tutti i cristiani, riferisce di essa, la rende più chiara e fa sì che diventi oggetto di approfondimenti più precisi[2]. La teologia stessa nasce dalla vita spirituale, cioè dalla vita di Dio comunicata in Gesù Cristo per la forza dello Spirito e rimane legata a questa. L'una non può fare a meno dell'altra, perché s'"integrano a vicenda.

La difficoltà a parlare di Dio si fa ancora più insormontabile quando nell'esperienza dell'incontro d'amore tra il soggetto mistico e il Tu di Dio, l'esperiente e l'Esperimentato, si manifestano come una sola unità, poiché avviene la trasformazione dei due partner in un solo soggetto, pur restando quella distinzione radicale tra Dio e la creatura umana. In realtà, questo evento sublime concesso dalla grazia divina è costituito dall'atto stesso del rapporto unitivo d'amore. Il rapporto stesso, la sua unità vitale, presente in un amore radicale, misticamente sperimentato, per il Dio che comunica se stesso, può indurre a credere erroneamente in una sparizione del soggetto finito in Dio infinito, quindi senza più la possibilità di poterne parlare.

Se però si considera questa esperienza d'unione mistica come evento d'amore, si può presumere che i due amanti si dimentichino al punto tale che non viene colta la duplicità intersoggettiva, bensì l'unità indescrivibile dell'Uno nell'altro. Questi, il soggetto mistico, abbandonando se stesso - distaccandosi da sé - per stare nell'Altro amato, dimentica se stesso ed esperimenta soltanto l'unione d'amore.

Anche in un momento successivo a quest'estasi d'amore, il mistico è capace di parlare di questa sublime esperienza che lo supera in tutti i sensi? Le perplessità fin qui prospettate dicono che è importante ascoltare, a questo punto, il mistico stesso, cioè come egli vive e spiega la sua esperienza. Potrà egli mai raccontare, meglio spiegare, e comunicare la

---

2. «Se Rahner, scrive a questo proposito I. Sanna, può essere definito primariamente come un teologo mistico, lo è solo nel senso di uno "che cerca una chiarezza concettuale in un sistema filosofico, per esprimere la propria esperienza". Ciò che Rahner un giorno ha scritto su san Tommaso d'Aquino: "San Tommaso ha considerato la sua teologia come la sua vita spirituale e la vita spirituale come la sua teologia", oggi lo possiamo benissimo scrivere di lui Secondo Rahner, il compito della teologia odierna è quello di diventare una "vitale e coraggiosa mistagogia dell'esperienza religiosa", una teologia, cioè, che riesca a ricomporre la frattura tra la vita della pietà e lo studio della teologia» (I. SANNA, *Teologia come esperienza di Dio. La prospettiva cristologica di K. Rahner*, Brescia 1997, 45-46.

mistica esperienza del divino Trascendente, da lui accolta e interpretata secondo i tratti caratteristici della sua personalità, agli altri? L'esperienza mistica, occorre aggiungere, è un "segmento episodico", discontinuo, della vita stessa di Dio partecipata per grazia al soggetto mistico. È qui che nasce la distinzione tra teologia mistica e teologia della mistica[3]. Spiegando questa distinzione si potrà rispondere alla domanda precedente.

Teologia mistica e teologia della mistica
Pur ammettendo una possibile distinzione teorica tra mistica e teologia mistica, credo sia fuorviante procedere, con questa ammissione, all'interno della mistica o della teologia mistica, perché in ultima analisi è Dio che parla, si rivela e comunica la sua stessa vita al soggetto mistico accogliente. Tutt'al più, si può sostenere che la triplice distinzione di Balthasar tra *mistica*, come esperienza di Dio, *mistologia* come discorso tecnico-letterario sull'esperienza mistica, e *mistagogia* come formazione teorico-pratica all'esperienza mistica, è più utile della normale bipartizione, nella misura in cui non s'ignora l'intrinseca relazione che lega le tre[4].

Nel tentativo di risolvere il problema, gli studiosi distinguono ulteriormente la mistica come *presa di coscienza* della presenza divina nell'anima, dalla *mistografia* come narrazione di tale esperienza, dalla *mistologia*, dalla *mistagogia*, dalla *teologia mistica* (= la stessa vita di Dio comunicata al soggetto mistico) e dalla *teologia della mistica* quale riflessione teologica sistematica sul vissuto interiore del credente. Del resto, c'è chi come Irene Behn[5] affronta la questione distinguendo semplicemente tra *mistica* e *mistologia*, concetti legati tra loro dalla "mistagogia". In realtà, distinguere tra prassi e teoria, tra esperienza di Dio e parlare di lui è un falso problema, perché le due realtà sono due aspetti che s'intersecano e integrano mutuamente tanto da dare un unico evento. Si pensi, tanto per esemplificare, a ciò che è indicato dalla parola "amore", ove atto ed esperienza sono due elementi insostituibili di un unico e stesso amore. Ogni essere umano che vive in sé l'amore come "relazione a" (leggi *mistica* come vita di Dio

---

3. Cf K. Rahner, *Esperienza mistica e teologia mistica*, in Id., *Teologia dall'esperienza dello Spirito*. Nuovi Saggi VI, Roma 1978, 523-536.
4 Cf W. Beierwaltes – H. Urs von Balthasar – A.M. Haas, Grundfragen der Mystik, Einsiedeln 1974, 52.
5. Cf I. Behn, *Mystik und Mystologie*, in Ead., *Spanische Mystik. Darstellung und Deutung*, Düsseldorf 1957, 8ss.

presente in ogni uomo), lo "sperimenta" in svariate esperienze, lo conosce nella sua essenza fondamentale. La teoria, o per meglio dire, la "dottrina" (leggi *mistologia*), ha lo scopo di risvegliare e approfondire questo amore nascosto nella creatura umana; l'insegnamento consiste nell'esprimere il contenuto di tale esperienza.

A questo punto, per comprendere meglio l'unico evento del rapporto mistico-comunionale tra Dio e l'uomo, bisogna ricorrere all'immagine di tre cerchi concentrici connessi tra loro: l'esperienza, l'esposizione e/o lo sviluppo dell'esperienza, la riflessione teorico-sistematizzante su di essa. Così i tre stadi consentono di individuare un'unità interna all'esperiente: la "mistica", a motivo dell'intreccio tra l'esperienza esistenziale donata, la comunicazione di essa e la riflessione criticamente legittimata su di essa.

Quasi tutti i mistici soffrono per la contraddizione fra l'esperienza "indicibile" e l'impulso a parlarne. A prima vista la lotta interiore che essi devono affrontare per esprimere l'ineffabile lascia intravedere un grande abisso tra l'esperienza del divino e la comunicazione di essa attraverso il linguaggio e in seguito la riflessione teologica su tale vissuto. Per questo motivo, alcuni mistici abbandonano l'impresa e ripiegano sulla poesia[6] o sul linguaggio metaforico e paradossale; altri si sentono interiormente spinti a parlare della loro sublime esperienza, pur sapendo che la parola umana è riduttrice rispetto all'incontro-evento con l'Assoluto divino sperimentato[7]. Sanno molto bene che le loro esperienze tradotte in parole rimangono in qualche modo lontane da chi legge. Essi si sono lasciati infiammare dall'Amore divino, ma a noi arriva l'interpretazione di quella fiamma, non la fiamma stessa.

Ed è proprio perché alcuni mistici sono spinti a comunicare ai lettori la loro esperienza divina che il filosofo inglese W.T. Stace considera l'ineffabilità una delle caratteristiche dell'esperienza. Egli, afferma che, per quanto i mistici usino espressioni come "inesprimibile", "indescrivibile" "ineffabile" e "al di là delle parole", in realtà essi descrivono con parole umane le loro esperienze. Concretamente, i mistici sono mossi a comunicare il significato dell'esperienza del divino Trascendente perché si possa credere non solo nella sua realtà, ma anche nella plausibilità di tale esperienza, ed essere quindi una mediazione alla comprensione del mistero divino.

---

6. Difatti tra gli studiosi di mistica molti di essi si sono soffermati sulle affinità riscontrabili tra la poesia e la mistica, come ad esempio E. Underhill e A. Levasti.
7. Spiega molto bene queste difficoltà Giovanni della Croce nel *Prologo* alla *Salita del Monte Carmelo*.

«L'esperienza mistica – sostiene Stace -, nel momento stesso in cui viene esperita, è totalmente non concettualizzabile, quindi completamente indicibile, ma quando viene ricordata diviene dicibile e concettualizzabile, tanto che il mistico «usa parole che sono descrizioni letterali e corrette della sua esperienza. Naturalmente spesso si aiuta adoperando metafore, allo stesso modo di tutti gli altri parlanti»[8].

A questo punto del nostro teologare ritorna insistente la distinzione tra teologia mistica e teologia della mistica. «La denominazione "teologia della mistica" – risponde Gabriele di S. Maria Maddalena - non è usata comunemente, e solo da poco si è cominciato ad adoperarla, a designare quella parte di teologia che si occupa della conoscenza mistica, per studiarne la natura e per dedurne poi le regole pratiche della direzione delle anime. Anche ai nostri giorni, come anticamente, lo studio teologico della mistica continua ad essere chiamato senz'altro "teologia mistica" volendo indicare con l'aggettivo "mistica" che si tratta di un capitolo speciale della teologia, cioè del trattato che si occupa della conoscenza mistica. Essendo questa una conoscenza soprannaturale di Dio, rientra evidentemente nell'oggetto della scienza sacra. Però, tale accezione del termine "teologia mistica" è derivata. In primo luogo per "teologia mistica" s'intende la conoscenza stessa di Dio, conoscenza di natura piuttosto sperimentale anziché propriamente intellettuale che si sviluppa nell'anima mediante l'amore; conoscenza misteriosa appunto perché non si esprime per mezzi di concetti»[9].

È importante, oltre che opportuno, chiarire ora il concetto stesso di "teologia" mistica[10]. A motivo degli echi paganeggianti che poteva avere, al termine "teologia" si preferì ad esso in un primo momento quello di "filosofia". Sia per i Padri greci che per quelli latini la filosofia, più che "stu-

---

8. W.T. STACE, *Mysticism and Philosophy*, London 1961, 297. In questa sua opera, che è il risultato delle sue riflessioni sulla mistica, tra l'altro, egli giunge a sostenere che il misticismo non è né oggettivo né soggettivo, ma trans-soggetivo, cioè una comunanza di modi di pensare condivisi da molte persone.
9. GABRIELE DI S. MARIA MADDALENA, *Teologia della mistica*, in AA.VV., *Problemi e orientamenti di teologia dommatica*, Milano 1957, 1017.
10. Con difficoltà e resistenza – scrive Ruiz – la mistica cristiana ha oltrepassato i confini della "teologia spirituale", per trovare anche un posto e una funzione nella "teologia" ufficiale, cioè in quella "dogmatica". Il primo passo fu l'entrata nella "teologia spirituale" all'inizio del secolo XX. Le discussioni sul "problema mistico" (natura della perfezione cristiana, chiamata universale, contemplazione infusa acquisita) diedero il loro frutto: normalizzazione della mistica nella spiritualità, benché lo si facesse con l'orizzonte ristretto all'ambito dell'orazione. La mistica ha avuto bisogno di mezzo secolo per affermarsi nel campo della "teologia dogmatica" come valore ed espressione di autentica fede cristiana» (F. RUIZ, *Le vie dello Spirito. Sintesi di Teologia spirituale*, Bologna 1999, 330).

Luigi Borriello, ocd

dio" era soprattutto l'"amore" stesso della sapienza. Essi erano profondamente convinti che quest'ultima è sostanzialmente la Sapienza in Gesù Cristo e nei misteri che gli ha rivelato. D'allora in avanti, si prese a parlare di filosofia cristiana come dell'unica "vera filosofia". Più avanti, il termine "teologia del Cristo" (Esichio di Gerusalemme) venne a indicare primariamente la "parola di Dio, contemplata, pronunciata, proclamata. Non era attività scientifica, quanto piuttosto esprimeva «quel desiderio di meglio conoscere e amare Dio che proviene dalla fede nella sua rivelazione, stimola la ricerca di tutto l'essere impregnato di questa fede viva... Si capisce allora perché *philosophia* e *theologia* siano spesso sinonimi di teoria, ossia di contemplazione... Così il "filosofo" o il "teologo" è colui che aspira a partecipare sempre più alla sapienza di Dio... Questa è l'accezione che il termine "teologia" conserverà nel corso di quasi tutta la tradizione»[11].

E la Parola di Dio (=teo-logia) tramutata in un solo "sapere" relativo al mistero di Dio, è l'epifania di Dio, attestata dalle parole e dalle vicissitudini della Scrittura. Più ancora, è conoscenza sapienziale[12] delle verità della fede, sperimentata dal cristiano, o "teologia mistica", che scaturisce dall'unione tra teologia e mistica. La teologia mistica risulta essere così incontro esperienziale - di conoscenza - tra la creatura umana e le Persone divine. Tale incontro, interpersonale, coinvolge la totalità della persona stessa in rapporto con le divine Persone.

Andando per cerchi concentrici sempre più in profondità, potremmo dire che "conoscenza" o "teologia mistica" sono in ultima analisi l'incontro tra Dio che si rivela e l'uomo che acconsente all'azione divina. L'uomo può conoscere Dio solo se questi gli si manifesta e per il fatto che gli si manifesta. Il soggetto mistico, reso partecipe della conoscenza del Mistero della Trinità, fa continuo riferimento all'amicizia con Colui che intende conoscere, ben consapevole che quel che potrà conoscere sarà un dono d'amore Dio stesso che «sorpassa ogni conoscenza» (*Ef* 3, 19). Ritorna qui con forza la natura di evento proprio del cristianesimo: l'evento Gesù Cristo, autorivelazione di Dio. Gesù Cristo è, quindi, la via (*metodo*), la verità (*contenuto*) e la vita (*communio Personarum*) per il mistico che ne esperimenta tutta la ricchezza, perché coinvolto intimamente, e per il teologo che elabora e sistematicca tale evento come *scientia fidei*. Per questo motivo, si potrebbe dire tanto la conoscenza teologica quanto la stessa teo-

---

11. J. LECLERCQ, *Esperienza spirituale e teologia*, Milano 1990, 54.
12. Cf *Cantico spirituale* 26, 13-17.

logia mistica hanno sempre un carattere teandrico. La mediazione dell'umanità del Cristo è evidente sia quando Dio si comunica al mistico, sia quando questi accoglie e risponde a Dio che gli si rivela, sia ancora quando si sente spinto a raccontare di Dio e dell'esperienza che ne fatto.

Il mistico e la sua esperienza

Il dibattito teologico sull'identità o la natura della teologia mistica può trovare soluzione solo nel suo oggetto formale che è il mistero di Gesù di Nazareth, morto e risorto (= ascetica e mistica, non in antitesi tra di loro ma in continuo dialogo dialettico), celebrato nella comunità ecclesiale. Più precisamente, l'esperienza spirituale cristiana è costituita dall'esperienza pasquale di Gesù Cristo nel suo divenire esistenziale, che lo Spirito veicola nel vissuto della comunità dei credenti. Ed è solo nell'ambito di tale esperienza che si può raggiungere, per quanto possibile a creatura umana, una conoscenza soprannaturale di fede. Teresa di Gesù così confidava nel libro della sua *Vita*: «Ben poco avrei potuto imparare dai libri, non essendo riuscita a capire nulla né sapendo quel che facevo, fino a quando sua Maestà non me lo fece intendere per esperienza»[13]. Con l'esperienza - aggiunge Giovanni della Croce - «si conosce per amore, nel quale le cose non solo si conoscono, ma insieme si gustano»[14]. E tuttavia, tale esperienza per quanto spirituale possa essere, è sempre fondamentalmente umana.

Per il Dottore spagnolo la mistica è prima di tutto conoscenza di Dio per fede: è esperienza totalizzante determinata dalla conoscenza della realtà oggettiva del Cristo. Per questo, attraverso la sua testimonianza di mistico, di chi ha fatto esperienza diretta dei misteri divini, egli passa spontaneamente da una mistica soggettiva a una mistica oggettiva. A questo riguardo scrive Barsotti: «Mistica oggettiva e mistica soggettiva non sono di fatto separabili, ma solo risalendo da una mistica soggettiva che studia l'esperienza del mistero a una mistica oggettiva che vuole scoprire la realtà del mistero che è all'origine di quella esperienza, noi possiamo riconoscere la differenza specifica di una mistica cristiana da quella che cristiana non è... È assolutamente necessario rivendicare il carattere cristiano della mistica di san Giovanni della Croce... per riconoscere il vero valore della sua testimonianza, [cioè] di uno che ha conosciuto e ha amato Gesù»[15].

---

13. *Vita* 22, 3.
14. *Cantico spirituale*, Prologo.
15. D. BARSOTTI, *La teologia spirituale di san Giovanni della Croce*, Roma 1979, qui 55-62, *passim*.

Luigi Borriello, ocd

Grazie a questa affermazione del compianto teologo fiorentino, possiamo dire che la teologia è essenzialmente *Theos Legon*, cioè Dio uno e trino che parla, si rivela e si comunica in Gesù Cristo. La mistica, pertanto, può articolarsi solo mediante una partecipazione a quest'unico soggetto. Essa nasce da una comunanza di vita, o per meglio dire, da un incontro interpersonale tra Dio che si autocomunica nella persona del Cristo Uomo e la creatura che nella fede corrisponde al dono divino.

C'è, oggi, negli studiosi di mistica, il bisogno dell'elaborazione di una teologia che prenda in debita considerazione la sua dimensione esperienziale, sapienziale e mistica. È necessaria, però, una inversione della prospettiva antropologica della teologia: non è l'uomo a cercare o a sperimentare Dio, ma al contrario: è Dio che cerca e partecipa la sua comunione intradivina all'uomo. Pertanto, la teologia non dovrà essere più e soltanto discorso su Dio, ma accoglienza e conseguente presa di coscienza di Dio che parla all'uomo in Gesù Cristo, luce che illumina per mezzo dello Spirito.

Quando Teresa d'Avila tenta di raccontare al p. García de Toledo la sua esperienza interiore, scrive: «Nel cercare di rappresentarmi il Signore e prostrarmi ai piedi di Cristo..., mi accadeva d'improvviso d'essere presa da una così viva sensazione della presenza di Dio da non poter dubitare in alcun modo che egli fosse in me ed io tutta immersa in lui. Questa non era una forma di visione e credo che la chiamino teologia mistica. Tale stato tiene l'anima sospesa in modo tale che essa sembra tutta fuori di sé»[16]. In questo passaggio, così denso, Teresa allude alla percezione consapevole della presenza divina. Fatto curioso è che Teresa identifica questa presenza con la teologia mistica[17]. Ciò va contro la posizione di molti studiosi moderni della mistica, i quali hanno distinto tra mistica e teologia mistica, tra esperienza mistica e la sua interpretazione teologica.

Secondo la dottrina teresiana, nella vita mistica occorre distinguere tre grazie, unite intrinsecamente tra di loro: la grazia della vita mistica, l'intelligenza di tale grazia, il racconto di essa, secondo questo processo riferito nel Libro della Vita: «C'è un'altra maniera di unione, che non è ancora intera unione, superiore a quella di cui ho appena finito di parlare, ma non tanto quella della terza acqua. La signoria vostra [p. García de Toledo],

---

16. *Vita* 10, 1.
17. Cf S. Ros García, *Mística teología*, in T. Alvarez (dir.), *Diccionario de Santa Tersa de Jesús*, Madrid 2000, 971-1001.

quando il Signore gliele concederà tutte, se già non le ha, avrà molto piacere di trovarle qui descritte e capire in che consistano, perché una cosa è che il Signore ci dia la grazia, un'altra è intendere che favore e che grazia sia, un'altra ancora saper dire e far capire come sia»[18]. Per la mistica abulense si tratta di verificare che sia Dio stesso che le comunica la sua vita intradivina. In seconda battuta, si tratta di una consapevolezza della grazia e della sua verità e vita, adeguata ad alimentare la conoscenza del mistero e la comunicazione salvifica di esso. In ultima analisi, avendo presente che tale esperienza è ineffabile e che molte persone che ricevono tale grazia si trovano impreparate ad esprimerla, occorre un supplemento di grazia "gratia sermonis", che favorisce la comunicazione, sia per poter essere sottoposta al discernimento del confessore o del direttore spirituale, sia anche per testimoniarla agli altri.

Esperienza e teologia mistica

Come si è potuto dimostrare finora, non v'è distinzione alcuna tra la teologia mistica e la mistica intesa come la vita stessa di Dio. Purtroppo, la "teologia mistica" è stata spesso compresa in termini di distinzione tra vissuto esperienziale e riflessione teologica su di essa, cosa che non rende giustizia né agli scritti dei mistici né alla complessità delle relazioni tra esperienza e speculazione, messe in evidenza dalle moderne teorie cognitive ed epistemologiche. La teologia mistica non è un epifenomeno che cambia la struttura stessa della teologia mistica o vita mistica, di cui l'esperienza è solo un segmento.

Sino a pochi anni fa, purtroppo l'eccessiva attenzione alla nozione ambigua di esperienza mistica ha fatto trascurare la necessità di un'ermeneutica specifica dei testi mistici[19], analizzati invece da teologi moderni sotto

---

18. *Vita* 17, 5.
19. Non si conoscono tutte le esperienze presenti in diversi soggetti mistici, perché solo Dio conosce la maggior parte di esse. Tra quelle che sono pervenute alla nostra conoscenza attraverso la tradizione, gli scritti, i resoconti di mistici acclarati, acquistano un particolare risalto per il loro esemplarismo. È con questo intento che è nata la Collana "Testi Mistici" della Libreria Editrice Vaticana, diretta da L. Borriello - M.R. Del Genio – C. Rossini. Si tratta di una collana che presenta alcuni mistici e i loro testi scritti. A tutt'oggi consta di una quindicina di volumi. Il fenomeno dei "mistici acclarati" è, tuttavia, più vasto di quanto lasci supporre il numero già alto di mistici canonizzati dalla Chiesa e di quelli che non saranno mai canonizzati. Poiché Dio non opera in serie, né si ripete, ogni mistico si distingue dagli altri proprio per l'esperienza soggettiva che Dio concede loro di fare. Per una visione d'insieme della mistica in genere e in specie, come anche dei mistici, vedasi la recente opera apparsa per i tipi della Ed. Ancora: *La mistica parola per parola*, a cura di L. BORRIELLO – M.R. DEL GENIO – T. SPIDLÍK, Milano 2007.

diverse angolature. In termini teologici, la questione non sta nel definire "mistica" una persona solo perché afferma di essere stata investita da un'esperienza definita mistica, ma sul contenuto di tale esperienza: se viene da Dio o meno, indipendentemente dal fatto che chi la racconta, in termini autobiografici, sia mistico o meno. È importante, piuttosto, appurare che in questa esperienza mistica vi sia la consapevolezza della presenza di Dio, in un contesto storico ben preciso. Questo modo di procedere nell'interpretazione di un'esperienza mistica autentica va tenuto presente in ogni indagine sulla mistica, spesso concepita come un'unione "metatemporale", "acategoriale", con l'Eterno vivente, sempre uguale nel tempo e nello spazio.

In breve, più che tentare di definire la mistica, perché ogni definizione univoca è utopica, si deve precisare il senso in cui s'intende questo termine, «discutendolo in tre punti di vista: la mistica come parte o componente della religione, la mistica come condotta o modo di vita, e la mistica come tentativo di esprimere la diretta consapevolezza della presenza di Dio»[20]. Al termine "unione con Dio", lo studioso americano B. McGinn preferisce il termine "presenza", perché è «una categoria centrale ed utile per cogliere la nota unificatrice delle diverse tipologie della mistica cristiana. Così possiamo dire che l'elemento mistico nel cristianesimo è rappresentato da quella parte del suo credo e delle sue pratiche che riguardano la preparazione per, la percezione di, e la reazione a ciò che può essere descritto come l'esperienza immediata o diretta di Dio»[21]. Molti mistici cristiani autorevoli, infatti, sono sempre stati contrari a identificare la loro vita mistica con i fenomeni straordinari che l'accompagnano, mentre insistono con forza sulla "consapevolezza" della presenza divina nel loro intimo, «una coscienza speciale ed elevata, che coinvolge amore e conoscenza, determinata dall'interevento dell'incontro mistico». Da parte mia, concordo pienamente con B. McGinn, che assieme ad altri studiosi ha «individuato nel termine "percezione consapevole", una categoria più precisa e più fruibile di quella di "esperienza"»[22].

Per riconoscere la vita Dio dimorante nell'anima, sembra quindi più utile ricorrere alla categoria della "presenza". Teresa d'Avila, ad esempio, parla di una «invasione», di un «sentimento della presenza di Dio»[23], cioè di una

---

20. B. McGinn, *Storia della mistica cristiana in Occidente. Lo sviluppo* (VI-XII secolo, Genova 2003, XII.
21. *Ibid.*, XIV.
22. *Ibid.*, XV.
23. *Vita* 10, 1.

percezione di Dio, di un'immersione nella sua Presenza inabitante come dentro «un castello, fatto di un solo diamante o di un tersissimo, dove sono molte mansioni»[24]. È un modo questo per indicare simbolicamente l'incontro mistico con le divine Persone, che unisce, paradossalmente, la presenza divina (chiamata più precisamente mistica *catafatica* o positiva) e la assenza divina (mistica *apofatica* o negativa)[25]. Si pensi a Margherita Porete, all'Autore anonimo della *Nube della non-conoscenza*, e ad altri mistici.

Cristo mistagogo

L'apostolo Giovanni, l'amico intimo di Gesù ha appreso dal Maestro e mistagogo «quelle cose che occhio non vide, né orecchio udì, né mai entrarono in cuore di uomo, queste ha preparato Dio per coloro che lo amano. Ma a noi le ha rivelate per mezzo dello Spirito» (*1Cor* 2, 9-10). Cristo stesso ha trasmesso l'esperienza del Padre suo o l'esperienza che egli stesso ha nella sua condizione di uomo. Come Figlio di Dio fatto uomo, Gesù non solo ha l'esperienza filiale del Padre, ma è venuto a comunicarla, in modo che i discepoli possano chiamarlo assieme a lui "Padre nostro". È l'esperienza mistica di Gesù detta e ridetta fino al punto in cui quest'intima esperienza con il Padre comunicata nella parola filiale di Figlio non resti impressa nei discepoli nella sua relazione con Dio, con i fratelli e con se stesso. Nella parola evangelica (mistagogica) di Gesù si possono distinguere tre momenti. Il primo quando Gesù rivela la sua unità sostanziale tra lui e Padre: «Gli disse Filippo: "Signore, mostraci il Padre e ci basta". Gli rispose Gesù: "Da tanto tempo sono con voi e tu non mi hai conosciuto, Filippo? Chi ha visto me ha visto il Padre. Come puoi dire: Mostraci il Padre? Non credi che io sono nel padre e il Padre è in me? Le parole che io vi dico, non le dico da me; ma il Padre che è in me compie le sue opere. Credetemi: io sono nel Padre e il Padre è in me; se non altro, credetelo per le opere stesse» (*Gv* 14, 8-11); «Padre santo, custodisci nel tuo nome coloro che mi hai dato, perché siano una cosa sola, come noi» (*Gv* 17,11); «Non capirono che egli parlava loro del Padre. Disse allora Gesù: "Quando avrete innalzato il Figlio dell'uomo, allora saprete che Io Sono e non faccio nulla da me stesso, ma ciò che mi ha insegnato il Padre... Colui che mi ha

---

24. *Mansioni* I, 1.
25. Ben sintetizza questo concetto S. Weil, quando scrive: «Il contatto con le creature umane ci è dato grazie al senso della presenza. Il contatto con Dio ci è dato dal senso dell'assenza. A confronto di questa assenza, la presenza diventa più assente dell'assenza» (S. WEIL, *Quaderni* I, Milano 1982, 240-241).

Luigi Borriello, ocd

mandato è con me e non mi ha lasciato solo, perché io faccio sempre le cose che gli sono gradite» (*Gv* 8, 28-29); «Se tu sei il Cristo, dillo a noi apertamente. Gesù rispose loro: "Ve l'ho detto e non credete; le opere che io compio nel nome del Padre mio, queste mi danno testimonianza" (*Gv* 10, 24-25); «Bisogna che il mondo sappia che io amo il Padre e faccio quello che il Padre mi ha comandato» (*Gv* 14, 31). Il rapporto intimo di conoscenza amorosa che passa tra il Padre e il Figlio viene partecipato ai piccoli: «Ti rendo lode, padre, Signore del cielo e della terra, che hai nascosto queste cose ai dotti e ai sapienti e le hai rivelate ai piccoli. Sì, Padre, perché così a te è piaciuto... Nessuno sa chi è il figlio se non il Padre, né chi è il Padre se non il Figlio e colui al quale il Figlio lo voglia rivelare» (*Lc* 10, 21-22).

Lo stesso Padre dà testimonianza di suo Figlio: «Anche il Padre, che mi ha mandato, mi dà testimonianza. Gli dissero allora: "Dov'è tuo Padre?". Rispose Gesù: "Voi non conoscete né me né il Padre; se conosceste me, conoscereste anche il Padre mio"» (*Gv* 8, 17-19); «Ed ecco una voce che diceva: "Questi è il Figlio mio prediletto, nel quale mi sono compiaciuto. Ascoltatelo» (*Mt* 17, 5); «E dalla nube uscì una voce che diceva: "Questi è il Figlio mio, l'eletto; ascoltatelo"» (*Lc* 9, 35).

Talvolta, quando Gesù è in dialogo con il Padre lo fa in presenza dei discepoli: «Padre, ti ringrazio che mi hai ascoltato. Lo sapevo che sempre mi dai ascolto...» (*Gv* 11, 41-42); «Padre mio, se è possibile, passi da me questo calice» (*Mt* 26, 39); «Padre, nelle tue mani consegno il mio spirito» (*Lc* 23, 46). Di qui si può notare che la relazione di Gesù con il Padre non avviene nella intimità di un cerchio chiuso tra le due Persone divine. I discepoli assistono a questa intimità. Ascoltano e sanno come vive Gesù, conoscono la sua filiazione, sanno quando lo prega, lo ascolta, quando lo glorifica o quando gli consegna la vita... E i discepoli hanno preso nota di tutto questo...

In un secondo momento, Gesù parla apertamente ai discepoli del Padre: «Il Padre stesso vi ama» (*Gv* 16, 27); «Chiedete al Padre nel mio nome...» (Gv 16, 23); «Non chiunque mi dice: Signore, Signore...» (Mt 7, 21); «Il Padre vostro celeste... fa sorgere il suo sole sopra i malvagi e sopra i buoni» (Mt 5, 45); «Voi dunque pregate così: Padre nostro...» (Mt 6, 9); «Nessuno può venire a me, se non lo attira il Padre...» (Gv 6, 44).

L'importante in questi testi di Gesù – quelli citati e molti altri – consiste nel fatto che egli mescola la sua informazione sul Padre con l'invito-incitamento a entrare nella sua stessa sostanziale "filialità": sperimentare la paternità di Dio, la sua bontà di Padre che fa sorgere il sole sopra i buoni e i cattivi...

Infine – è il terzo dato – gli evangelisti ripetutamente sottolineano l'impatto che la parola di Gesù produce in chi ascolta: «Rispose Pietro: Signore

da chi andremo? Tu hai parole di vita eterna...»; «Ed erano stupiti del suo insegnamento, perché insegnava loro come uno che ha autorità...». Di fronte alla forza della parola di Gesù «Simon Pietro si gettò alle ginocchia di Gesù, dicendo: "Signore allontanati da me che sono un peccatore"» (*Lc* 5, 8). Quando i giudei si scandalizzano dinanzi alla guarigione del paralitico il giorno di sabato, «Gesù rispose loro: il Padre mio opera e anch'io opero. Proprio per questo i giudei cercavano ancor più di ucciderlo: perché non soltanto violava il sabato, ma chiamava dio suo Padre...» (*Gv* 5, 17-18).

In breve, Gesù vive davanti ai discepoli l'esperienza del Padre; sollecita a condividere questa esperienza i suoi discepoli. Questi risentono dell'impatto della parola di Gesù che li attira, li scuote, li sconcerta. Queste scene evangeliche che ritraggono Gesù nei riguardi del Padre e dei suoi discepoli sono un paradigma di mistagogia. Per il nostra tema, l'esperienza del soggetto mistico invaso dalla vita divina ripete quella di Gesù. Tale esperienza sarà mistagogica quando egli parlerà del mistero cristiano, a partire dall'esperienza del mistero ricevuta in dono, per risvegliare[26] e per sollecitare negli altri l'esperienza del mistero.

Mistica e mistagogia

Nell'incontro di comunione con Dio, il mistico cristiano non può parlare del Mistero ineffabile di Dio se non come risposta, indotta da Dio stesso che si è fatto Parola. La risposta coinvolge tutta la sua persona, progressivamente trasformata dall'autopartecipazione di Dio. Per questo le pagine di autentica teologia mistica cristiana risentono del carattere di testimonianza del mistico che scrive. Questi sperimenta già qui ed ora, nella sua umanità, soggettivamente, Cristo rivelazione del Padre, vivente in lui. La testimonianza orale o scritta del suo vissuto interiore è "co-scienza", correlata ad un sàpere, quindi manifestazione della "sapienza" – conoscenza – che gli viene dall'alto. Ed è questa la sua *fides quaerens Iesum Christum*, incontrato e al quale si è conformato come alla forma informante, per testimoniare agli altri quanto ha sperimentato.

Il mistico, e solo il mistico, tanto meglio se teologo - come ad esempio Giovanni della Croce -, che ha appreso dalla Parola fatta carne la lingua dell'uomo, può "raccontare" i misteri divini. La teologia mistica assume, qui, una forma cristologica, per così dire, nel senso che Cristo è il *Teo-logos* (Maestro nel

---

26. Mi permetto di segnalare su questo tema l'eccellente studio in collaborazione: AA.VV., *Risvegliare l'esperienza di Dio nell'uomo*, Città del Vaticano 2004.

vangelo) e l'agire di Dio in Cristo assegna una forma definitiva alla teologia mistica. In Cristo Gesù non è possibile separare il suo essere "Parola" dal suo essere "Persona", come non è possibile separare la sua umanità dalla sua divinità. L'assunzione della "forma di servo" (cf Fil 2,7) è la prima parola all'interno della quale egli pronuncia tutte le altre, come afferma Giovanni della Croce: «Il Padre ha pronunciato una parola: suo Figlio. Questa parla sempre in un eterno silenzio e nel silenzio deve essere ascoltata dall'anima»[27].

Proprio a motivo dell'assunzione dell'uomo come linguaggio di Dio, in Gesù Uomo e Dio, il mistico cristiano è chiamato a scoprire agli altri il volto del Dio nascosto, e ciò non perché si scorga l'originalità del "suo" volto, quanto perché in quella originalità, di matrice divina, si riflette la "gloria del Signore". La conformazione a Cristo cui è pervenuto il mistico significa esattamente mostrare "Cristo che vive in lui" nella testimonianza del suo vissuto interiore (cf 1Gv 1, 1-4), com'è accaduto per Cristo stesso. L'esistenza e le parole del Figlio di Dio hanno un carattere testimoniale. Il suo parlare del Padre è un rendergli testimonianza e un glorificarlo. La comunione col Padre è all'origine di tutto quel che il Figlio è ed opera (cf Gv 5, 17; 14, 10). Il suo modo d'essere e di operare come testimone (cf Gv 10, 25) certifica che la sua identità affonda le sue radici nella comunione con il Padre. Chi, come il mistico, lo incontra e a lui si conforma è condotto dentro quella comunione che imprime all'esistenza un carattere testimoniale, una sorta di svelamento della Verità. È proprio, infatti, della verità stessa che è Dio dis-velarsi, come afferma Balthasar: «La verità, a-letheia, è il non nascondimento dell'essere»[28]. Dio vivo e vero racconta di sé, partecipa il suo essere al soggetto mistico. S'instaura così una comunione d'amore, in cui egli si dà (= dis-vela) nella verità, chiedendo di essere accolto, riconosciuto nel suo essere divino. La partecipazione al Mistero divino implica intrinsecamente la "comunicazione" di tale sapienza, che è comunione di vita con l'Assoluto di Dio. Questa è la mistagogia di cui si parla in teologia mistica.

La parola «"mistagogia"... oggi ha un significato più concreto nell'ambito spirituale. Significa l'iniziazione graduale del credente ai misteri della fede, trasmessa e assimilata per via di esperienza interiore e di prassi impegnata, con l'aiuto di un maestro sperimentato. Sono quattro gli elementi che intervengono e in questo ordine: il mistero di Dio vivo che si comunica; assimilazione e trasformazione del soggetto che lo riceve; aiuto

---

27. *Detti di luce e amore*, n. 99.
28. H.U. VON BALTHASAR, *Teologica*, vol. 3: *Lo Spirito della verità*, Milano 1992, 205.

del maestro; mediazione di dottrina e di prassi... Il centro di attrazione e di irradiazione sta nel mistero, cioè in Dio vivo che si rivela e si mette in sintonia con il soggetto... L'esperienza mistica possiede in se stessa una grande forza mistagogica, in sintonia con l'esperienza di fede»[29].

È, dunque, necessaria, una mistagogia all'esperienza di Dio, che il mistico scopre in sé, «una mistagogia che deve essere comunicata in modo che ognuno possa essere il mistagogo. Finché uno non ha capito la naturale inseparabilità del rapporto della sua esistenza... con l'assoluto mistero che noi chiamiamo "Dio" e che egli comunica se stesso a noi, egli non ha capito ancora l'inizio di questa mistagogia». Ora a tale esperienza si perviene o da soli o guidati da un mistagogo. Mistico e mistagogo hanno la stessa radice semantica e reale: il mistero dell'Assoluto di Dio, vissuto e risvegliato in altre persone. Mistagogo è colui che, avendo fatto l'esperienza di Dio, è in grado di comunicarla agli altri. Più che dare consigli e norme di vita, il suo aiuto consiste nel porre gli altri dinanzi a un Dio che per sua natura si comunica, lasciando che egli stesso entri in comunione con chi vuole fare l'esperienza di Dio e stabilisca le modalità dell'incontro. Con la vivezza della sua esperienza divina, il mistagogo «deve insegnare in modo concreto ad essere capaci di restare vicini a questo Dio, a dargli del "tu", ad avere il coraggio di addentrarci nel suo buio silenzioso e a non temere che lo si possa perdere chiamandolo per nome... Tale mistagogia cristiana deve naturalmente sapere il posto che in essa ha Gesù di Nazareth, crocifisso e risorto»[30]. Proseguendo in questa linea di pensiero, si può dire che la vita mistica consiste nel far crescere in sé Gesù Cristo a misura che si diminuisca nell'uomo vecchio, secondo quanto si legge nel Vangelo di Giovanni: «Egli deve crescere e io invece diminuire» (*Gv* 3, 30). Più si "cresce" nella conoscenza esperienziale del mistero di Dio in noi più si è capaci testimoniare agli altri «il mistero nascosto da secoli e da generazioni, ma ora manifestato ai suoi santi... cioè Cristo in voi, speranza della gloria» (*Col* 1, 26-27). Senza questa presenza del Mistero, il soggetto mistico non potrebbe affatto sospettare l'esistenza dell'Essere divino assolutamente trascendente nell'immanenza del suo essere finito, né tanto meno potrebbe accoglierla. Tale presenza originante provoca nel soggetto mistico una forma di presenza del tutto originale, diversa da quella che può captare dalle realtà esterne a lui. La grazia mistica che prende possesso del mistico autentico avviene, però, in maniera differente e varia da persona a persona.

---

29. F. RUIZ, *Mistica e mistagogia*, in AA.VV, *Vita cristiana ed esperienza mistica*, Roma 1982, 280-281.
30. K. RAHNER, *Pietà in passato e oggi*, in *Nuovi Saggi* II, Roma 1968, 23-25, *passim*.

Anche i mistici ripetono quanto l'apostolo Giovanni ha scritto a proposito della sua comunanza di vita con Cristo Gesù: «Ciò che era fin da principio, ciò che noi abbiamo udito, ciò che noi abbiamo contemplato e ciò che le nostre mani hanno toccato, ossia il Verbo della vita (poiché la vita si è fatta visibile, noi l'abbiamo veduta e di ciò rendiamo testimonianza e vi annunziamo la vita eterna che era presso il Padre e si è resa visibile a noi), quello che abbiamo veduto e udito, noi lo annunziamo anche a voi, perché anche voi siate in comunione con noi. La nostra comunione è col Padre e col Figlio suo Gesù Cristo. Queste cose vi scriviamo, perché la nostra gioia sia perfetta» (*1Gv* 1, 1-4).

A conclusione di queste considerazioni si può affermare che nella teologia mistica, così come intesa sopra, c'è, per così dire, una circolarità tra la *fides quae* e la *fides qua*, ossia l'esperienza delle verità di fede, che vengono poi tramutate in *fides qua*, in fede vissuta, che è esperienza di comunione e conoscenza. Qualora le forme di conoscenza teologica perdessero questa caratteristica di tramite tra il soggetto mistico e il mistero di Dio, il sapere teologico non porterebbe a Dio stesso, quindi entrerebbe più nell'ambito della teo-logia mistica e della teologia della mistica.

La mistica, infatti, si muove tra due poli dell'esperienza del credente: la *fides quae creditur*, le verità di fede da Dio a lui partecipate per grazia e la qualità della percezione, che è la *fides qua*. Dentro questa costante dell'esperienza mistica presente nella storia della Chiesa, si situa la tradizione mistica del Carmelo. È a tutti noto l'apporto della scuola carmelitano-teresiana alla teologia mistica, che ha le sue origini nell'esperienza mistica di Teresa di Gesù e di Giovanni della Croce. In entrambi, esperienza riflessione e comunicazione s'intregano e si fondono come elementi costitutivi di una dottrina che esemplifica e concretizza la storia della salvezza. In Teresa il messaggio teologico-mistico esplicita le realtà della vita soprannaturale: Dio, Cristo, la grazia, l'unione sponsale, la trasformazione in Dio, vita divina che ha la Santa ha accolto e testimoniato come sua personalissima esperienza. In questo senso la mistica teresiana si fonda sull'esperienza dell'evento salvifico concreto, accaduto in lei, pieno di luce irradiante, in quanto si collega all'evento salvifico universale e lo riflette in modo particolar e concreto. È per questo che la mistica teresiana è essenzialmente narrazione di un evento salvifico-comunionale. Anche la sua percezione è straordinaria, supera le forze ordinarie della psicologia e si traduce in esperienze, stati d'animo, fenomeni molto al di là delle possibilità naturali dell'uomo, che rimandano necessariamente all'intervento divino nel suo intimo.

L'esperienza teresiana della vita intima di Dio, come evento di salvezza e di comunione, strutturato internamente come esperienza-comprensione-comunicazione si propone come la parte di un tutto, il tutto di Dio Trinità d'amore. Nonostante la barriera della ineffabilità della sua esperienza, frazione profonda del dinamismo della vita di Dio dentro di lei, la mistica di Teresa è aperta agli altri, apostolica[31], nel senso che provoca all'esperienza del mistero dell'assoluto di Dio.

Si può raccontare la mistica?

Dopo queste considerazioni veniamo a un'ultima domanda: Si può insegnare la mistica? Si è risposto a questo interrogativo distinguendo tra teologia mistica (= la vita stessa di Dio, comunità trinitaria immanente) e teologia della mistica. La mistica è situata nella tensione tra due ambiti: l'Assoluto di Dio e la sua esperienza, comunque la si descriva. La mistica, in più, è il punto di convergenza della fede cristiana, della spiritualità e della teologia, per il suo essenziale riferimento al "Mistero" fondante, accolto nella fede, percepito-contemplato nel vissuto esperienziale, riflettuto nella teologia. In essa si assicura la circolarità tra la *fides quae* e la *fides qua*, nella quale il mistero rivelato raggiunge la sua piena espressione.

Ed è proprio la consapevolezza della vita di Dio nell'intimo del soggetto mistico, il nucleo fondante della mistica su cui insistono oggi gli studiosi. Sottolineando la coscienza di tale esperienza da parte del credente, essi propongono soprattutto alla filosofia la necessità del confronto della razionalità con le dimensioni dell'esistenza. La stessa teologia "pensata" per tradursi in teologia vissuta, o più propriamente, pregata, deve accogliere la vita di Dio per donarla agli altri, come messaggio di Dio stesso. È un'esperienza che termina in testimonianza profetica per rendere partecipe dell'avventura nei sentieri del Dio vivente, venuto e veniente nella storia degli uomini.

Da tutto ciò emergono sfide, appelli e proposte assai suggestive in ordine alla ristrutturazione delle discipline teologiche in genere e della mistica in specie. Si tratta, più precisamente, del recupero del vissuto credente[32] nel suo livello di consapevolezza sistematica, dove la *cognitio fidei* non è disgiunta dalla *experientia fidei* e la fede "creduta" e "credente" tangono l'unità del soggetto mistico. Ed è qui ove si colloca la coscienza credente.

---

31. Cf F.-R. Wilhélem, *Dio nell'azione. La mistica apostolica secondo Teresa d'Avila*, Città del Vaticano 1996.
32. I Padri chiamavano tale vissuto indistintamente "santo", "spirituale", "mistico".

Luigi Borriello, ocd

Sulla base di questa profonda dinamica, che è intreccio tra grazia e natura, dono e mistero conosciuto, il mistico tenta di raccontare il segreto del re, che è bene tenere nascosto, anche se è cosa buona rivelare e lodare le opere di Dio» (cf *Tb* 12, 7). Per questo il mistico tenta di raccontare con un linguaggio tutto particolare parte del suo vissuto interiore. Il problema sta quindi nel linguaggio[33], perché veicolo unico per narrare le meraviglie da Dio compiute in e attraverso il soggetto mistico. Le parole di quest'ultimo esprimono la totalità del loro essere ed esistere in relazione con Dio e con gli altri, giacché la "teologia" e l'ontologia dei mistici è quella «della relazione dell'essere spirituale alla Realtà e alla Verità di Dio: non a Dio così come è colto nelle formule umane, ma alla sua stessa Realtà vivente»[34]. Pur tuttavia, il mistico non può ignorare «il punto di vista della teologia scientifica». Senza una teologia o una ontologia «le percezioni e gli enunciati degli spirituali perderebbero presto il senso della misura e la possibilità stessa di conservare ciò che portano di vero e di valido»[35]. Ciò vale soprattutto per il teologo che non può fare a meno delle esperienze illuminanti dei mistici, poiché «una profezia senza dottrina degenera in stravaga e una dottrina senza profezia si sclerotizza in legalismo»[36].

Il linguaggio dei mistici e quello dei teologi debbono illuminarsi a vicenda[37], tendendo conto che nel primo prevale una prospettiva soggettiva, concreta, pratica, mentre nel secondo una universale, astratta, teorica. Solo che – occorre ricordarlo – il linguaggio degli spirituali è essenzialmente un linguaggio di fede (*une forme du langage de la foi*), che lo distingue dalle altre forme di linguaggio, perché «si riferisce fondamentalmente a un'esperienza

---

33. Non mi soffermo a lungo su questo tema per ovvie ragioni, Mi si consenta di rimandare a un mio saggio: L. Borriello, *Il linguaggio mistico*, in AA.VV., *Mistica e mistica carmelitana*, Città del Vaticano 2002, 152-176.
34. Y. CONGAR, *Langage des spirituels et langages des theologiens*, in ID., *Situation et taches présentes de la théologie*, Paris 1967, 150.
35. *Ibid.*, 43.
36. *Ibid.*
37. «A ben considerare le cose, possiamo scorgere che qui, tra i teologi speculativi e gli autori spirituali un'opposizione dottrinale, ma una differenza di terminologia, spiegata poi dal contesto. L'una è più astratta, l'altra più concreta... D'altra parte, la teologia scolastica è estremamente necessaria, se non per la vita interiore dei fedeli, per lo meno per lo svolgimento dottrinale della verità rivelata contro le inesattezze che la sfigurano. Senza la proprietà e la precisione dei termini teologici, si cade facilmente in questi errori... È questo il motivo per cui i grandi mistici, come santa Teresa e San Giovanni della Croce, hanno tanto stimato i grandi teologi, mentre i falsi mistici, come Molinos, non ne hanno fatto alcun conto... Non si saprebbe in effetti, conoscere il vero senso del linguaggio degli spirituali se non si potesse spiegarlo teologicamente e, d'altra parte, non si conosce tutta l'elevazione della teologia se si ignorano le sue relazioni con la mistica» (R. GARRIGOU-LAGRANGE, *Les trois âges de la vie intérieure prélude de celle du ciel*, Paris 1938, tome II, 10.26).

personale della fede e manifesta la maniera in cui essa è vissuta»[38]. Dal momento che si riferisce a un'esperienza di fede, così come espressa nel *Credo*, esso «dev'essere considerato come un linguaggio *descrittivo*»[39]. Più ancora, esso è una forma specifica di testimonianza, «il cui valore è attestato nelle parole stesse che lo esprimono»[40]. Comporta un insegnamento pratico, nel senso che «dà consigli, suggerisce dei "metodi", indica un cammino da seguire, descrive le tappe da percorrere, in breve, è guida a orientarsi nella vita spirituale attraverso la testimonianza di un'esperienza particolare»[41].

Il linguaggio mistico è un'evocazione della fede, quindi un linguaggio che interpreta il nucleo originario della fede cristiana e ne dà testimonianza. È un linguaggio che fornisce gli elementi essenziali «di un'esperienza che possiede di per sé una virtù d'attrazione e può essere il punto di partenza di iniziative spirituali e di un cammino personale originale»[42]. È una testimonianza di fede vissuta, che attingendo forza e valore dall'autorità e dal prestigio del testimone, richiama «alla vita di fede»[43]. E quale che sia la sublimità del mistero d'amore divino, il mistico si fa da parte dinanzi al mistero per far passare il messaggio divino che egli coglie e vive, secondo le sue modalità d'espressione.

Del resto, è vero che «non è la conoscenza che illumina il Mistero, ma è il Mistero che illumina la conoscenza. Noi possiamo conoscere solo grazie alle cose che non conosceremo mai»[44], come dichiara lapidariamente Pavel Evdokimov, il maggior teologo ortodosso del Novecento. Spesso si è tentati, attraverso la ricerca e/o la conoscenza razionale, di arrivare a fare l'esperienza di Dio. È una strada legittima ma solo in seconda battuta. L'intelligenza umana non può catturare il Mistero, mentre gli deve lasciare spazi liberi di irruzione così da poterne essere illuminata. È l'epifania misteriosa di Dio all'anima ciò che si deve invocare, attendere e sperare. Una volta che egli si para innanzi all'uomo in ricerca del suo volto e questi non si sottrae a quel confronto, allora inizia la grande avventura della conoscenza del Mistero. Solo da quell'istante l'uomo può superare se stesso e fare il salto verso l'intelligenza dell'assoluto di Dio, per testimoniarlo agli altri con una trasparenza chiara e illuminatrice.

---

38. J. Ladrière, *Langage des spiritueles*, in *Dictionnaire de spiritualité, ascétique et mystique*, col. 204.
39. *Ibid.*
40. *Ibid.*, col. 205.
41. *Ibid.*
42. *Ibid.*, coll. 214-215.
43. *Ibid.*, col. 216.
44. P. Evdokimov, *La donna e la salvezza del mondo*, Milano 1989, 13.

CHIUSURA DEI LAVORI
Mihály Szentmártoni S.J.

Egregi Ospiti, Cari Amici,

Ogni impresa inizia con un sogno che suscita entusiasmo e genera mille idee da realizzare. Poi man mano si accede all'organizzazione dell'evento e non di rado il sogno si trasforma in incubo, l'entusiasmo in serie di frustrazioni e le mille idee in ostacoli insormontabili.

Non nego, che anche la nostra Impresa ha seguito un percorso analogo. Ma adesso, alla fine dell'Evento, sono convinto che possiamo condividere tutti con soddisfazione che il nostro sogno non era irrealistico e le mille idee non solo non ci hanno bloccato nel nostro cammino, ma addirittura ci hanno regalato un nuovo entusiasmo per il futuro.

Ci sono state molte persone che hanno contribuito al successo del nostro Simposio celebrativo e scientifico; e non mi azzardo ad elencarne i nomi. Infatti, non intendo menzionare nessun nome, ma soltanto tre categorie di persone a cui va il nostro speciale riconoscimento.

Al primo posto un sentito riconoscimento va ai Relatori che con il loro contributo scientifico hanno fornito il *contenuto* di questo Simposio.

Al secondo posto un riconoscimento speciale va a tutto il personale dell'Ufficio delle Relazioni Pubbliche che ha curato il materiale stampato, il Buffet, l'organizzazione logistica; loro hanno fornito la *cornice* a questo Simposio.

Al terzo posto vorrei ringraziare i benefattori, che hanno contribuito generosamente con il loro aiuto finanziario alle spese dell'organizzazione di questo evento; tutti vogliono rimanere anonimi.

Ma vi è ancora una categoria di persone che non posso non menzionare. Utilizzando un linguaggio sportivo, sono i "fuori-classe": e questi siete proprio Voi, cari Partecipanti, che rappresentate un Pubblico altamente qualificato; voi siete, se posso così dire, la *"corona"* del nostro Simposio.

Grazie a tutti e arrivederci!

Appendice

I

L'ISTITUTO DI SPIRITUALITÀ:
UN CAMMINO DI CINQUANT'ANNI
Fabrizio Pieri

Il 12 e 13 novembre 2008 l'Istituto di Spiritualità della Pontificia Università Gregoriana si è ritrovato gioiosamente e solennemente per celebrare nell'Aula Magna dell'Università il Simposio celebrativo dei Cinquant'anni della Sua Fondazione, avvenuta attraverso la lettera della Sacra Congregazione dei Seminari ed Università il 30 maggio 1958.

L'Evento, caratterizzato dal provocante e stimolante titolo *Spiritualità e Teologia*, è stato introdotto dal saluto del Magnifico Rettore, che ha ricordato come questa festa dell'Istituto sia necessariamente la festa di tutta l'Università Gregoriana, in cui Tutta la Comunità Accademica, nelle sue varie articolazioni e componenti, si sente coinvolta e partecipe. Padre Gianfranco Ghirlanda, S.J., ha ricordato, poi, ai Presenti come l'Istituto di Spiritualità si caratterizzi specificatamente per quattro Sue specificità proprie. Esso è, in primo luogo, una *Istituzione accademica*, che ha fatto propria e con successo in questi cinquant'anni la sfida di delineare e definire con chiarezza metodologica e scientifica l'ambito della Teologia spirituale come oggetto proprio di ricerca e di investigazione. Di essere, poi, una *Istituzione formativa*, capace di offrire una formazione integrale della persona per il servizio della Chiesa in dialogo con il mondo e con ogni esperienza di fede religiosa e di fede. Di essere, inoltre, una *Istituzione dinamica*, che non si sofferma soltanto allo studio ed alla riflessione dell'esperienza spirituale cristiana del passato, ma scruta con attenzione come essa si caratterizzi ed evolva nel nostro presente, considerando anche come possa caratterizzarsi nel futuro con lo scopo di trovare e delineare sempre e meglio gli elementi fondamentali e portanti della stessa spiritualità cristiana. Ed infine, come Esso sia una *Istituzione* caratterizzata da un forte e preciso *indirizzo ignaziano*, che secondo la *Dichiarazione d'Intenti* dell'Università svolge la Sua specifica e precipua funzione di Centro da dove poter irradiare la spiritualità ignaziana a beneficio di tutta l'Università.

Appendice

Subito dopo il Preside dell'Istituto, Padre Mihály Szentmártoni, S.J., ha rivolto il Suo saluto ai Partecipanti ed ha illustrato e presentato l'itinerario tematico e il senso del percorso che il Simposio intendeva proporre e donare, muovendosi in tre momenti precisi sulle coordinate del passato, del presente e del futuro. Così ha descritto come la prima parte dei lavori del Simposio avrebbe affrontato il passato delineando i motivi della nascita dell'Istituto di Spiritualità come Istituzione accademica autonoma, come poi la seconda parte avrebbe tentato di delineare quali possano essere le sfide, che un Istituto di Spiritualità debba affrontare anche nell'eredità di molti noti teologi, che hanno recato il loro contributo come vera ed autentica ispirazione, e come in quest'ottica sarebbero state prese in esame le principali idee di alcuni Autori gesuiti, ed in primo luogo quelle dei fratelli Karl e Hugo Rahner. Ed infine come la terza parte del Simposio avrebbe affrontato le sfide del *futuro* alla luce di due domande ben chiare e precise: "Dove va la spiritualità?" e se "Si può insegnare la spiritualità?".

Subito dopo si sono avviati i lavori della prima mattina del Simposio, che si sono caratterizzati dagli interessanti e competenti interventi di Padre Manuel Ruiz Jurado, S.J., e Padre Bruno Secondin, ocarm, sugli aspetti storici del tema del Simposio *Spiritualità e Teologia*, per poi lasciare la parola ai contributi sapienti e stimolanti di Padre Jacques Servais, S.J., e Karl Heinz Neufeld, S.J., sugli aspetti teologici della tematica. Il pomeriggio ha visto nella parte relativa agli aspetti attuali gli interessanti interventi di Padre Alfredo Sampaio Costa, S.J., e Padre Herbert Alphonso, S.J., che hanno donato all'assemblea la specifica e caratteristica tonalità del contributo ignaziano alla tematica del Simposio stesso, mentre gli aspetti di sfida sono stati brillantemente sottolineati dagli interventi di Padre Jaime Emilio Gonzalez Magaña, S.J., la Professoressa Donna Orsuto, Padre Carlos Coupeau, S.J., e da Sua Eminenza Reverendissima il Cardinal Tomás Spidlík, S.J.

La prima giornata, caratterizzata da un intenso clima di ascolto e di partecipazione attenta, si è conclusa con un interessante e fecondo dibattito, così come era avvenuto anche nella parte conclusiva della mattinata.

La mattina di giovedì 13 novembre il Simposio ha ripreso il Suo *iter* di lavoro e di riflessione affrontando, attraverso gli interessanti interventi di Padre Rogelio García Mateo, S.J., e di Padre Luigi Borriello, ocd, gli aspetti concreti della tematica. Subito dopo le due relazioni, e come momento di suggestiva e stimolante risonanza si è dato vita ad una dinamica Tavola rotonda, moderata da Padre Coupeau, S.J., a cui hanno partecipato e dato il loro prezioso contributo alcune Studentesse e alcuni Studenti attuali e

del passato, che hanno descritto, attraverso la loro preziosa esperienza, la bellezza e la fecondità dello studiare Teologia Spirituale a livello universitario sia ieri che oggi, e come questa esperienza sia stata ed è caratterizzata dalle naturali tappe di fatica e di sforzo, ma anche di consolazione e di gioia nel raggiungere le mete e gli scopi desiderati ed anelati, e come tutto questo sia avvenuto ed avvenga nella cornice davvero unica ed irripetibile del clima di amicizia e di autentica familiarità, che si è sempre vissuta e si vive e si respira all'interno dell'Istituto di Spiritualità della Gregoriana.

In conclusione Padre Mihály Szentmártoni, S.J., ha terminato i lavori ringraziando di cuore i Relatori, Tutti coloro che hanno aiutato a rendere possibile la realizzazione di questo "sogno" e soprattutto i Partecipanti, che si sono rivelati essere davvero la forza di questo splendido Evento celebrativo.

L'Istituto di Spiritualità riprende il suo cammino di servizio alla Teologia Spirituale all'interno della grande Famiglia della Comunità Accademica della Pontificia Università Gregoriana, corroborato e rinfrancato da questa esperienza di riflessione scientifico-teologica e di autentica esperienza di umanità, di amicizia e di fraternità.

Lo aspetta per i prossimi anni il compito bello ed esaltante di continuare a rispondere, attraverso la formulazione dei Suoi programmi di insegnamento e degli itinerari di ricerca e di investigazione, ai bisogni ed alle richieste teologiche, spirituali e pastorali della Chiesa di oggi, in risonanza ed in risposta alle sfide, alle domande e alle attese di senso del mondo contemporaneo, anche e soprattutto attraverso l'operare in una vera e profonda formazione integrale della persona di sacerdoti, religiosi e religiose, laiche e laici, alla luce del sentire della spiritualità ignaziana e della sua pedagogia, che si faccia carico della maturazione integrale di tutto il potenziale intellettuale e spirituale della persona, perché possa essere testimone autentico e significativo del Vangelo in un dialogo sereno e costruttivo con il mondo e con ogni altra esperienza religiosa e di fede.

Allora, Carissimo Istituto di Spiritualità, ecco a Te il nostro augurio più intenso e profondo perché Tu sia sempre *al servizio delle anime per la maggior gloria di Dio* e… davvero…

Ad multos, multos, Annos… !!!

CURATORI

Mihály Szentmártoni, gesuita, professore ordinario di psicologia e di spiritualità nella Pontificia Università Gregoriana, nato nel 1945 a Novi Sad (Jugoslavia).
Segnaliamo i suoi libri *Introduzione alla teologia pastorale* (Casale Monferrato 1992); *In cammino verso Dio*, *Psicologia dell'esperienza religiosa*, (Cinisello Balsamo 1998); *Camminare insieme*. *Psicologia pastorale* (Casale Monferrato 2001). *Trovare se stessi cercando Dio* (Rocca di Papa 2007). I suoi scritti sono stati tradotti in 11 lingue europee.
Attualmente è Preside dell'Istituto di Spiritualità della Pontificia Università Gregoriana; Consultore teologico della Congregazione delle Cause dei Santi; Direttore spirituale del Collegio croato.

Fabrizio Pieri, nato a Roma nel 1962 è sacerdote diocesano. Attualmente è Professore di spiritualità biblica presso l'Istituto di Spiritualità della Pontificia Università Gregoriana.
Nel 2002 ha pubblicato il volume *Paolo e Ignazio. Testimoni e maestri del discernimento spirituale* (ed. Apostolato della preghiera), successivamente tradotto in spagnolo dall'Editrice Sal Terrae ed in corso di traduzione in coreano. Nel 2005 per Paoline Editoriale Libri ha edito *Giobbe e il suo Dio* e nel 2007 per la stessa Casa Editrice ha pubblicato *La parrocchia: un'esperienza di cristificazione. Itinerario biblico-contemplativo*.
Collabora anche con alcune riviste. Oltre al ministero dell'insegnamento svolge il ministero della predicazione di corsi di Esercizi spirituali e di accompagnamento e direzione spirituale.

RELATORI

Manuel Ruiz Jurado, gesuita, professore emerito dell'Istituto di Spiritualità della Pontificia Università Gregoriana e membro dell'Istituto Storico della Compagnia di Gesù.

Bruno Secondin, carmelitano, professore ordinario di Teologia spirituale alla Pontificia Università Gregoriana. Svolge diverse attività pastorali a Roma ed è impegnato nella rielaborazione della spiritualità nei nuovi contesti ecclesiali e culturali.

Jacques Servais, gesuita, professore di spiritualità sistematica nell'Istituto di Spiritualità della Pontificia Università Gregoriana, direttore della Casa Balthasar; collabora con la rivista internazionale *Communio*.

Karl Heinz Neufeld, gesuita, professore presso la Facoltà teologica di Innsbruck e membro d'onore del Comitato direttivo dell'ITC-isr, nonché assistente di Karl Rahner dal 1971 al 1973.

Alfredo Sampaio Costa, gesuita, nato in Brasile il 14 aprile 1961. Professore di spiritualità ignaziana presso l'Istituto di Spiritualità della Pontificia Università Gregoriana.

Curatori e relatori

Herbert Alphonso, gesuita, professore emerito di Teologia spirituale e di Spiritualità ignaziana presso l'Istituto di Spiritualità della Pontificia Università Gregoriana. Svolge il ministero dell'accompagnamento spirituale.

J. Emilio González Magaña, gesuita, Direttore del Centro Interdisciplinare per la Formazione dei Formatori al Sacerdozio della Pontificia Università Gregoriana. Professore Ordinario dell'Istituto di Spiritualità della stessa Università.

Donna Lynn Orsuto, Professoressa dell'Istituto di Spiritualità della Pontificia Università Gregoriana e fondatrice e direttrice del *The Lay Centre at Foyer Unitas,* a Roma.

José Carlos Coupeau, gesuita, nato in Spagna, attualmente docente nell'Istituto di Spiritualità della Pontificia Università Gregoriana. Con i membri del GEI (Gruppo Spiritualità Ignaziana), ha coordinato e partecipato all'edizione del *Diccionario de Espiritualidad Ignaciana* che è stato pubblicato nel 2006.

Rogelio García Mateo, gesuita nato a Jumilla (Spagna). Dal 1988 insegna all'Università Gregoriana, dove è professore ordinario dell'Istituto di Spiritualità e docente invitato nelle Facoltà di Teologia e di Filosofia.

Luigi Borriello, carmelitano scalzo, dottore in teologia e in pedagogia, è docente di Teologia spirituale e mistica presso la Pontificia Facoltà Teologica del Teresianum, l'Angelicum e la Facoltà Teologica dell'Italia Meridionale - Sez. S. Luigi - Napoli dei Padri Gesuiti.

50 anni al servizio della ricerca

Card. Tomáš Špidlík S.J., uno dei fondatori dell'Istituto di Spiritualità

Il Preside attuale P. Mihály Szentmártoni con il suo predecessore P. Anton Witwer e la Dott.ssa Monica Fucci, Responsabile delle Relazioni Esterne

Simposio **Spiritualità** e **Teologia**

Il Banner del Simposio

50 anni al servizio della ricerca

Il saluto del Preside P. Mihály Szentmártoni S.J.

Il saluto del Rettore Magnifico P. Gianfranco Ghirlanda S.J. ai partecipanti al Simposio

Simposio **Spiritualità** e **Teologia**

La voce degli ex-studenti: Raphaela Pallin

Stjepan Fridl S.J., ex-studente dell'Istituto dalla Croazia

50 anni al servizio della ricerca

Tavola rotonda. Da sinistra: P. J. Emilio González Magaña, Card. Tomáš Špidlík, P. Mihály Szentmártoni, P. Carlos Coupeau, e la Prof.ssa Donna Orsuto

Un gruppo di Studenti dell'Istituto

INDICE

Saluto del Magnifico Rettore, 3
Gianfranco Ghirlanda S. J.

Saluto del Preside, 7
Mihály Szentmártoni S. J.

L'Istituto di Spiritualità nella Pontificia Università Gregoriana:
dalla nascita ai nostri giorni, il suo contributo alla "teologia spirituale", 11
Manuel Ruiz Jurado S. J.

La nascita dei diversi istituti di spiritualità - Dai contesti storici alle prospettive attuali, 25
Bruno Secondin, ocarm

Teologia e spiritualità: il rinnovamento di pensiero nei gesuiti del ventesimo secolo, 45
Jacques Servais S. J.

Il cuore di Gesù: spiritualità e teologia: i fratelli Rahner, 67
Karl Heinz Neufeld S. J.

Il taglio ignaziano nell'insegnamento della teologia spirituale, 79
Alfredo Sampaio Costa S. J.

La spiritualità ignaziana – indirizzo e portata profondamente pastorale, 107
Herbert Alphonso S. J.

La formazione spirituale: il cuore che unifica e vivifica l'essere prete, 125
Jaime Emilio González Magaña S. J.

L'incarnazione del Verbo, dialogo, spiritualità 149
Carlos Coupeau S. J. e Donna Orsuto

Lo studio della spiritualità nella teologia 165
Rogelio García Mateo S. J.

Dire Dio – Teologia mistica o Teologia della mistica? 187
Luigi Borriello OCD

Chiusura dei lavori 207
Mihály Szentmártoni S. J.

Appendice 209

L'istituto di spiritualità: un cammino di cinquant'anni 211
Fabrizio Pieri

Finito di stampare nel mese di dicembre 2009
presso Servizi Grafici Editoriali Srl - Roma